4판

어린이집 운영관리

문혁준 · 김정희 · 김혜연 · 서기남 · 이성복 · 최윤희 지음

창지사

머 리 말

우리 사회가 도시화되고 산업화됨에 따라 여성의 사회 참여는 증가되어 왔으며 가족구조는 핵가족화되었다. 이러한 현상은 1960년대 이후 뚜렷하게 나타나고 있다. 이에 따라 어린 자녀의 양육 문제가 심화되었으며, 보육에 대한 관심과 요구 또한 날로 증가하고 있다. 이제는 자녀 양육의 문제를 가정 내의 한계에서 벗어나 사회나 국가적 차원에서 해결해야 함을 인식하게 되었으며, 바람직한 어린이집 운영이 사회적 이슈가 되었다.

영유아의 발달에 적합한 환경을 제공하고 보육서비스의 질을 향상시키기 위해 요구되는 인적·물적인 관리의 내용을 포함하는 어린이집 운영은 영유아들에게 양질의 좋은 보육프로그램을 제공하기 위한 하나의 수단으로도 매우 중요하다. 특히 인생의 기초가 이루어지는 영유아기의 발달과 성장을 위해 이 시기의 보육프로그램들은 가정과 같은 편안한 분위기에서 이루어져야 하며 개별, 소집단, 대집단활동들이 균형 있게 운영될 수 있도록 시설·설비와 인력이 충원되어야 한다. 또한 어린이집을 운영하기 위해서는 법적 기준에 따라 시설을 설치하고 설치된 시설의 유형과 특성에 따른 체계적인 운영관리가 반드시 뒤따라야 한다.

본서는 보육교사가 되고자 하는 학생이 교재로 사용할 뿐만 아니라 현장에서 어린이집을 운영하는 운영자와 운영을 계획하는 예비 운영자들에게 유용한 지침서로 사용될 수 있도록 내용을 계획하였다.

본서는 한 학기 강의계획에 맞춰 13장으로 목차를 구성하였다. 각 장의 제목은 다음과 같다. 1장은 어린이집 운영관리와 보육행정의 이해, 2장은 어린이집의 영유아관리와 학급관리, 3장은 어린이집의 조직문화와 리더십, 4장은 어린이집의 인사관리, 5장은 어린이집의 홍보와 지역사회 협력, 6장은 어린이집의 보육과정관리,

7장은 어린이집의 사무관리, 8장은 어린이집의 재무회계관리, 9장은 어린이집의 설치, 10장은 어린이집의 시설과 설비관리, 11장은 어린이집의 비품 및 교재·교구관리, 12장은 어린이집의 평가지표와 평가기준, 마지막으로 13장은 어린이집의 건강·영양·안전관리이다.

본서의 초판을 내고 수년이 흐른 지금, 개정 누리과정의 적용을 비롯한 어린이집 운영과 관련된 정책이 다양하게 변화되어 왔기에 제4판을 발행하게 되었다. 이후로도 계속 부족한 부분을 보완해 나갈 것을 약속드리며, 많은 격려와 충고를 부탁드린다. 마지막으로 변화된 여건 속에서도 기꺼이 출판을 맡아 수고해 주시는 창지사의 노고에 진심으로 감사의 말씀을 전한다.

2022년 1월

저자 일동

목차

어린이집 운영관리

제1장

어린이집 운영관리와 보육행정의 이해

본 장에서는 어린이집을 운영하고 관리하는 데 필요한 기초 개념에 대해 살펴보고자 한다. 이를 위해 어린이집의 유형 및 변천과정과 어린이집 운영관리의 개념 및 원리를 구체적으로 언급하고자 한다. 더불어 어린이집 운영관리의 영역 및 과정을 명확히 파악하고, 우리나라 보육정책의 발전과정과 현 정부의 보육정책을 검토하여 어린이집 운영관리의 기초적인 이해를 높이고자 한다.

1 어린이집 운영관리의 개념 및 원리

1) 어린이집 운영관리의 개념

운영관리의 개념은 일반적으로 시설의 목적과 목표를 효과적으로 달성하기 위한 인적, 물적, 재정적, 운영방법적인 조건을 정비하고 운영하는 것으로, 어떤 기관이나 기구의 목적달성을 위하여 사람, 자원, 시간을 효율적으로 조정, 운영하는 일이며 여기에는 예산과 공간이라는 자원이 포함된다. 즉, 어린이집 운영관리는 보육사업의 목적을 달성하기 위해서 시간적 요인과 공간적 요인들을 잘 조정하여 보육교사와 영유아 및 가족, 공공기관과의 효과적인 운영관리를 의미한다.

일반적으로 모든 기관은 운영 면에서 최소의 비용으로 최대의 효과를 얻고자 한다. 그러나 어린이집을 포함한 교육기관은 이 원리를 전적으로 수용하기에는 무리가 있다. 교육기관의 목적은 경제적인 이윤 극대화를 추구하지 않고 학습자의 발전을 추구하며 사회와 국가의 공인된 가치, 신념, 지식을 지도하며 미래에 대한 분명한 가치와 비전을 이루는 것이다(이경화, 김정원, 2012).

어린이집의 설치와 운영에 관한 정책의 수립은 중앙정부나 지방자치단체의 책임이고, 이에 따른 사업의 실시는 원장의 책임이다. 보육정책의 수립자와 실행자 간의 충분한 의사소통은 어린이집의 합리적인 운영관리에 도움을 준다. 이를 위해 원장이 지역사회의 요구와 문제 및 바람직한 정책을 정부에 건의하면 정부는 개선방향을 제시함으로써 합리적인 운영관리를 실시해야 한다.

우리나라의 어린이집은 현재 민간이나 개인에 의해 운영되는 비율이 높은 편이며, 다른 조직에 비해 규모가 작고 교육과정의 운영상 특수성을 지니고 있어 운영이 체계적이지 못한 측면이 있다. 즉, 어린이집은 일반학교에 비해 교육대상이 어린 영유아들이며, 교과목 수업 대신 발달특징에 따른 놀이중심, 생활중심의 교육을 운영하고 있으며, 영유아 간의 상호작용, 교사와 영유아의 상호작용, 교구를 포함한 환경과의 상호작용이 중시된다. 따라서 전문성을 갖춘 원장 및 보육교사에 의해 체계적이고 합리적인 운영을 할 필요가 있다.

2) 어린이집 운영관리의 원리

어린이집 운영자가 기관을 운영하는 데 있어 고려해야 할 몇 가지 기본 원리는 다음과 같다.

(1) 타당성의 원리

어린이집이 바람직한 보육계획을 세우고, 운영과 관리활동이 계획에 비추어 타당성이 있어야 하는 원리이다. 예로, 어린이집에 대한 장학활동을 한다면 이것이 보육의 목표달성을 돕는 수단으로서의 활동이 되어야 한다.

(2) 수용성의 원리

원장과 보육교직원은 서로 인정하고 수용적으로 행동하여야 한다. 원장은 보육교직원이 자신들의 최선의 능력과 자질을 발휘할 수 있도록 온정적으로 수용하는 태도를 유지하여야 한다.

(3) 효율성의 원리

효율성이란 최소의 노력과 경비로 최대의 효과를 낳는 것이다. 단, 보육의 효과는 단기간에 나타나는 것이 아니므로 경제적인 효율성보다는 주어진 자원으로 최대의 목적을 달성하는 사회적 효율성이 강조되어야 한다.

(4) 적응성의 원리

보육과 관련한 법, 사회의 제도나 정책의 변화 등 어린이집이 처해 있는 현실적인 상황을 충분히 고려해야 한다. 프로그램을 선정할 때도 사회의 변화, 즉 출산장려정책이나 맞벌이 부모의 요구 등을 반영할 필요가 있다.

(5) 민주성의 원리

교사를 포함한 보육교직원이 민주적으로 어린이집 업무에 참여할 때 업무를 더 잘 수행할 수 있으며 어린이집의 전체적인 운영도 능률적으로 변한다. 그러므로 원장은 운영관리를 독단과 편견을 배제하고 민주적으로 진행해야 한다.

(6) 균형성의 원리

우선순위를 고려하여 자원과 노력을 공정하게 배분하여 보육의 목적을 효율적으로 달성하려는 원리이다. 이것은 효율성과 민주성의 원리 사이에서 균형을 얻는 것을 의미한다.

(7) 개방된 의사소통의 원리

원장과 보육교직원이 서로의 생각이나 감정을 공유하고, 정직하고 성실하게 행동하고 반응하는 것을 의미한다. 개방된 의사소통은 어린이집 운영관리 과정의 효율성과 효과성을 높인다.

(8) 안정성의 원리

운영관리에 있어 일관성과 지속성을 유지하려는 원리로 전통은 계승하고 그 속에 있는 좋은 부분을 강화, 발전시켜 나가는 것이다.

(9) 자원 활용의 원리

예산, 인력, 시설 등과 같은 자원들을 개발하고 확보하여 어린이집 상황에 맞게 적절히 이용해야 한다. 더불어 지역사회자원을 활용할 수 있도록 관계 기관과의 교류를 확대해야 한다.

(10) 전문책임성의 원리

어린이집을 효과적으로 운영하기 위해서는 전문적 설치기준에 근거한 양질의 전문적 서비스를 준비할 책임이 있다. 보다 전문적으로 어린이집을 운영하기 위해 법적, 행정적인 기준을 강화하고 이를 수행해야 할 것이다.

2 어린이집 운영관리의 영역 및 과정

1) 어린이집 운영관리의 영역

어린이집을 운영하기 위한 영역 및 주요내용은 다양한데 〈표 1-1〉과 같이 분류해 볼 수 있다.

〈표 1-1〉 어린이집 운영관리의 영역 및 주요내용

영역		주요 내용
1	영유아관리	원아 모집, 학급 편성, 입학과 출석관리, 교사 대 영유아 비율, 보육을 위한 프로그램 제공, 견학과 행사, 특별활동에 관한 사항
2	보육교직원관리	보육교직원의 채용과 훈련, 업무 분장, 근무 평정, 재직과 퇴직 관리, 보수 및 근무 여건, 결근과 근태, 장학지도, 교직원 회의, 교직원의 사적인 활동 범위 규정과 같은 사항
3	학부모 관리	부모 참여 프로그램, 부모회의 조직과 운영, 욕구 충족을 위한 방안, 건의 사항의 처리절차, 상담 및 참관과 관련한 업무, 가정통신문 및 인터넷 활용 등의 부모와의 의사소통방법
4	이용 서비스	등원 및 하원을 위한 차량, 가족지원이나 사회복지적 차원의 서비스
5	행정관리	조직체계의 구성, 조직의 구성원과 기능 정의, 운영에 필요한 각종 위원회의 조직 같은 사항
6	건강 · 영양 · 안전관리	영유아의 건강 진단, 예방접종이나 정기적인 신체 측정, 응급처치와 사고처리 절차, 영양과 급간식 관리, 건강과 안전에 관한 교직원 훈련, 소방훈련, 환경의 감독, 안전점검과 같은 사항
7	지역사회와의 협력	지역사회 기관(경찰서, 병원, 소방서, 도서관, 박물관 등)과의 협력, 관련 행정기관과의 협력, 견학기관과의 협력, 자원봉사자 모집 · 운영과 같은 사항
8	보육활동 운영	보육과정 운영, 연 · 월 · 주 · 일일 보육계획 수립, 일과계획 및 운영, 행사계획 및 운영, 현장견학, 건강, 영양, 안전, 청결, 절약관리
9	시설 · 설비관리	어린이집 건물, 놀이터, 주변 환경관리, 안전관리, 시설 · 설비의 구입, 수리, 유지 등의 관리
10	공간 관리	환경구성 및 관리, 흥미영역의 구성 및 관리
11	교구 · 교재관리	교육활동에 필요한 교구 · 교재의 구입 및 관리, 시청각 교재 구입 및 관리

영역		주요 내용
12	재정관리	예산편성, 보육비의 수납, 운영비의 지출, 회계장부 기록, 결산서 작성, 감사 등의 관리
13	사무 · 평가기록 관리	사무분장, 사무처리 조직 및 관리, 보고서류, 법정 문서관리, 기록서류, 통신, 사무기록과 교직원 인사기록, 서류보관 및 관리, 기록에 관한 업무, 영유아의 발달상황 및 관찰 기록

현재 국가적으로 이루어지고 있는 어린이집 평가제의 지표 가운데 '운영관리'와 밀접하게 연관된 영역은 제2영역 '보육환경 및 운영관리'로 관련 내용을 살펴보면 다음과 같다(보건복지부, 한국보육진흥원, 2019).

- 실내 공간 구성 및 운영: 보육실 내 흥미영역 또는 놀이영역은 영유아의 연령 및 발달특성을 고려하여 영유아의 놀이와 연계하여 구성한다. 실내 시설 및 설비가 영유아의 발달수준에 적합하다. 영유아의 요구를 충족하는 보육실 이외의 별도의 공간을 마련하고 있다. 비품과 활동자료를 보관하는 별도의 공간이 있고 체계적으로 정리하고 있다.
- 실외 공간 구성 및 운영: 옥외놀이터 등을 구비하고 있다. 영유아의 발달을 지원하는 다양한 놀이 및 활동자료가 준비되어 있다. 영유아의 발달에 적합한 다양한 바깥놀이 및 활동이 이루어진다.
- 기관 운영: 모든 반을 편성 규정에 맞게 운영하고 있다. 어린이집 운영계획을 쉽게 하여 부모에게 안내한다. 신규 보육교직원에게 오리엔테이션을 실시하고 있다. 신입 영유아 적응을 위한 지원을 하고 있다.
- 가정 및 지역사회와의 연계: 어린이집을 개방하여 다양한 부모참여와 교육이 이루어진다. 평소 가정과 다양한 방법으로 소통하고 정기적인 개별면담을 통해 가족을 지원한다. 지역사회와 연계한 다양한 활동을 실시하고 있다.

2) 어린이집 운영관리의 과정

어린이집이 합리적이고 효율적으로 운영되기 위해서는 체계적인 절차가 필요하다. 이러한 절차는 계획–조직–의사교환–실행–평가의 유기적인 순환과정과 이 과정을 거쳐 다시 새로운 목표설정으로 이끌어 가는 과정 전체를 의미한다.

(1) 계획

계획은 목적과 행동을 구체화하는 것으로 어린이집의 효율적인 운영에 필요한 절차와 방법을 합리적이고 효과적으로 수행하기 위한 준비과정이다. 이 과정에는 ① 외부환경과 어린이집의 여건 분석 ② 교육목표 및 운영목표 설정 ③ 운영방침 설정 ④ 활동계획 작성 ⑤ 목표와 계획에 대한 평가 등이 포함된다(김연진, 이상희, 2007).

효과적인 기획을 위해 원장이 고려해야 할 사항은 다음과 같다(강문희, 윤애희, 이경희, 정정옥, 2007).

1. 원장은 어린이집을 운영하는 목적에 분명한 진술을 제시해야 한다. 즉, 누구를 위해 어떤 활동을 하는지 등 프로그램의 궁극적 목적을 구체적으로 진술해야 한다.
2. 원장은 보육 프로그램을 실시하기 위해 「영유아보육법」 등 관련법을 따라야 한다. 그리고 보육교직원들이 그 법규와 허가에 대해 확실히 이해하게 한다.
3. 원장은 기관의 실제적이고 적합한 목적과 목표를 개발한다. 기관의 보육서비스 대상의 연령, 프로그램의 철학 등에 따라 목적과 목표는 달라야 한다.
4. 원장은 필요하다면 새로운 프로그램과 계획을 개발하고 평가하고 수정한다.
5. 원장은 어린이집 운영위원회 위원, 보육교직원, 학부모를 비롯해 다른 사람들과 더불어 목적, 프로그램, 계획, 과정에 관해 정기적으로 협의한다.

(2) 조직

어린이집의 목표가 결정되면 목표달성을 위해 인적·물적 요소를 적절하게 배정하고 각 요소들이 서로 유기적인 관련을 가지고 충분히 기능하도록 기관을 구성한다. 즉, 실천 단계에서 각종 활동이나 과업을 수행할 부서를 마련하고 담당자를 정하며 각 부서 간에 서로 유기적인 협력체계를 만든다. 또한 기관의 업무가 효율적으로 이루어질 수 있도록 공간, 자료, 시설, 설비를 정리하고 활용한다.

(3) 의사소통

조직사회에서의 의사소통은 의사결정 및 바람직한 조직풍토를 형성하는 데 매우 중요한 역할을 한다. 의사소통은 서로에 대한 이해를 도우며 경청, 설명, 정보교환, 의사소통, 기술적인 정보사용 등이 포함된다. 인간관계에서 의사소통기술은 조직을 운영하는 원장에게는 필수적으로 발휘해야 할 요인이다. 원장은 보육교직원의 성취를 객관적으로 평가하며 강점과 약점에 관하여 충분한 의사소통을 해야 한다.

(4) 실행

계획을 실제로 수행하는 단계로 의사소통을 통해 운영정책이 관여하는 여러 가지 측면, 즉 조직, 인사, 재정, 시설, 사무, 교육활동 등이 기관의 교육목표 달성에 최적의 상태가 되도록 조화시킨 후 이를 실행한다. 이때 보육교직원 상호 간의 접촉을 통해 갈등을 해소하도록 하고 회의 및 운영위원회를 통해 부조화를 조절하여 최대한의 목표를 달성할 수 있도록 노력해야 한다.

(5) 평가

어린이집에서 제공하는 서비스의 질을 최상으로 유지하기 위해 운영관리의 전반적인 과정 및 수행결과에 대해 점검하는 단계이다. 원장은 어린이집의 모든 조직 및 구성원들이 질 높은 서비스를 제공하기 위해 최선을 다하고 있는지 항상 평가해야 한다. 그리고 다른 사람의 견해를 수용하고, 운영과 관련된 문제 및 현안을 객관적으로 평가해야 한다. 아울러 운영평가 결과는 다음 계획에 반영되어야 하며 평가 결과를 잘 활용하고 기록을 보존하는 데도 노력할 필요가 있다.

3 우리나라 보육정책

1) 보육정책의 개념

보육정책이란 보육과 정책의 합성어라고 볼 때, 보육에 관한 정책이라고 할 수 있다. 정책이란 공익을 위한 정부 및 공공기관의 미래지향적인 활동방침이라고 할 수 있다(서문희, 백선희, 2004). 현대사회의 보육은 단순히 아동을 보호하는 것이 아닌, 아동의 전 영역에 걸쳐 아동발달의 특성에 맞게 프로그램을 기획하고 실천하는 교육의 한 영역이다. 또한 보육의 일차적 기능은 아동 보호에 있으나 보육 대상이 성장, 발달과정에 있어서 결정적 시기에 있는 아동임을 고려하여 전인적 발달을 위한 포괄적 프로그램을 제공하는 개념으로 변화하고 있다. 보육정책이란 영유아와 가정이 도움을 필요로 할 때 국가가 조직적으로 개입하는 것으로 보호와 교육을 합리적으로 조화시켜 영유아가 건전한 사회 구성원으로 성장할 수 있도록 돕는 데 그 의의가 있다.

「영유아보육법」에 의한 보육정책의 기본 목적은 첫째, 가정양육이 곤란한 아동을 건전하게 보호하고 연령별 발달단계에 따른 적절한 보육서비스를 제공함으로써 아동을 건강한 사회성원으로 육성해 나가는 데 그 목적이 있다. 둘째, 한부모 가정, 맞벌이 부부의 증가로 인하여 약화된 가정의 영유아 양육기능을 보완함으로써 가정의 복지증진을 도모하는 것을 목적으로 한다. 셋째, 저소득 계층의 근로소득 창출을 통하여 빈부격차를 해소할 수 있도록 한다. 넷째, 취업여성에 대한 경제활동 지원뿐만 아니라 가정에 있는 여성의 경제활동 참여를 유도하여 국가경쟁력을 강화한다. 이에 따라 보육은 노동시장의 인력수급 정책과 직결되는 경제정책의 핵심적인 수단으로 대두되고 있다(서경혜, 2007).

김익균(2005)은 보육정책의 기능을 여섯 가지로 분류하여 설명하였다.

첫째, 예방적 기능으로 사회발전이나 경제개발의 역기능 현상으로 나타나는 부정적 요소들에 대처하는 예방적 기능을 갖는다. 즉, 아동에게 지육, 덕육, 체육이 겸비된 보다 나은 인격형성을 위해 심신발달에 위험을 주는 경제적, 사회적, 심리적 기타 환경적인 장애로부터 보호하고 그들의 건전한 발육을 위하여 가능한 모든 시설과 기회를 제공한다.

둘째, 광범위한 아동복지의 기능으로 낮 동안 보호자가 가정에서 아동을 양육할 수 없거나, 아동이 장애를 가지고 있을 때, 가정환경에 결함이 있을 때, 혹은 거주 지역의 환경이 아동의 건강한 성장에 부적절한 요인을 가지고 있을 때 가정을 대신하여 아동을 보호하는 기능을 수행함으로써 아동복지의 증진을 촉진한다. 보호의 내용은 가정에서 제공되는 기본적인 안정감, 위험물로부터 보호, 건강관리, 영양관리, 적당한 성장기회의 제공 등이며 이는 보육교직원과의 따뜻한 인간관계에서 행하여지고, 육체적인 보호뿐만 아니라 정서적, 사회적 발달에 중추적인 역할을 하게 된다.

셋째, 조기교육의 기능이다. 보육사업과 아동복지의 보편주의 이념에 따라 의도적이고, 조직적으로 아동의 지적·정신적·신체적 발달을 촉진시켜주는 바람직한 경험이나 활동이 포함된 교육적 프로그램 제공을 통하여 아동 조기 교육 효과를 도모한다.

넷째, 가족복지의 기능으로서 부모의 역할수행에 어려움이 있는 가정에 대해 자녀교육, 일반교육, 육아 상담서비스와 지역자원의 적절한 활용 방법을 제공해 줌으로써, 부모의 기능회복 촉진과 아동의 원만한 성장을 도모하여 가족복지를 증진시킨다.

다섯째, 장애아동 및 특수아동을 위한 기능이다. 정상아동뿐만 아니라 정서, 심신, 행동장애 등 특수한 문제를 지닌 아동들에게도 그들의 욕구에 맞는 다양하고 개별적인 프로그램을 개발하여 지원해 줌으로써 결핍 환경의 아동을 위한 보상적 조기교육 기능 및 특수문제 아동의 건전한 신체적·정서적 성장, 발달을 돕는 좋은 집단경험의 장으로 서비스 기능을 담당한다.

여섯째, 지역사회연계의 기능이다. 아동을 매개로 하여 지역주민이 협동단결 할 수 있는 장으로 어린이집을 개방하여 지역사회 주민의 조직력을 강화하고, 나아가 지역사회의 경제적·사회적 발달을 위한 제반사업 추진을 원활하게 함으로써 복지 증진을 도모할 수 있다.

우리나라의 보육정책 발전 방향을 살펴보면, 기존의 저소득층 아동을 대상으로 한 탁아개념의 서비스는 1991년 「영유아보육법」의 제정을 통해 보육의 개념으로 변화하였으며, 이후 양적으로 많은 증가를 보였다. 그리고 정책의 초점 대상은 저소득 가정의 아동에서 취업시장에 진입하는 여성으로, 다시 일반 아동으로 변화하였다. 또한 현재의 보육서비스정책은 양적인 성장이 아닌 질적인 성장에 집중되어 있다. 우리나라 보육정책의 주요 변화 내용은 〈표 1-2〉와 같다.

〈표 1-2〉 우리나라 보육정책의 변천과정

시기	주요 내용
1차 (1921~1990년)	1961년: 아동복리법 제정. 탁아시설 기준, 보호내용 등의 지침 마련 1967년: 정부 차원의 보육예산 지원 시작 1982년: 유아교육진흥법 제정. 새마을협동유아원, 어린이집 및 농번기 탁아소를 내무부 관할의 새마을유아원으로 통합 1987년: 남녀고용평등법에 의해 직장 내 탁아소 설치 2006년 추가내용: 제1차 어린이집 평가인증 시행
2차 (1991~2003년)	1991년: 「영유아보육법」 제정. 새마을유아원을 교육부(유치원)와 보사부(보육시설) 관할로 전환 1995년-1997년: 보육시설 3개년 확충계획 1997년: 취학 전 1년의 무상유아보육 법제화. 농어촌지역 단계별 무상보육 시작
3차 (2004~2010년)	2004년: 「영유아보육법」 개정 2004년-2005년: 육아지원정책 2006년: 표준보육과정 제정 공포 2006년: 제1차 어린이집 평가인증 시행 2006년-2010년: 새싹 플랜
4차 (2011~2018년)	2011년: 보육 · 교육비 지원 확대. 양육수당 지원확대 2012년: 만 5세아 누리과정 제정 공포. 만 3~4세아 누리과정 확정. 만 0~2세아 및 만 5세아 무상보육 2013년-2014년: 만 0~5세아 무상보육. 만 3-5세아 누리과정 시행 2016년: 맞춤형보육 도입 · 시행
5차 (2019~현재)	2019년: 어린이집 평가제 시행(전국의 모든 어린이집을 대상으로 평가 2020년: 2019 개정 누리과정 시행

(1) 민간 중심의 탁아사업

전통적으로 아동양육의 책임은 가정에 있었으므로 보육사업의 시작을 정확히 알 수 없으나 우리나라에서 본격적으로 보육사업이 시작된 것은 산업화가 이루어지기 시작한 20세기부터였다. 1945년 이전 우리나라의 보육사업은 해방 이전에 일본의 총독부 관할로 사회사업분야의 지도 및 통제역할로 시작되어, 사회사업시설로서 일본구호령에 명시되어 법적 근거가 미비하였다. 1921년 태화기독교사회관에서 빈민아동을 위한 구제 사업의 일환으로 보육사업이 시작되었고, 1926년 부산공생탁아소와 대구탁아소의 2개 시설이 배치된 것을 계기로 1939년 11개소의 공·사립 어린이집이 생겼다. 1945년 이후 1960년대까지는 정치적 사회적 혼란기로 정부가 보육사업에 대한 방침을 세우지 못한 시기였고, 주로 외국인의 원조에 의하여 사업이 실시되었다. 1952년 10월 「후생시설 운영요령」을 시달하였으나, 임시 구호적 성격이 강하였고, 보육의 제 기능을 다하지 못하였다. 1961년 아동복리법이 제정·공포되면서 본격적인 보육사업이 실시되었다. 이 법에서 '탁아소'를 법정 아동복지시설로 인정하고 어린이집의 설치기준, 종사자 배치기준, 보육시간, 보호내용 등이 구체적으로 규정되었다.

1960년 보육시설은 24개였지만 계속 증가하여 1966년에는 116개소, 1968년에는 202개소로 늘어났다. 1960년대 후반에 경제개발 5개년 계획의 추진으로 도시화, 산업화가 진행되면서 보육수요가 늘어남에 따라 1968년 아동복리법 시행령에 근거한 미인가 탁아시설 임시조치령을 공포하여 민간시설의 설치가 용이하게 되었다. 이를 계기로 종전에 법인체만이 설치할 수 있었던 보육시설의 운영주체가 대폭 완화되어 많은 시설이 생겨났고, '탁아소'라는 명칭도 '어린이집'으로 바뀌게 되었다. 이러한 과정에서 어린이집의 수가 많이 늘어났지만 질적인 수준은 낮아 여러 가지 부작용이 나타났다. 이에 따라 정부는 보육시설의 질을 향상시키기 위한 조치로 1977년 2월 24일 사회복지사업법 시행규칙을 개정하여 보육시설의 법인전환에 많은 편의를 제공하여 모든 시설의 법인화를 장려하면서 미인가 탁아시설 임시조치령을 폐지하였다. 하지만 법인조치는 사유재산의 법인 귀속이 수반되므로 오히려 시설운영자들의 법인전환 기피 등으로 보육시설이 수적으로 크게 위축되는 결과를 초래하였다.

1978년 정부는 탁아시설 운영개선안을 마련하여 보육시설을 일반 아동에게도 개방하는 대신 이들에게 보육료를 받을 수 있도록 하였다. 이에 따라 저소득층이 아닌 아동들도 어린이집을 이용할 수 있게 되었다. 그리고 1981년에 아동복리법이 아동복지법으로 개정됨에 따라 무료 탁아시설은 법인 이외의 자도 신고만으로 시설을 설치·운영할 수 있게 되었다.

(2) 내무부 주관의 유아교육진흥 종합계획

1982년 아동복지법 시행령을 개정하여 보육시설의 설치근거를 삭제하고 내무부가 주관부서가 되어 1982년 '유아교육진흥 종합계획'이 수립되었다. 정부는 유아교육진흥법을 제정하여 기존에 보건복지부에서 관장하던 691개소의 어린이집, 농촌진흥청에서 관장하던 382개소의 농번기 탁아소, 1,980개소의 민간유아원 등을 통합하여 새마을유아원을 설치하였다. 새마을유아원에 대한 종합계획 수립, 장학지도, 재정지원, 교사양성, 교재·교구 개발 보급은 교육부에서, 설치·운영 및 행정지도는 내무부에서, 급식 및 보건·의료지원은 보건복지부에서 각각 맡도록 하였다. 하지만 새마을유아원은 양적 확대에도 불구하고 늘어나는 보육욕구를 충족시키기에는 시설의 수가 부족하였고, 실제 운영은 종일제가 아닌 반일제로 운영되어 근로자의 보육부담을 덜어주는 데에는 한계가 있었다. 새마을유아원의 한계를 극복할 수 있는 새로운 대안을 모색할 필요성이 제기됨에 따라 1989년 아동복지법시행령을 개정하여 1982년 삭제된 보육시설의 설치·운영근거를 부활하고, 1990년 동법 시행규칙을 위한 세부지침인 탁아시설의 설치·운영규정을 마련하여 본격적인 사업을 도모하게 되었다. 그러나 아동복지법 시행령은 시설설치의 주체가 법인으로 한정되었고 보육사업의 관장부서가 보건복지부, 내무부, 노동부 등으로 다원화되어 있어 예산의 중복 투자, 시설과 종사자기준의 상이 등 많은 제약요인이 있었다.

(3) 보건복지부 주관의 영유아보육법

1991년 「영유아보육법」이 제정·공포되어 분산되어 있던 법체계와 주관부서를 통합·일원화하고, 이어서 동법 시행령 및 시행규칙이 제정됨으로써 보육정책은 새로운 발전 기회를 맞이하였다. 「영유아보육법」은 보호와 교육 사이의 계속된 논란을 잠식시키고 보호와 교육을 통합한 보육이라는 진보된 개념을 탄생시켰다. 보육의 내용도 아동에 대한 교육, 영양, 건강, 안전 등 보호와 교육뿐만 아니라 부모에 대한 서비스와 지역사회와의 교류까지 포괄하는 종합적인 서비스를 제공하도록 하였다. 그리고 「영유아보육법」은 국가와 지방자치단체가 부모와 함께 영유아를 건전하게 보육할 책임을 지도록 명시하였다. 이에 따라 보육에 관한 기획, 조사 등 필요한 사항을 심의하기 위한 중앙보육위원회를 보건복지부에 두고 지방에는 시·도 및 시·군·구에 육아종합지원센터를 의무적으로 설치·운영하도록 하였고, 저소득층 자녀의 보육비용은 정부가 부담토록 하여 보육문제에 대한 국가와 지방자치단체의 역할을 강조하였다. 또한 아동복지법상 사회복지법인 등 비영리법인만 설치할 수 있도록 되어 있는 설치요건을 완화하여 개인, 기업, 단체까지도 일정한 요건을 갖추면 보육사업에 참여할 수 있도록 함으로써 부족한 보육시설의 활성화를 도모하였다(황휘선, 2008).

(4) 아이사랑플랜 수립 · 시행

제1차 중장기 보육계획(새싹플랜 2006년-2010년)을 보완·수정하여 보육에 대한 국가책임을 강화하고 다문화가정 영유아 보육서비스 강화, 장애아동에 대한 보육환경 개선 및 법적·제도적 지원 강화, 다양한 시간유형의 보육서비스 제공 등의 수요자 중심의 보육정책으로 개편하는 보완계획을 수립·시행하였다. 어린이집 이용자에 대한 보육료 지원 확대와 영아 및 만 5세아 무상보육을 2012년도에 실행하고 있으며, 시설 미이용 가구에 대한 양육수당을 도입하였다. 보육서비스의 질적 수준개선을 위한 어린이집 평가인증제도의 활성화, 보육전자바우처(아이사랑카드) 도입, 실무자를 위한 보육통합정보시스템 및 부모 등을 위한 아이사랑보육포털(www.childcare.go.kr) 구축 운영, 보육서비스 품질 제고(보육프로그램, 아동의 건강·영양·안전 등), 5세 누리과정, 공공형 어린이집 사업 등을 추진하고 있다.

(5) 보육료 · 양육수당 전계층 지원

2013년부터는 만 0~5세아 전체를 대상으로 무상보육(연령별 정부지원단가의 전액)이 이루어지고 있으며, 어린이집 미이용 가구에 대한 양육수당을 전계층을 대상으로 지원하고 있다. 또한 3~5세 누리과정이 2013년부터 2019년까지 시행되었다.

(6) 어린이집 평가제 시행 및 개정 누리과정 시행

2019년 6월부터 전체 어린이집을 대상으로 어린이집 평가제를 의무화하였으며, 관련 평가제 지표가 수정되었다. 또한 2019 개정 누리과정이 확정되어 2020년 3월부터 어린이집 현장에서 시행되고 있다.

2) 우리나라의 보육서비스 행정조직

우리나라의 2020년 2월 현재 보육정책은 보건복지부에서 전담하고 있는데, 보육서비스에 관한 내용은 인구정책실에서 담당하고 있으며, 그 아래로 보육정책관 산하에 보육정책과, 보육사업기획과, 보육기반과가 있다. 각 과의 업무는 다음과 같다.

(1) 보육정책관

- 중앙행정기관 및 지방자치단체의 영유아 정책의 협의·조정 총괄
- 영유아 정책에 대한 평가 및 제도 개선
- 보육예산의 편성 및 집행의 관리
- 보육행정 전산화 및 보육서비스 이용권 제도 운영·관리
- 어린이집 보육교직원의 양성 및 자격관리
- 영유아 보육료·양육수당 지원 및 가정양육 지원에 관한 사항
- 영아·장애아·다문화 가정 영유아 등 취약보육 서비스 등의 지원에 관한 사항
- 표준보육과정 및 보육프로그램의 개발·보급
- 어린이집의 평가인증
- 국공립어린이집 등의 확충 및 환경개선
- 어린이집의 설치 및 인가 기준에 관한 사항
- 어린이집의 지원 및 지도·감독

(2) 보육정책과

1. 중앙부처 및 지방자치단체의 영유아 정책(유아교육정책은 제외한다. 이하 같다) 지원 정책 협의·조정·총괄
2. 영유아 정책에 대한 조사·연구·평가 및 제도개선
3. 영유아 정책에 관한 종합계획의 수립 및 연도별 시행계획의 총괄
4. 보육정책위원회의 운영
5. 보육관련 법령의 관리·운영

6. 보육재정의 중장기 투자계획 수립
7. 보육예산의 편성·집행관리 및 정산·결산
8. 보육서비스 이용권 제도(보육전자바우처)의 운영 및 관리
9. 보육행정 전산화
10. 지방자치단체 보육공무원 교육
11. 보육개발원의 설립 및 지도·감독
12. 영유아 및 영유아보육 지원 정책에 대한 홍보 및 국민인식 개선사업
13. 보육 관련 대외협력 및 교류활성화의 지원
14. 보육통계의 생산 및 관리
15. 어린이집연합회 등 법인·단체의 지도·감독
16. 보육교직원 처우 개선에 관한 사항
17. 보육교직원의 양성 및 교육훈련의 지원
18. 보육교직원의 경력 및 자격관리
19. 「영유아보육법」에 따른 어린이집의 설치·인가 기준의 수립 및 관리
20. 국공립어린이집 등 어린이집의 확충 및 지원계획 수립
21. 직장보육서비스의 확충
22. 육아종합지원센터의 확충 및 운영·관리

(3) 보육사업기획과

1. 영유아 보육료의 지원
2. 양육수당 지원에 관한 사항
3. 표준보육비용에 관한 사항
4. 영유아 및 부모 지원 보육서비스의 개발
5. 영아·장애아 및 다문화가족 영유아 등 취약보육서비스 등 지원에 관한 사항
6. 보육료·양육수당 지원 대상자 선정 및 적정관리에 관한 사항
7. 보육료·양육수당 지원 대상자 소득기준액 결정에 관한 사항
8. 부모교육 및 관련 정보 제공에 관한 사항

9. 국공립어린이집 등의 인건비 지원
10. 맞춤형 보육 자격기준 및 관리에 관한 사항
11. 가정양육 지원에 관한 사항
12. 보육지원체계 기획·연구 및 일시보육 지원

(4) 보육기반과

1. 어린이집의 설치 및 운영 지원
2. 어린이집의 기능 보강 등 환경개선 지원
3. 어린이집의 운영비 지원
4. 어린이집에 대한 지도·점검
5. 어린이집운영위원회의 설치 및 운영
6. 보육아동의 건강·영양·안전 등의 관리
7. 어린이집 평가인증 계획 수립 및 평가인증 제도 운영
8. 표준보육과정 및 보육프로그램의 개발·보급
9. 협동어린이집의 활성화
10. 시간연장형, 종일형, 방과후 어린이집 등의 보육 서비스 지원에 관한 사항

4 보육서비스 지원조직

보육서비스와 정책을 지원하는 조직으로는 보육정책조정위원회, 보육정책위원회, 육아종합지원센터, 어린이집 운영위원회의 4가지를 들 수 있다. 이 조직들의 목표는 보육서비스의 행정조직을 위하여 존재한다. 행정조직에서는 중앙부처 간의 의견조율을 통하여 국가단위의 보육정책에 영향을 미친다.

광역자치단체에서는 지방보육정책위원회가 존재하며 중앙정부단위로는 보육정책위원회가 존재한다. 보육정책위원회는 보육에 관한 사업, 보육지도 및 기관평가 사항 등을 심의하기 위하여 존재한다. 육아종합지원센터와 어린이집 운영위원회의

경우는 보육서비스 제공조직을 위하여 존재하는 것으로 영유아의 보육에 관련한 정보를 제공하며 기관의 평가 인증, 기관종사자의 재교육 등을 담당하며 어린이집 운영위원회는 어린이집에서 지역사회의 욕구에 맞춘 보육서비스를 제공할 수 있게 한다.

1) 보육정책조정위원회

보육정책에 관한 관계부처 간의 의견을 조정하기 위한 국무총리 소속으로 보육정책조정위원회가 존재한다. 이는 보육정책이 가진 복잡함으로 인하여 중앙정부의 여러 부처에 보육관련 정책의 주무부서가 제각각이기 때문에 나타나는 것으로 중앙정부에 대한 지원체계로서 존재한다. 「영유아보육법」 제5조에 의하여 이 위원회에서는 보육정책의 기본 방향에 관한 사항, 보육 관련 제도개선과 예산지원에 관한 사항, 보육에 관한 관계부처 간 협조 사항 등을 논의하고 위원회의 위원은 기획재정부, 교육과학기술부, 보건복지부, 고용노동부, 여성가족부의 차관들과 위원장인 국무조정실장이 위촉하는 보육계·유아교육계·여성계·사회복지계·시민단체 및 보호자를 대표하는 자로 구성된다.

2) 보육정책위원회

「영유아보육법」 제6조에 의하여 보육에 관한 각종 정책, 사업, 보육지도 및 기관평가사항 등을 심의하기 위해 보건복지부에 중앙보육정책위원회를, 특별시·광역시·도·특별자치도 및 시·군·구에 지방보육정책위원회를 설립하도록 의무규정으로 만들어 놓았다. 단, 지방보육정책위원회를 대체할 수 있는 다른 위원회가 존재하는 경우에는 조례에 따라 설치하지 않을 수 있다. 이는 지방정부에서도 중앙의 보육정책조정위원회처럼 보육정책의 복잡성을 이유로 나타날 수 있는 문제를 해결하기 위한 기구이다.

3) 육아종합지원센터

보육에 관한 정보의 수집 및 제공, 상담을 위하여 보건복지부에서는 중앙육아종합지원센터를 설치해야 하고 특별시장, 도지사, 특별자치도지사 및 시장, 군수, 구청장은 지방육아종합지원센터를 별도로 설치 운영할 수 있다고 「영유아보육법」 제7조에 명시되어 있으나 이는 의무규정이 아니어서 육아종합지원센터의 설치는 지역별로 격차가 나타난다. 영유아 보육서비스에 대한 정보제공, 어린이집 이용자에 대한 교육, 평가인증 업무 지원, 지역주민에 대한 육아지원(보육상담, 부모강좌, 정보제공, 보육도서관 운영, 보육정보지발간, 지역어린이집 정보지도 및 보육인력뱅크 운영)을 담당하도록 되어 있다.

4) 한국보육진흥원

보육서비스의 질 향상을 도모하고 보육정책을 체계적으로 지원하기 위하여 한국보육진흥원을 「영유아보육법」 제8조에 의해 설립하였다. 여기서는 어린이집 평가척도 개발과 보육사업에 관한 교육·훈련 및 홍보, 영유아 보육프로그램 및 교재·교구 개발, 보육교직원 연수프로그램 개발 및 교재 개발을 담당한다. 또한 보건복지부장관으로부터 위탁받은 업무를 수행한다.

5) 어린이집 운영위원회

집행체계를 위한 지원체계로서 어린이집 운영의 자율성과 투명성을 높이고 지역사회와의 연계를 강화하여 지역실정과 특성에 맞는 보육을 실시하기 위하여 설치할 수 있는 기구로 「영유아보육법」 제25조에 명시되어 있다. 어린이집의 개별적인 판단에 의하여 설치할 수 있으나 취약보육을 우선적으로 실시하여야 하는 어린이집과 대통령령으로 정하는 어린이집에 어린이집 운영위원회를 설치 및 운영하여야 하고 그 구성원은 어린이집의 장, 보육교사 대표, 학부모 대표 및 지역사회 내부의 인사로 구성한다.

5 보육서비스 전달체계의 개념과 구성원칙

1) 영유아보육서비스 전달체계의 개념

보육서비스 전달체계란 협력을 바탕으로 보육문제를 해결할 집행수단과 관련서비스를 전달하는 일련의 체계이다(강창현, 2003). 즉, 서비스를 효율적으로 전달하기 위해 어떠한 조직과 인력을 거쳐 서비스의 수혜자와 공급자 간, 공급자와 공급자 간에 원활한 소통이 이루어지는 것을 의미하며, 수요자의 보육욕구에 대한 양질의 서비스가 이루어질 수 있도록 하는 조직과 인력 및 예산의 배열과 조정을 의미하는 것이다.

보육서비스 전달체계의 개념을 구체적으로 규정하기 위해 보육서비스의 공급자와 수요자의 역할을 구분해 보면, 수요자는 서비스를 받거나 획득하는 반면에 공급자는 실제로 업무를 수행하거나 서비스를 수요자에게 전달하는 역할을 한다. 여기서 '전달'이란 관리 및 집행적인 의미가 강하다는 측면에서는 '공급'과 동일하게 인식되며, 공급자를 결정하고 수요자에게 할당하는 '조정'의 개념을 동시에 포함한다. 이러한 차원에서 보육서비스의 전달이란 지역공동체의 맥락에서 보육의 공급자와 수요자 간 그리고 공급자 간의 조직적 '배열'에 관한 것이다. 이와 같이 보육서비스 전달체계는 보육서비스를 수혜자에게 전달해 주기 위해 만들어진 사회적 조직체를 의미한다(전천운, 2005).

먼저 영유아보육서비스 전달체계를 공급자와 수요자를 연결하는 조직과 인력 및 재정체계의 배열과 조정으로 볼 때, 우선적으로 중요한 점은 기초자치단체와 수혜자 간의 직접적인 서비스 전달이다. [그림 1-2]의 보육서비스 전달체계의 개념도에서와 같이 중앙정부와 광역자치단체, 즉 보건복지부 → 특별시·광역시·도로 이어지는 수직적 전달체계는 기본적인 보육정책을 결정하고 집행체계에 대한 지원·규제·감독·관리하는 정책체계의 역할을 주로 한다면, 시·군·구 → 읍·면·동(어린이집) → 수혜자로 이어지는 보육관리 및 집행체계는 주로 정부기관과 수혜자 사이의 상호작용이 이루어지는 역할을 담당하게 된다. 즉, 집행체계는 일정한 장소 내에서 보육서비스 공급자가 이용자에게 서비스를 직접 전달하는 사회적 체계로서 어린이집이 이에 해당한다고 볼 수 있다. 어린이집은 보육서비스를 제공하는 서비스 제공자와 수혜자가 만나는 곳으로서 전달체계의 최일선 조직이다. 이와 같이 협의의 개념으로서 보육서비스 전달체계란 보육서비스 공급자와 수혜자와의 대면적 상호관계를 통하여 일정한 장소 즉, 어린이집에서 보육서비스를 전달 및 실천하는 것이다.

반면 광의의 개념으로서의 보육서비스 전달체계는 상부의 정책체계로부터 지원, 규제, 감독을 받으며 보육서비스를 전달하는 체계를 의미한다. 즉, 보육서비스는 집행체계와 함께 정책체계까지 포함하는 개념이다. 이는 보육 수혜자에게 직접적으로 도움을 주는 어린이집뿐만 아니라 중앙에서 지방 일선에 이르기까지의 모든 공공 및 민간조직의 보육서비스 전달망을 포함한다. 전체적으로 보육서비스 전달체계는 상호의존의 구조로 이해해야 한다.

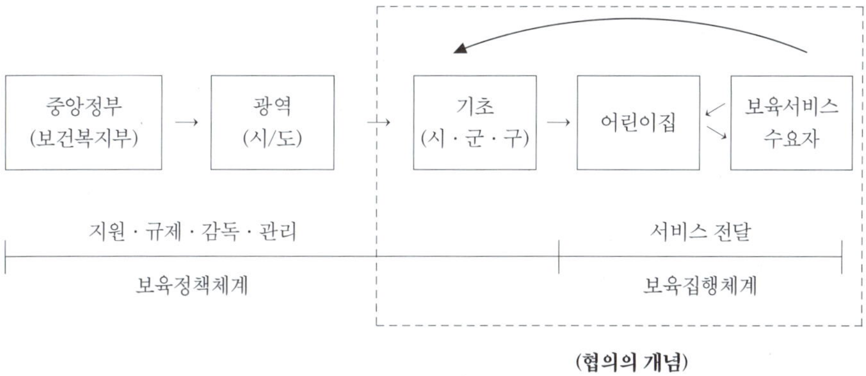

[그림 1-1] 보육서비스 전달체계의 개념(광의의 개념)

출처: 이재만(2012)

2) 영유아보육서비스 전달체계의 구성 원칙

정책은 전달체계를 통해 구체적인 서비스로 전환되어 나타나기 때문에 전달체계가 어떻게 설계되어 있느냐에 따라 서비스의 효과성 또는 만족도가 달라진다. 보육서비스는 주로 지역사회를 단위로 이루어지며 서비스 대상자가 아동이라는 점에서 아동의 욕구가 중시되어야 하고 보육에 대한 부모의 욕구도 함께 고려되어야 하는 특성이 있다. 보육서비스의 특성을 고려한 전달체계의 구성 원칙은 지역사회 참여의 원칙, 접근용이성의 원칙, 전문성의 원칙, 책임성의 원칙, 충분성의 원칙, 적절성의 원칙 등 6가지로 들 수 있다. 구체적으로 살펴보면 다음과 같다.

첫째, 지역사회의 참여는 전달체계의 조직구조와 관련된 요인으로, 시설의 지역사회 참여를 통해 지역의 특수성에 부합되고 또한 주민의 정확한 욕구파악을 가능하게 하는 보육서비스를 제공할 수 있는 전달체계가 구축되어야 한다는 원칙이다(조성신, 2004). 여기에는 지역사회의 다양한 복지자원들을 최대한 활용할 수 있도록 지역사회자원과의 연계성을 중심으로 한 지역단위의 보육네트워크를 구축해야 하는 원칙이 포함된다. 따라서 지역사회와의 직접적으로 정보를 교류할 수 있는 통로가 필요하다. 또한 보육사업에 대한 지방정부의 책임과 권한이 강화되어야 할 것이고 보육행정이 상명하달식이 아닌 하의상달식 구조로 개선되어야 한다.

둘째, 접근용이성은 전달체계의 조직구조와 관련된 요인으로, 보육서비스의 제공 시 수요자 중심의 관점에 입각하여 이용자가 용이하게 서비스를 이용할 수 있도록 보육서비스를 제공해야 한다는 원칙이다. 보육서비스는 아동과 부모의 개별적인 보육욕구에 기초하여 서비스의 비접근성을 최대한 극복할 수 있는 방향으로 이루어져야 한다. 즉, 보육수요자에게 지리적·경제적·신체적·심리적인 문제와 이용절차 및 정보의 제한 또는 불만토로의 경로 등으로 인해 보육의 장애가 발생한다면 이러한 개별적인 문제 상황을 반영한 보육서비스가 이루어져야 한다.

셋째, 전문성은 보육서비스 전달체계의 인적 구성요소와 관련된 것으로, 보육서비스의 제공 시 전문 인력에 의한 전문적인 서비스가 제공되어야 한다는 원칙이다. 여기서 전문 인력이란 자격이 객관적으로 인정된 사람으로 일정기간 교육과 훈련을 통하여 자신의 전문적 업무에 대한 자율적 결정권 및 책임성을 지닌 자를 의미한다. 보육전문가란 어린이집에서 영유아의 보육, 건강관리 및 보호자와의 상담, 그 밖에 어린이집의 운영관리 등의 업무를 담당하는 자로서 어린이집 원장 및 보육교사와 그 밖의 보육교직원을 말한다(「영유아보육법」 제2조 5항).

넷째, 책임성은 보육서비스 전달체계의 인적 구성요소와 관련된 것으로, 어린이집의 전문인력은 보육서비스를 수급자에게 전달하도록 사회와 국가로부터 위임을 받았기 때문에 서비스 전달에 책임을 져야 한다는 원칙이다. 즉, 어린이집의 원장 및 보육교사와 그 밖의 보육교직원은 정부와 지역주민에게 제공하는 보육서비스에 책임을 져야 한다는 것이다(심영미, 최경구, 2010). 이를 위해서는 맡은 바 임무가 명확히 제시되어 있어야 하며 그에 따른 책임자도 명시되어 있어야 할 것이다. 또한 영유아보육 서비스 주체들이 주어진 임무와 기대에 적절히 대응하고, 이용자의 욕구를 충족시키기 위해 적절한 자원과 서비스를 제공할 수 있도록 변화시키는 것은 책임성을 구현하는 중요한 요소가 된다.

다섯째, 충분성은 보육서비스 전달체계의 재정요인과 관련된 것 중 하나로 어린이집의 양적 확충과 질적 발전을 위해 필요한 만큼 적정수준으로 충분한 재원이 확보되어야 한다는 원칙이다. 보육재정이란 보육을 위해 사용되는 재원으로서 재원의 확충과 배분이 핵심이다. 그 중 재원의 확충은 전달되는 보육서비스 예산이 얼마나 적절하게 확보되고 있는지를 통하여 평가된다. 보육서비스 재원의 확충은 지방정부와 중앙정부 간에 재정부담의 적정성과 관련되고 공공·민간어린이집 및 공급자들의 보육예산 확보의 적정성과 관련되며, 그 결과 보육서비스 수요자의 수혜규모 변화가 중요한 판단기준이 된다.

여섯째, 적절성은 보육서비스 전달체계의 재정요인과 관련된 요인으로 예산집행시 한정된 보육예산 내에서 필요한 영역에 적정하게 배분 및 할당되어야 한다는 원칙이다(선필호, 2010). 주어진 보육예산은 수요자에게 필요한 서비스 및 프로그램을 적절히 제공해야 함은 물론이고, 보육교직원에게도 적정한 보수가 할당되도록 해야 한다. 예산집행의 적절성은 계획과 예산의 긴밀한 상호연계의 필요성에 그 주된 근거를 둔 것이다. 즉, 보육활동 영역별로 적정하게 배분 계획된 집행예산이 보육활동의 내용과 구체적인 연계성을 갖도록 해야 하며, 집행의 효율성, 시기적절성 등 적절한 예산관리체계를 확립해야 한다는 것이다.

이상과 같은 보육서비스의 특징을 고려한 전달체계의 구성원칙은 현행 전달체계를 새롭게 수립하거나 변화시키는 수단으로서의 평가기준이 된다. 따라서 구성원칙을 평가기준으로 하여 현행 지역사회의 보육서비스 전달체계가 이러한 원칙들을 구현하고 있는지를 평가하는 것은 전달체계가 바람직한 방향으로 발전하는 데 도움을 줄 것이다.

6 지방정부의 보육정책과 보육서비스 전달체계

지방정부는 정부의 보육정책이 구현되는 생활의 단위로서, 국가 및 보호자와 더불어 영아 및 유아를 건전하게 양육할 책임(「영유아보육법」 제4조 2항)이 있다. 보육정책의 책임 주체 중 하나인 지방정부는 지역의 어린이집에 대한 재정적, 인적 지원 활동을 수행하고 있다. 보육정책과 관련하여 지방정부는 중앙정부의 기본적인 정책 집행을 지방정부의 역할로 정의하는 경우에서부터 지방자치단체 내의 수요 또는 지방정부의 정책 목표에 따라 자체적으로 특수한 발전계획을 수립하는 경우까지 다양한 형태로 정책을 기획하고 집행한다.

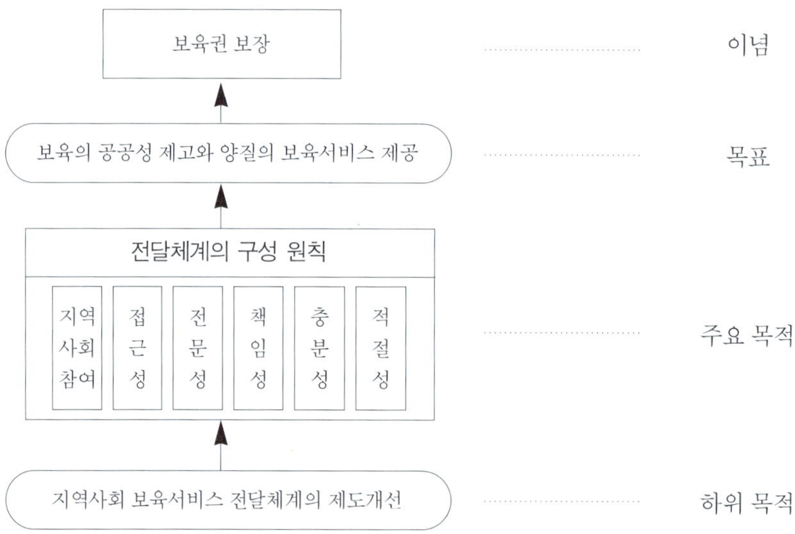

[그림 1-2] 보육서비스 전달체계의 구축 방향

출처: 이재만(2012)

먼저 국고보조사업은 영유아에 대한 보육료(차등, 만 5세아, 장애아, 두 자녀), 국공립어린이집 및 영아와 장애아 전담시설 인건비, 민간어린이집에 대한 영아 기본보조금 지원, 국공립어린이집의 신축, 증·개축 및 개보수 비용 지원과 차량운영비 및 민간어린이집에 교재·교구비를 지원한다. 보육서비스의 질 관리를 위한 각종 인프라 구축을 지원하며, 중앙보육위원회 및 중앙육아종합지원센터를 설치, 운영하고 어린이집 종사자에 대한 자격관리와 재교육 등의 업무, 그리고 평가인증업무를 수행한다. 지역의 수요에 따라 지방정부의 자율성이 발휘되는 고유사무는 전적으로 지방비에 의존하는 특수시책 영역이라고 볼 수 있는데, 국고보조사업이 국공립어린이집 및 민간 영아전담시설, 장애아 전담시설에만 인건비 지원이 되는 데 반해서 여러 지방정부가 영양사 및 취사 도우미를 파견하거나 농어촌 시설의 차량 운영을 지원하는 등으로 어린이집의 운영을 지원한다. 이와 같이 지방정부의 지원정책은 당면한 현안을 중심으로 기획되고 실행되는데, 다문화 가정이 대다수 거주하는 지역일 경우 결혼 이민자 가족 자녀에 대한 보육료 지원을 하고, 국공립어린이집이 없는 농어촌지역 어린이집에는 영유아의 취원을 돕기 위해 차량 유지비 또는 운전사 인건비를 보조해 주는 등의 사업을 수행하고 있다. 교사를 위한 보수교육 이외의 교육을 지원하기 위하여 순회 교사 제도를 도입하여 장애영유아 보육과 같이 전문적인 교육 내용에 대해 교사들에게 찾아가서 강의를 해주는 교육 지원 제도를 도입하는 경우도 있다.

국가 또는 사회가 보육문제에 어떤 방식으로 개입할 것인가에 따라서 보육 재정 규모가 결정된다. 보육관련 세부 정책 및 소요예산은 중앙과 지방정부가 분담하여 추진한다. 지방정부의 예산은 중앙정부가 매년 수립하는 국고보조사업에 대한 집행을 기본으로 하고, 국고보조사업 이외에 지방자치단체별 실정에 따라 지방비 부담으로 지방자치단체 고유의 정책을 만들고 있다. 중앙정부에서 계획된 사업에 대해서 지방정부는 일정 비율의 재정을 분담한다.

어린이집 운영관리

제2장

어린이집의 영유아관리와 학급관리

학급은 영유아를 보호하고 교육하는 기본단위로, 학급의 제반 업무는 교사가 중심이 되므로 교사의 업무 중 많은 부분을 차지하는 중요한 영역이다. 또한 학급은 어린이집의 운영 철학이나 교육목표가 그대로 반영되므로, 어린이집의 전반적인 운영관리 면에서 합리적이거나 체계적인 관리가 되어야 한다. 본 장에서는 학급관리의 중심이 되는 영유아관리와 학급편성에 대하여 알아보고자 한다.

1 영유아관리

어린이집에서는 영유아에 대한 이해와 부모와의 관계를 형성하기 위해 영유아와 가족에 대해 필요한 정보를 수집해야 한다.

1) 영유아의 정보 파악

영유아의 관리를 위해 교사는 영유아가 처음 어린이집에 입소할 때부터 영유아의 흥미, 요구, 발달수준, 생활습관 및 성격, 건강상태나 특이사항, 비상연락처, 가정환경과 부모에 관한 신상, 가족사항 및 환경 등을 포함하는 정보를 미리 세심하게 파악해 숙지하고 있어야 하며, 부모와의 협력 체계를 유지해야 한다.

또한 어린이집의 원장은 종합적으로 관찰·평가하여 영유아 생활지도 및 초등학교 교육과의 연계지도에 활용할 수 있도록 생활기록부를 작성·관리하여야 하며, 영유아가 퇴소 또는 졸업 시에 원본을 보호자에게 인계하여 초등학교(또는 타어린이집) 입학(입소) 시 참고할 수 있도록 하고 있다. 사본은 어린이집에서 3년간 보존하도록 규정하고 있다(「영유아보육법」 시행규칙 제23조 별표 8).

생활기록부는 어린이집에서 영유아들이 교육받는 동안 생활습관, 인적사항, 학적사항, 건강상태, 성장과 발달을 종합적으로 관리하고 증명함으로써 반드시 작성해야 하는 강제성을 띄고 기록하는 동시에, 영유아 지도를 위한 기초정보로 활용할 정보가 담겨 있는 법정장부이며, 공식문서로 어린이집에서의 활동 결과를 작성하고 보존함으로써 영유아의 학적에 대한 증명으로서의 기능을 갖는다.

생활기록부에 기록되는 내용은 영유아와 각 개인의 신상 정보이므로 비밀이 보장되어야 하며 교육목적 이외의 어떤 목적으로도 사용되어서는 안 된다.

그동안 연령에 상관없이 사용되던 생활기록부는 영아용과 유아용으로 구분되어 2013년도부터 사용되고 있으며 법정서식에 포함된 주요 사항은 다음과 같다.

<table>
<tr><th>영아용</th><th>유아용</th></tr>
<tr><td>인적 사항</td><td>인적 사항</td></tr>
<tr><td>기본생활습관 및 발달상황</td><td>출결사항</td></tr>
<tr><td>출결사항</td><td rowspan="2">국가 필수 예방 접종</td></tr>
<tr><td>국가 필수 예방 접종</td></tr>
<tr><td>병력기록</td><td>신체발달 사항</td></tr>
<tr><td>신체발달 사항</td><td>활동 발달 사항</td></tr>
</table>

출처: 이경희 · 정정옥(2014)

〈표 2-1〉 생활기록부 양식의 예(영아)

생활기록부(영아)

(앞쪽)

1. 인적사항

어린이집명					
아동	이 름	김기동	성 별	남 · 여	사진 (2.5×3cm)
	생년월일	2012. 3. 7	입 · 퇴소일	2014. 3 .3 입소 퇴소	
	주 소	○○시 사동 280-13			
	전화번호		혈액형	B	
보호자	아동과의 관계	부	모	형제(자매)	기타
	이 름	김동민	정은경	김미영	
	직 업	자영업	주부		
	근무지 (전화번호)	고려화학 (766-8888)	(299-5555)		
	근무 시간 / 평 일	8:30~19:00			
	근무 시간 / 토요일	8:30~12:00			
	근무 시간 / 일요일				
데려오고, 데려가는 사람		(성명: 김동민 관계: 부)	(성명: 정은경 관계: 모)		

※ 비 고: 보호자란 중 부 · 모가 있을 경우 양자 모두 기재

2. 생활습관

영역 \ 연령		0세	1세	2세
기본 생활 습관	수 면			
	배 변			
	식 사			
활 동 발 달	신체운동			
	사회관계			
	의사소통			
	자연탐구			
	예술경험			

3. 출결상황

구분 \ 연령	0세	1세	2세
보육일수			288
결석일수			13
의 견			

4. 국가 필수 예방 접종

대상전염병	백신종류 및 방법	접종차수	접종일자	접종기관
결핵	BCG(피내용)	1회	2011. 11. 8	
B형간염	HepB	1차	2011. 10. 11	
		2차	2011. 11. 17	
		3차	2012. 4. 17	
디프테리아, 백일해, 파상풍	DTaP	1차	2011. 12. 20	
		2차	2012. 2. 21	
		3차	2012. 4. 24	
b형헤모필루스 인플루엔자	PRP-T/HbOC	1차		
		2차		
		3차		
		4차(추가)		
	PRP-OMP	1차		
		2차		
		3차(추가)		
폴리오	IPV	1차	2011. 12. 20	
		2차	2012. 2. 21	
		3차	2012. 4. 24	
홍역 유행성이하선염풍진	MMR	1차	2012. 12. 20	
수두	Var	1차	2012. 10. 18	
일본뇌염	JEV(사백신)	1차	2012. 10. 18	
		2차	2012. 12. 5	
		3차	2012. 12. 14	
	JEV(생백신)	1차		
		2차		
인플루엔자[1]	FLu(사백신)	매년접종		
	FLu(생백신)			
장티푸스 (24개월 이상부터)	주사용	고위험군에 속함		
기타 임시예방접종 등		명칭 기재		
		명칭 기재		

[1]인플루엔자 사백신은 6개월 이상부터, 생백신은 24개월 이상부터 접종 가능

5. 병명기록

병 명	1세2세	
	입소전	입소후
	없음	

6. 신체발달상황

구분	2014. 3. 13 (24개월)	2014. 9. 18 (30개월)				
신장(cm)	89.4	93				
몸무게(kg)	13	13				

비고: 18개월 미만의 아동은 2개월마다, 그 이상의 아동은 6개월마다 측정 · 기록한다.

기록관리자: 이평임 (인)

출처: 보육사업안내(2014)

〈**표 2-2**〉 생활기록부 양식의 예(유아)

생활기록부 양식의 예(유아)

(앞쪽)

1\. 인적사항

<table>
<tr><td colspan="3">어린이집명</td><td colspan="2">○○○ 어린이집</td><td>졸업대장</td><td></td></tr>
<tr><td rowspan="4">아동</td><td colspan="2">이름</td><td>(한글) 이연우
(한자)</td><td>성별</td><td>남 · 여</td><td rowspan="4">사진
(2.5×3cm)</td></tr>
<tr><td colspan="2">생년월일</td><td>2009. 3. 8</td><td>입 · 퇴소일</td><td>2013. 3. 2 입소
퇴소</td></tr>
<tr><td colspan="2">주소</td><td colspan="3">○○시 사동 280-13</td></tr>
<tr><td colspan="2">전화번호</td><td>744-1111</td><td>혈액형</td><td>O형</td></tr>
<tr><td rowspan="7">보호자</td><td colspan="2">아동과의 관계</td><td>부</td><td>모</td><td>형제(자매)</td><td>기타</td></tr>
<tr><td colspan="2">이름</td><td>이민석</td><td>강현숙</td><td></td><td></td></tr>
<tr><td colspan="2">직업</td><td>공인중개사</td><td>교사</td><td></td><td></td></tr>
<tr><td colspan="2">근무지 (전화번호)</td><td>○○중개사
(123-4567)</td><td>○○초등학교
(345-1234)</td><td></td><td></td></tr>
<tr><td rowspan="3">근무시간</td><td>평일</td><td>9:00~6:00</td><td>9:00~6:00</td><td></td><td></td></tr>
<tr><td>토요일</td><td>9:00~1:00</td><td>9:00~1:00</td><td></td><td></td></tr>
<tr><td>일요일</td><td></td><td></td><td></td><td></td></tr>
<tr><td colspan="3">데려오고, 데려가는 사람</td><td colspan="4">(성명: 강현숙 관계: 어머님) (성명: 관계:)</td></tr>
</table>

2\. 출결상황

연령 구분	3세	4세	5세
보육일수		290	288
결석일수		7	2
의 견			

4. 국가 필수 예방 접종

대상전염병	접종차수	접종일자	접종기관
DTaP (디프테리아, 백일해, 파상풍)	4차(추가)	2013. 9. 9	
	5차(추가)		
폴리오	4차(추가)	2012. 3. 3	
MMR (홍역, 유행성이하선염, 풍진)	2차(추가)		
일본뇌염(사백신)	4차(추가)	2013. 4. 6	
인플루엔자	사백신		
	생백신		
장티푸스	고위험군에 한함		
기타 임시 예방접종 등			

4. 신체발달상황

연령 구분	3세	4세	5세
신　장(cm)		128	288
몸무게(kg)		33.5	13
의　　견		정상	정상
특이사항			

5. 활동발달상황

성 명	이연우		
구분 \ 연령	3세	4세	5세
기본생활 습관	다니지 않음	옷을 혼자서 입고 벗으며, 식사예절을 알고 바른 자세로 앉아 음식을 골고루 먹음.	자발적으로 주변 환경을 깨끗이 하며 규칙적인 생활습관이 몸에 베어 어린이집 일과에 잘 적응함.
신체운동 · 건강		신체활동에 적극적으로 참여하며 새로운 활동을 시도하나, 집중할 때는 휴식을 취하지 않아 도움이 필요함.	신체의 각 부분과 기관을 고르게 활용하여 움직이며 소근육을 이용한 섬세한 활동을 능숙하게 잘함.
의사소통		그림책의 글자에 관심을 갖고, 책보기를 즐기며, 말할 차례를 지켜 바른태도로 말하나 가끔 주제에서 벗어난 얘기를 할 때도 있음.	기초적인 낱말과 문장을 듣고 그 뜻을 이해하며, 토의주제를 정하는 과정에서 자신의 생각을 말하려고 노력함.
사회관계		도움을 받았거나, 실수를 했을 때 적절한 인사말을 사용하며 스스로 해야 할 일을 알고 실천함.	놀이를 자발적으로 제안하고 참여하며, 다른 사람의 입장을 이해하고 도움이 필요한 친구를 잘 도와줌.
예술경험		다양한 종류의 음악에 관심이 있으나, 자유로운 신체표현은 어려워하며, 일상생활에서 경험한 것을 그림으로 표현해보는 활동이 요구됨.	여러 가지 도구를 사용하여 창의적으로 만들고 꾸미기를 즐기며 자신과 다른 사람의 작품을 소중히 다룰 줄 앎.
자연탐구		일상생활에서 일어나는 특이한 상황에 관심이 많으며 스스로 탐색해보려는 의욕이 강함.	주변의 식물을 돌보는데 관심을 갖고, 수를 순서에 맞게 10 이상까지 셀수 있으며 사물을 한가지 준거에 따라 비교할 수 있음.
종합의견		정적인 활동보다 동적인 놀이를 좋아하는 활동적인 어린이로 주어진 활동을 끈기있게 해결하려고 노력하며 집중력이 높음.	표현활동에 흥미를 갖고 즐거운 마음으로 참여하며 협동심 및 집단놀이에 참여하는 태도가 적극적이고 활동적임.

출처: 보육사업안내(2014)

이 외에도 학급을 운영해 나가는 과정에서 관리해야 하는 영유아관리 서류로는 서약서, 출석부, 일일보고서, 비상 연락망 및 응급처치동의서, 개인관찰기록부가 있는데 이러한 서류의 작성과 보관을 통해 영유아의 배경을 파악하고 이를 생활지도에 반영하여 영유아의 교육에 활용하는 것은 교사의 책임이라고 할 수 있다.

〈표 2-3〉 서약서 양식의 예

서 약 서

○○○ 어린이집 원장 귀하

본인은   이(가) ○○○ 어린이집에 다니는 동안 다음과 같은 사항의 규칙에 동의하고 적극 협조할 것을 서약합니다.

1. 어린이집에서 실시하는 교육활동과 행사에 적극 참여한다.
2. 본 어린이집 운영규칙을 잘 준수한다.
3. 놀이 중 발생한 안전사고의 경우 어린이집에서 가입한 보험 규정에 따른다.

20   년   월   일

○○○의 보호자   (인)

〈표 2-4〉 일일보고서 양식의 예(영아)

○○반 일일보고서(만 1세)

번호	이름	가정에서 어린이집으로				어린이집에서 가정으로					
			배변	심적상태	전달사항	간식 및 식사			배변	낮잠	전달사항
						오전	점심	오후			
1	김○○					○	○	○		○	콕콕콕! 검지손가락을 세워서 부채를 꾸며보며 놀이를 했어요. 완성된 부채로'아 시원하다'라고 이야기도 해보며 즐거운 시간을 보냈습니다.
2	장○○		×	△	○○이 오늘 아침에 울면서 때쓰길래 해달라는거 안해줘서 울면서 등원했어요.	○	○	○		○	'삐~'소방교육을 했어요. 비상벨이 울리기 전에 나가서 언니오빠들이 나오는 모습만 지켜봤었는데도 비상벨 소리에 크게 놀라지 않고 잘 따라와 주었답니다.
3	장○○		×	○		○	○	○		○	○○이 미열이 살짝 있어요. 컨디션은 좋았답니다. 직접 꾸민 부채를 들고 밖으로 나가 언니, 오빠, 친구 가리지 않고 시원한 바람을 만들어 주었답니다!
4	양○○					○	○	○		○	○○이가 식사를 하면서 스스로 먹으려고 하기보다 도움을 받아서 먹으려고 하네요. 가정에서 ○○이 스스로 할 수 있도록 기회를 주시고 칭찬과 격려 아낌없이 주세요!
5	황○○					○	○	○		○	○○이가 등원을 했을 때에는 요즘 기분이 좋지 않네요. 조금 안아주고 기다려주니 먹는 것도 잘 먹고 친구에게 이야기하는 것을 가온이로 돌아왔답니다.
6	이○					○	·	·	·	·	·
7	황○○					○	○	○		○	검지를 세워서 콕콕콕! 부채를 꾸며보며 놀이를 했어요. 너무 집중한 나머지 옷에도 멋진 작품이 하나 탄생해버렸네요^^
8	양○○		×	△	열은 없는데 콧물, 기침을 하네요. 식사 후 감기약 투여!(열이 나면 해열 제 투여)	○	○	○		○	오늘 ○○이 기침은 없었는데 콧물이 좀 심했습니다. 아침에 울면서 등원해서 걱정했는데 다행이도 컨디션도 기분도 최고였어요.^^
9	이○○					○	○	○	○	○	○○이 콧물이 심했어요. ○○ 오늘 소방대피 훈련을 했어요. 항상 먼저 나가서 대피하는 언니, 오빠 모습을 보기만 했었는데 놀라지 않고 잘 참여했습니다.
10	김○○		×	○		○	○	○		○	오늘은 검지를 세워서 부채를 꾸며보는 물감놀이를 했어요. ○○가 완성된 부채를 실외놀이 시간까지 들고나가 시원한 바람을 만들면서 싱글벙글이었답니다.
11	김○○		×	○	감기로 인한 눈에 염증이라고 하네요. 수고하세요~	○	○	○		○	오늘은 소방대피 훈련을 했어요. 비상벨이 울리면 코와 입을 막고 밖으로 뛰어가야 한다고 이야기 해주었는데 비상벨이 울리자 알려준 것을 기억하고 코와 입을 막고 밖으로 대피하였답니다.

2014. 8. 13 수요일 ※ 심리적 상태: 기분좋음 ○ 보통 △ 안 좋음 × ※ 낮잠: 잘 잠 ○ 조금 잠 △ 안 잠 ×
※ 식사: 잘 먹음 ○ 조금 먹음 △ 안 먹음 × ※ 배변: 하고 옴 ○ 안 하고 옴 ×

〈표 2-5〉 일일보고서 양식(유아)

○○반 일일보고서(만 5세)

월/일	반명	이름	전달사항	
			선생님보세요	부모님보세요
8/18	○○반	한○○	주말(토요일)에 할머니 집에서 놀다가 낮은 높이 차에 올라갔다가 떨어져 놀랐어요. 머리 뒤통수가 혹시 아프다고 얘기 할 수 있습니다(병원에서 확인했는데 괜찮데요).	○○가 아주 구체적으로 다 치고 어디가 아픈지 이야기 하네요. 원에서 머리 아프다는 이야기는 없었고요. 계속 살펴보도록 할게요. ○○도 어머님도 놀라셨겠어요. 오늘은 교실에서도 밖에서도 친구와 함께하는 놀이에 푹 빠져서 지냈어요.
8/19	○○반	손○○	○○이가 어제 다리를 좀 다쳤습니다. 활동 시 좀 쉴 수 있도록 해주시고 오 후 3시경에 데리러 오겠습 니다.	알겠습니다.○○반 친구들 이 ○○이 다쳤다며 부축도 해주고 의자도 가져다주며 ○○이를 많이 도와주었네 요. 오후 3시에 하원할 수 있도록 준비하고 있을게요.

출처: 제주관광대학교 부속 어린이집

2) 신입 영유아 오리엔테이션

(1) 원아 및 부모의 오리엔테이션

입학하기 전 부모와의 협력적 관계 속에서 어린이집을 잘 이해하고 영유아가 어린이집에 잘 적응하기 위해 오리엔테이션을 실시하게 된다. 이때 영유아들과 부모가 함께 모여 진행하는 경우와 영유아와 부모를 분리하여 진행하는 경우가 있을 수 있으나 영아들인 경우에는 함께 진행하는 것이 바람직하다. 영유아에게 어린이집은 낯선 환경이 될 수 있고 장시간 부모를 떠나 있어야 한다는 것은 영유아에게 심리적 불안감을 줄 수 있다. 이러한 영유아의 심리적 불안감을 줄이고 어린이집 환경과 새로운 교사들과의 친밀감을 형성하기 위해 진행되는 오리엔테이션은 짧은 시간 동안 진행되지만 영유아들이 가정과 같은 따뜻하고 안정된 분위기를 느낄 수 있도록 해 주어야 하며 특별히 교사와 친구들과의 첫 만남에 친밀감을 가질 수 있도록 하고, 기관의 시설물을 이용하는 방법 등을 익히는 내용으로 구성할 수 있다. 오리엔테이션은 한 번에 많은 내용을 다루게 되면 영유아가 지루해하거나 부담을 가질 수 있기 때문에 짧은 시간 2~3회로 나누어 진행하는 것이 효과적이다.

신입 영유아를 위한 오리엔테이션은 학부모와의 갈등을 줄이고 가정과 어린이집과의 유기적인 연계를 통한 원활한 학급관리를 위해서 가장 중요한 행사이다. 또한 입학 전에 영유아들이 어린이집을 방문하여 어린이집의 실내외 환경을 돌아보고, 어린이집 보육교직원과 만나보는 과정을 통해 기관에 대한 친밀감을 느끼고 잘 적응하도록 도와주기 위한 프로그램으로 어린이집의 규칙과 운영방침을 명확하게 전달하고 학부모의 협조를 구한다.

어린이집 첫 방문 시 보육교사는 영유아가 낯설지 않도록 어린이집 환경을 자유롭게 탐색하고 교재·교구 등의 놀잇감을 경험해보고 놀 수 있도록 적극적으로 배려해 주어야 한다.

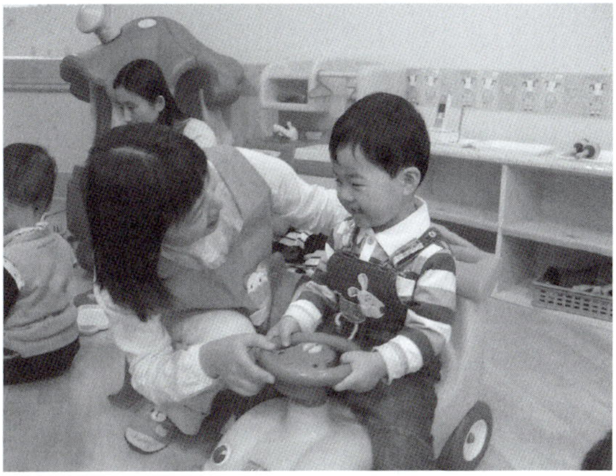

[사진 2-1] 신입 영유아 오리엔테이션

영유아의 오리엔테이션에 참석하는 시간은 영유아들이 지루해하기 전에 끝내는 것이 좋으므로 대체로 30~50분 정도가 적당하다고 할 수 있다. 그리고 영유아들을 소집단으로 나누어 일정한 시간 간격을 두고 실시하는 것이 좋다(황윤세, 임미혜, 이혜원, 2011).

간혹 신입 영아반의 경우 영아들과 부모님이 떨어지기 어려워하므로 부모님들과 함께 반별로 오리엔테이션을 하는 경우도 있다. 각 반별로 진행되는 오리엔테이션의 경우 담임교사와의 대화를 중심으로 진행하게 된다.

[사진 2-2] 반별 오리엔테이션

〈표 2-6〉 영아반 오리엔테이션 프로그램의 예(만 1세)

시간	활동	구체적인 활동 (영아와 부모가 함께)	교사의 역할
10:00~ 10:10	맞이하기	– 인사하기 – 선생님과 얼굴 익히기	· 등원 시 부모와 영아를 반갑게 맞이하며 교실에 들어옴.
10:10~ 10:30	놀잇감 탐색하기	– 교실 돌아보기 – 놀잇감 탐색하기 – 엄마와 함께 놀잇감 가지고 놀기	· 교실에 있는 놀잇감을 가지고 놀면서 영아가 탐색 하도록 유도함.
10:30~ 10:50	선생님과 놀아요	– 선생님과 놀잇감 가지고 놀기 – 선생님과 친해지기	· 교실에서 부모와 떨어지는 것이 가능하면 영아와 함께 놀이하면서 상호작용함.
10:50~ 11:00	정리정돈 손씻기	– 엄마와 함께 가지고 놀던 놀잇감 정리하기 – 엄마와 함께 손씻기	· 영아가 부모와 함께 장난감을 정리한 후 손씻기 안내함.
11:00~ 11:20	간식시간	– 엄마와 함께 간식먹기 – 친구들과 함께 먹기	· 배식해주고 영아의 식습관에 관심을 가짐. · 친구들에게 관심 가질 수 있도록 유도함.
11:20~ 11:30	귀가지도	– 바르게 인사하기 – 평가하기, 생각 전하기	· 다음날의 활동에 대해 긍정적인 이야기 나누며 인사함.

〈표 2-7〉 유아반 오리엔테이션 프로그램의 예(만 3~4세)

유아			학부모
시간	활동명	교사의 역할	활동명
10:00~ 10:10	학부모와 함께 보육실로 들어간다. 교실에서 선생님과 인사를 나누고 유아는 교실에, 부모님은 지정된 장소로 이동한다.		
10:10~ 10:20	· 유아 소개하기	· 교사는 한사람씩 이름을 불러주며 친구에게 소개한다. 친구들은 반갑게"만나서 반가워"인사한다.	· 원장소개 및 학부모소개
10:20~ 10:30	· 노래부르기	· 유아에게 친숙한 노래를 부르거나, 유아의 이름이 들어간 노래를 부른다.	· 교직원 소개 · 어린이집 운영철학 · 보육목표 및 프로그램의 특징 · 연간 행사 및 부모교육내용 · 보육시간, 보육료 외 학부모 · 부담 비용 · 학급구성 및 학급의 크기와 교사 수 · 부모님의 협조사항 · 운영에 필요한 공지사항
10:30~ 10:50	· 시설물의 위치와 이름 알기	· 기관의 시설물을 소개하고 사용법을 알아본다.	
10:50~ 11:10	· 간식시간	· 유아들이 간단한 간식을 · 먹으며 옆 친구에게 관심을 갖도록 한다.	
11:10~ 11:20	· 동화듣기 (또는 만들기)	· 동화를 들려준다. · (혹은 간단한 만들기 활동을 하고 가져가게 한다.)	· 자녀들에게 격려 편지 쓰기
11:20~ 11:30	· 귀가지도	· 안녕 노래 부르며 귀가 지도 (교실에서 부모님의 편지를 듣고 게시하며 귀가)	· 자녀의 보육실에 편지를 게시하고 자녀와 함께 귀가

3) 신입 영유아를 위한 초기적응프로그램

신입 영유아들은 어린이집 생활을 시작한 후에 부모와 떨어져 지내게 되고 새로운 환경에 적응하는 데 어려움을 갖는데, 신입 영유아 초기적응프로그램은 영유아가 부모와 헤어지는 것을 두려워하지 않고 어린이집을 안전하고 편안한 곳으로 느끼도록 며칠 내지 몇 주 동안 영유아의 개인적 특성에 따라 시간 간격을 조절하여 점진적으로 도와주는 프로그램이다. 영유아들은 초기적응프로그램을 통해 어린이집의 물리적 환경이나 일과 운영에 적응할 수 있게 된다.

초기적응프로그램의 적응 기간은 첫째 주의 2시간 정도에서 점진적으로 늘려가는 것이 좋으며 일반적으로 2주에서 4주 정도로 계획하는 것이 바람직하다.

초기적응프로그램의 내용은 어린이집 실내외 환경 탐색하기, 교사 및 친구와의 유대감 형성하기, 동화 듣기, 새 노래 부르기, 화장실 다녀오기, 간식, 점심, 낮잠 시간 경험하기, 보호자와 함께 있기 등 주로 어린이집에서의 일과를 경험하는 것으로 구성된다. 이때 프로그램은 단축 보육의 성격을 가지며, 교사의 집중적인 배려로 최소 1주일 이상 체계적으로 진행되어야 한다.

따라서 신입 영유아를 위한 적응절차는 교육대상의 특성과 학급 환경의 여건, 원아수 등을 고려하여 기간을 정하고 단계에 따라 진행하되 개인차를 고려하여 융통성 있게 응용하여 적용한다.

다음은 삼성어린이개발센터의 '효과적인 영아 보육을 위한 지침서'에 제시된 적응프로그램의 행동 모형이다. 여기에서 사용된 절차는 주로 어린 영아를 대상으로, 절차는 일별, 또는 주별로 영아의 특성에 맞게 계획되어 운영할 수 있다.

〈표 2-8〉 적응 행동 프로그램의 행동 모형

기간	부모의 역할	영아의 예상 반응	교사의 역할
1일	• 짧게 방문하기 • 영아와 함께 교사에게 인사하기	• 부모와 함께 놀이실 탐색하기 • 약 1시간 방문 형식으로 머물기	• 거리감 두기 • 눈인사 나누기 • 영아 관찰하기 • 부모에게 적응 역할 소개하기 • 부모와 이야기 나누며 친근하게 보이기
2일	• 교사+영아와 함께 • 놀이하기 • 교사가 영아와 친해 • 지도록 협조하기 • 교사가 영아에 대해 • 이야기하기	• 장난감을 통해 교사 • 와 접촉하기 • 약 2–3시간 방문 형식으로 놀이하기	• 간접적 시도하기 • 영아와 인사하기 • 놀잇감 소개하기 • 함께 놀이하기
3~4일	• 잘 헤어지기 • 영아와 인사하기 • 영아와 특별한 시간 갖기	• 울기 • 익숙한 장난감으로 안정하기 • 교사와 접촉하기 • 오전 프로그램 참여 후 귀가하기	• 직접적 접촉 시도하기 • 안아주고 달래기 • 엄마와 인사시키기 • 안아주며 이야기나누기
5~6일	• 영아와 인사하기 • 교사와 지속적인 관계 형성하기	• 울기 • 교사와 의사소통하기 • 일과에 적응하기 • 점심 먹고 귀가하기	• 잦은 스킨십 제공하기 • 영아의 감정을 언어로 표현하고 이해해 주기 • 교실과 기관 소개하기
7~8일	• 적응 행동 격려하고 칭찬하기	• 일과에 적응하기 • 친구와 사귀기 • 낮잠 후 귀가하기	• 일과에 적응시키기 • 친구와 장난감 소개하기 • 영아의 적응 행동 칭찬 하기
9~10일	• 영아의 적응 상태를 판단하고 시간 조절하기	• 일과에 적응하기 • 친구와 사귀기	• 일과 진행하기 • 적응행동 칭찬하고 격려하기
적응 후	• 지속적인 애정표현하기	• 일과에 적응하기 • 친구와 사귀기	• 영아가 또래와 사귀도록 돕기 • 관찰을 통해 영아의 상태 점검하기

출처: 김혜경(2011)

다음은 영아의 초기적응을 돕기 위해 어린이집에서 3월 한 달 간, 4주에 나누어 실행할 내용으로, 이 내용을 부모님께 알릴 수 있다.

〈표 2-9〉 적응프로그램의 예

기간	활동명	활동내용
첫날 (입학식)	부모님과 함께 교실 둘러보기	▷어떤 놀잇감이 있는지 우리반 선생님이 누구인지, 부모님과 함께 있기 때문에 아이들은 안심하고 낯선 환경과 새로운 사람들을 만나게 될 것입니다. ▷등원 첫날에는 짧은 시간 동안 환경을 탐색하는 것으로 일과를 마무리 합니다.
1주째	오전 일과 보내기 (오전 간식까지)	▷영아가 교실에서 자신이 좋아하는 놀잇감을 골라 부모님, 교사, 친구와 함께 놀이해 봅니다. 어떤 놀잇감이 있는지, 우리 반 선생님이 누구인지, 어떤 친구들과 함께 생활할지, 일종의 탐색하는 시간을 가지며 부모님과 함께 있기 때문에 아이들은 안심하고 낯선 환경과 새로운 사람을 만나게 됩니다. ▷4~5일째 영아가 교실에 익숙해지면 놀잇감을 탐색하는 동안, 보호자가 잠시 교실을 벗어나 짧게 헤어지는 것을 시도해 보며, 부모님과 함께 오전 간식을 먹어보는 경험을 해봅니다.
2주째	부모님과 헤어져 오전 일과 보내기 (점심까지)	▷영아가 교실에서 지내는 것이 편안해지면 교사의 품에 안겨 부모님과 헤어져 보는 경험을 시도해 보며, 부모님은 교실 밖에 계시면서 아이들이 언제든지 가서 부모님의 모습을 확인할 수 있는 가까운 곳에서 아이들을 기다리고 계십니다. ▷오전 실내놀이를 마치고 친구들과 함께 점심을 먹어보는 경험을 갖게 됩니다. 점심시간에 맞춰 보호자가 와서 식사지도를 도와주기도 합니다. 그리고 귀가시간을 지켜 영아의 점진적인 적응을 돕습니다.
3주째	일과적응하기 (낮잠까지)	▷오전 실내놀이를 마치고 친구들과 함께 점심을 편안하게 먹는 경험을 해보며 교사가 먹여주는 점심을 먹으면서 교사와 친밀감을 형성합니다. ▷부모님이 보이지 않아도 편안하게 놀이하고 잘 적응하면 아이는 어린이집에서 지내며, 낮잠에서 깨어날 시간에 오시면 됩니다. ▷낮잠을 자는 것은 놀이를 하거나 밥을 먹는 것과는 다른 한층 더 어려운 적응과정으로 집에서 쓰던 베개나 좋아하는 인형 등을 가져오면 잠자는 시간에 영아에게 도움이 될 것입니다. 부모님은 낮잠에서 깨어나는 시간에 맞춰 오시면 되며, 초기에 낮잠에서 깨어나면 대부분 계속 울기에 부모님께 귀가 연락을 드려 귀가하면서 점차 안정적으로 낮잠시간에 적응하게 됩니다.
4주째	일과적응하기 (오후 간식~귀가)	▷낮잠을 자기까지 무난히 적응한 영아는 오후 간식을 먹고, 오후 놀이까지 어린이집에서 지내고 4시 이후에 귀가합니다.

- 적응이 더 필요한 영아의 경우 추후 일과를 조절합니다.
- 2~3달이 지나도록 적응이 되지 않더라도 인내하는 마음으로 기다려주는 자세가 필요합니다.
- 적응기간 동안은 토요일에 등원하지 않도록 배려해 주십시오.

출처: 제주관광대학교 부속 어린이집

교사는 신입 영유아를 맞이할 때 영유아가 어린이집에 잘 적응할 수 있도록 적응 프로그램을 준비해 영유아와 부모를 도울 수 있어야 한다.

신입 영유아의 적응을 돕기 위해 교사가 준비해야 할 내용을 소개하면 다음과 같다(김경희, 김선영, 김신영, 김지은, 김혜금, 문혁준 외, 2014).

첫째, 신입 영유아에 관한 많은 정보를 알아두어 영유아를 충분히 이해하고 다가가도록 한다. 교사는 영유아에게 알맞은 환경의 특성을 준비하고 좋아하는 놀잇감과 간식을 준비해 놓도록 한다.

둘째, 어머니와 헤어지는 데 어려움이 있는 영유아는 무리하게 떨어지게 하지 말고 어머니의 협조를 구해 헤어지는 시간을 융통성 있게 정한다. 어머니와 영유아가 함께 있는 시간을 점진적으로 조정하여 영유아가 불안을 느끼지 않도록 도와주며, 어머니와 헤어지는 시간에는 교사가 친근하게 개입하여 대화를 나누도록 한다.

셋째, 보호자와의 애착에는 별 어려움이 없지만 어린이집에 처음 다니게 되는 신입 영유아들을 위해 별도의 적응 프로그램을 준비한다. 영유아가 어린이집에 오자마자 처음부터 정규 시간에 맞추어 생활하기에는 어려움이 있을 수 있으므로 2~3시간 정도 지내다가 적응시간을 차차 늘려나갈 수 있도록 한다.

넷째, 교사는 부모와 서로 신뢰할 수 있도록 긴밀한 협조를 맺는다. 교사는 부모가 영유아에 대해 걱정하지 않고 안심하고 일에 매진할 수 있도록 하기 위해, 부모는 어린이집에서 영유아가 원만한 적응을 할 수 있도록 하기 위해, 서로 어린이집과 영유아에 관한 정보를 충분히 제공하여 상호 신뢰있는 관계를 맺어야 한다.

4) 학부모 오리엔테이션

어린이집과 가정 간의 긴밀한 유대관계를 형성하고, 보육교직원과 부모 간의 신뢰감 형성을 토대로 보육활동의 효과를 높이기 위하여 대부분의 어린이집에서는 입학식을 하기 전에 신입 영유아의 부모들을 대상으로 오리엔테이션을 갖는다.

[사진 2-3] 학부모 오리엔테이션

신학기가 시작되는 단계에서 기관의 방침과 규칙을 명확하게 전달하고 학부모에게 협조를 구하는 오리엔테이션에서 일반적으로 다루어지는 내용은 어린이집의 프로그램, 교육방침, 일과 및 운영과 행사안내, 반 편성, 보육교직원 소개 및 인사 등의 안내가 있으며, 다양한 시청각 매체를 이용해 그동안 영유아들이 어린이집에서 지내온 영상 자료를 보여주기도 한다. 이러한 일련의 활동을 통해 학부모들은 어린이집에 대해 친밀감을 느끼게 되며 앞으로의 영유아들의 활동을 상상해 보게 된다.

'○○어린이집 부모교육운영안내' 등의 제목으로 다음과 같은 내용이 포함된 오리엔테이션 자료를 만들어 학부모에게 배부하고 전달하는 시간을 갖는다.

- 시설개요: 위치, 규모, 시설 내역, 정원과 반편성 기준
- 어린이집의 운영 방침 및 운영철학
- 입학 순위 및 선발방법
- 일과 운영 시간과 계획, 각종 행사 계획과 프로그램 내용
- 적응 프로그램의 필요성과 절차
- 보육비의 액수 및 납입에 관한 사항
- 기관과의 의사소통 방법 안내: 홈페이지 활용법, 부모 게시판, 건의함, 알림장, 담임교사와 통화 가능 시간 등

- 일일보고서 작성법
- 급식식단: 간식 및 점심식사 차림표
- 입학 전 영유아 준비물 목록
- 입학 전 예방접종 완료에 대한 안내
- 비상시 연락처 조사
- 어린이집 생활에 필요한 편안하고 안전한 복장과 소지품에 대한 안내
- 어린이집 차량과 운행시간과 이용방법
- 안전사고 발생 시 어린이집의 책임한계에 대한 안내
- 보험과 관련된 안내
- 영유아의 건강, 위생, 안전에 대한 유의 사항, 전염병 안내
- 어린이집 운영위원회 안내
- 차량 운행시간 및 이용방법
- 어린이집 운영에 관한 학부모의 협조사항
- 전체 보육교직원 소개(연락처 알리기)
- 부모교육, 참여계획
- 견학동의 받기
- 방학 및 휴원기간
- 투약의뢰 절차

2 학급편성과 유형

입학을 하기 전에 어린이집에서는 영유아들의 효율적인 운영과 보육을 위해서 학급편성을 해야 하는데, 집단을 어떻게 구성할 것인가 하는 문제는 교사, 학부모, 영유아의 요구를 기초로 하여야 하며, 어떤 학급에 편성할 것인가 하는 문제는 전체 영유아 생활조사서, 성별, 물리적인 공간, 교사의 능력과 수, 보육프로그램, 연령에 따른 영유아들의 특성 및 요구, 특별한 요구를 지닌 영유아 수 등을 고려하여 결정되어야 한다.

1) 학급편성의 필요성

어린이집에서는 영유아들을 위하여 학급을 편성하여 지도하는데, 그 필요성을 요약하면 다음과 같다(위영희, 조진형, 이정희, 왕영희, 신유림 외, 2011).

첫째, 어린이집에서 교사 1명당 영유아 1명을 배정하여 개인 지도할 수 없기 때문에 몇 명의 영유아를 동시에 교사 1인이 지도하게 된다. 즉, 소수의 교사가 다수의 영유아를 지도하게 되므로 학급편성이 필요하게 된다.

둘째, 인간은 사회적 동물이며 집단 속에서 생활하게 된다. 집단생활 적응은 영유아기에 기초가 형성될 수 있으므로 집단으로서의 학급은 바람직한 사회인으로서의 자질을 키우는 데 의의가 있다.

셋째, 집단생활을 통해 동기유발 및 학습 촉진 효과를 높일 수 있다. 한 학급집단에서 같은 경험을 하면서 다른 친구의 행동을 모방하고, 때로는 경쟁하고, 협동하면서 혼자의 경험으로는 터득할 수 없는 효과적인 체험을 할 수 있기 때문에 자연스럽게 활동의 참여를 유도할 수 있고 내적인 동기유발 및 학습효과를 높일 수 있다.

2) 학급편성 시 고려해야 할 사항

어린이집은 보육목표를 달성하고 효율적인 교육을 위해서 학급편성을 해야 하는데, 학급편성을 어떠한 기준에 따라 하느냐는 교육운영 면이나 효과 면에서 다른 결과를 초래할 수 있다. 학급 편성 시 고려해야 할 사항은 다음과 같다(임재택, 1999).

첫째, 학급편성 시 어린이집의 전체 영유아 수를 고려해야 한다. 어린이집의 전체 공간 면적에 의해 영유아 수가 결정되기 때문이다.

둘째, 어린이집의 실내외 면적과 시설·설비 및 교재·교구의 확보 수준을 고려해야 한다. 어린이집의 실내 공간 면적이 어떠한 형태로 교실로 나누어지느냐에 따라 학급당 영유아수가 결정된다. 시설의 허가 관청에서는 영유아 1인당 실내외 면적을 고려하여 전체 영유아 수를 제한하고 있다.

셋째, 어린이집의 설립 목적 또는 철학적 방향에 따라 학급편성이 달라진다. 이 외에도 유아교육의 접근방식이 교사 중심적이냐 아동 중심적이냐의 문제나, 또는 이론적 성향에 따라서도 학급 편성의 방법이 달라진다.

넷째, 대상 영유아의 연령을 고려한다. 어린이집의 경우 '「영유아보육법」 시행규칙' 제10조 별표 2에 〈표 2-10〉과 같이 교사 1인당 영유아 수를 기준으로 반을 편성하도록 규정하고 있다.

〈표 2-10〉 보육교사 대 아동 비율

교사 대 아동비율	만 0세	만 1세	만 2세	만 3세	만 4세 이상
원칙	1:3	1:5	1:7	1:15	1:20
초과보육 인정범위	해당없음	1:7명 이내	1:9명 이내	1:18 이내	1:23명 이내

* 단, 영유아의 전출입 등 유동 인원의 수가 많은 경우에 한하여 총 정원의 범위 내에서 초과 보육이 가능함.

다섯째, 교사의 역량을 고려해야 한다. 교사의 역량 이상으로 무리한 학급편성을 하게 되면 교육을 실행하는 데 있어 부정적인 역효과를 낼 수 있으므로 교사의 능력에 맞추어 학급을 편성, 운영해야 한다.

3) 학급편성의 유형

어린이집에서의 학급편성은 그 지역실정과 어린이집의 사정을 고려하여 편성하게 되며 대부분 동일 연령집단(homogeneous age group)과 혼합 연령집단(vertical age group)으로 나누고 있다.

(1) 신규시설의 학급편성

어린이집의 학급편성은 가능한 한 2세 미만 영아반, 2세 영아반과 3세 이상의 유아반을 동시에 운영하는 것을 원칙으로 하며 영아보육 활성화를 위하여 가능한 한 영아반의 비율을 높게 편성하도록 하고 있다. 또한 어린이집 인가증의 정원을 준수하여야 하며, 연령별 반편성 시 교사 대 영유아 비율을 준수하도록 하고 있다. 보육과정 및 영유아 1인당 보육실 면적 등을 고려하여 반별 최대정원제를 운용할 수 있다. 일반적으로 어린이집에서는 학급편성을 하는 경우 영유아들의 생년월일(연령별)과 남녀비율(성별), 거주지역과 사회계층 및 지역의 설정(지역별), 그리고 버스노선을 고려하여 편성해야 한다.

(2) 기존 시설의 학급편성

기존 시설(2005년 1월30일 이전에 설치·신고된 시설)의 경우는 영아와 유아의 면적 기준이 상이(2세 이하 2.64㎡, 3세 이상 1.98㎡)하여 어린이집 신고증에 명시된 총정원 반별 정원을 별도 표기(2세 미만: ○○명, 2세: ○○명, 3세 이상: ○○명)하여 관리해 왔다. 그러므로 기존 시설의 반별 정원을 조정할 경우에는 기존 면적기준에 적합한지를 확인하여 관리하여 영아반 증원 시 면적기준을 위반하지 않도록 관리하며 총정원이 증가된 경우에는 개정 「영유아보육법」에 의하여 변경인가를 받아야 하므로 시설 면적, 기준 등의 모든 조건을 신규인가 시설 요건에 맞춰야 한다(신화식, 김명희, 2010).

(3) 혼합 연령반의 학급편성

우리나라의 학급편성은 일반적으로 동일 연령을 우선적으로 하고 있다. 동일 연령 집단 구성은 같은 연령의 영유아들끼리 같은 발달적 수준 및 요구를 가졌을 것이라는 추정 하에 영유아의 생리적 연령을 하나의 집단으로 묶는 것이다. 동일 연령으로 학급을 구성할 경우 영유아의 능력, 경험 및 발달 수준이 비슷하므로 학습활동의 계획과 지도가 용이하며, 영유아 간의 충돌과 좌절의 경험을 줄일 수 있다는 장점이 있다(황윤세 외, 2011). 혼합 연령 집단 구성은 원장이 교육프로그램의 철학이나 교육과정 운영상 필요한 경우에 학급을 편성할 수 있다. 혼합 연령반 운영 시 교사 대 유아 비율은 낮은 연령의 교사 대 유아 비율을 준수하여야 한다(보건복지부, 2014).

혼합 연령의 장점은 나이 어린 영아가 나이 든 유아로부터 배우고, 나이 든 유아는 나이 어린 영아를 도와줌으로써 배우며, 교사는 영유아의 수준에 알맞은 다양한 학습활동을 선정할 수 있는 기회를 줌으로써 연령차와 발달 수준의 차이를 줄일 수 있다. 반면, 혼합 연령 집단의 단점은 첫째, 영유아들 간의 발달수준이나 능력의 차이로 인해 학습활동의 계획과 지도에 어려움이 있다. 둘째, 나이 어린 영아는 나이 든 유아로부터 억압과 좌절을 경험하게 된다. 셋째, 나이 든 유아는 어린 영아의 행동을 모방함으로써 퇴행하는 경향을 보인다. 넷째, 교사의 경우, 유능한 교사가 아니거나 학습활동 자료가 다양하지 않으면 교육의 효과를 얻기 어렵다(임재택, 1999).

이상의 혼합 연령반의 장점과 단점은 절대적으로 고정된 것이 아니라 유동적이며 융통성이 있다.

〈표 2-11〉 혼합 연령반 운영 기준

구분	0세와 1세 영아	1세와 2세 영아	0세와 2세 영아	2세 이하 영아와 3세 이상 유아	3세와 4세 이상 유아
원칙	가능	가능	불가능	불가능	가능
교사 대 아동 비율	1 : 3	1 : 5	–	–	1 : 15

출처: 보건복지부(2014)

* 장애아는 연령이 아닌 장애(발달) 정도에 따라 적절한 반에 편성·운영할 수 있음. 단 연령과 달리 편성할 때는 부모와 협의하고, 시·군·구 담당자의 확인을 받아 조정한다.
* 정부 인건비 미지원 어린이집은 시·군·구 사전 승인 후 만 2세와 만 3세 아동의 혼합반 운영이 가능하며, 이 중 가정어린이집은 만 2세와 유아(방과 후 포함)의 혼합반 운영이 가능하다.

제3장

어린이집의 조직문화와 리더십

영유아와 보육교직원으로 이루어진 어린이집은 교육의 목적을 달성하기 위해 구성원들이 집단 경험을 공유하면서 나타나는 사고방식 및 생활방식을 갖고 있는 조직사회이며 고유한 조직문화를 갖고 있다. 본 장에서는 보육현장이 가지는 조직특성과 효율적이고 유능한 원장 및 보육교사가 되기 위해 유념해야 할 직무만족도와 리더십에 대해 알아보고자 한다.

1 어린이집의 조직문화

조직문화는 조직구성원의 행동에 영향을 주게 되고, 조직구성원의 행동은 조직문화를 형성하는 중요한 요인으로 작용함으로써 상호 밀접한 관계를 유지한다.

1) 조직문화의 개념

조직문화는 공동체 마인드로 조직의 관습, 마음가짐, 행동으로 정의하는데, 신화, 의식, 언어, 이상, 목표와 가치, 공유를 포함하고 있으며, 사람이 각각 다른 개성을 갖고 있듯이 조직도 다른 조직과 구분되는 독자적인 고유한 정체성과 특성, 능력과 자질을 갖고 있다(Pratt, 1998).

2) 어린이집 조직문화의 특성

보육교사는 어린이집이라는 교육기관 조직 내에서 근무하며, 영유아나 부모 외에도 조직구성원으로서 다양한 관계를 접하고 전문성을 지닌 일을 하지만 초·중등 학교의 교사에 비해 차별화된 이미지를 갖고 있다. 그 이유는 「영유아보육법」 이라는 관련법을 가지고 있음에도 불구하고 다양한 원인으로 인하여 법적으로 초·중등 교사에 비하여 보호받지 못하고 있기 때문이다. 그 원인을 알아보기 위해서는 어린이집의 조직 특성을 다양한 관점에서 살펴볼 필요가 있다.

어린이집의 조직 특성을 살펴보면 다음과 같다(조인숙, 2005).

첫째, 어린이집은 보호와 교육이라는 목적성과 기능에서 오는 특징이 있다. 어린이집은 교육과 함께 건강하고 안전하게 돌봄이 매우 중요한 기능이므로 다른 학교 조직에 비해 부모와 기관 간, 교사와 영유아 간의 친밀감, 관심 지원 등이 강조된다. 어린이집에서 교사와 영유아와의 관계는 가족적인 관계이며, 교사는 영유아와의 스킨십이 강조된다. 따라서 어린이집의 교사는 체계적인 교육도 중요하지만 따뜻하고 안정적인 양육자로서의 역할을 우선적으로 요구받게 된다.

둘째, 대다수의 어린이집은 다른 조직에 비해 그 규모가 작고, 인적 구성이 단순하다. 기본적으로 하나의 어린이집을 운영하기 위해서는 영유아를 보호하고 교육해야 하며, 그에 필요한 교재 및 교구를 제작하고 여러 가지 행사를 해야 한다. 유치원이나 초·중등과 같이 규모가 큰 조직의 경우에는 각 과제를 분담할 수 있는 조직적인 체계를 갖추고 있고, 이러한 조직 체계는 각자의 역할 책임을 분명히 밝혀 과제를 수행하는 가운데 역할 혼돈이나 갈등의 소지를 줄인다. 반면에 어린이집과 같이 그 규모가 작아지면 한 명의 조직원이 동시에 여러 가지 과제를 수행하기 때문에 과제 수행에 대한 부담이 클 뿐만 아니라, 과제 완성에 대한 책임 소재도 불분명한 경우가 많이 발생하게 되고, 그로 인하여 조직구성원 간에 갈등이 발생할 소지가 많아진다. 시설의 규모가 작다는 것은 단순히 영유아 수, 교직원의 수가 적다는 것만을 의미하는 것이 아니라 교육적, 경제적, 행정적 측면에서 다양한 의미를 지니며, 경제적 규모가 작다는 뜻과 조직구조가 단순하다는 것을 말한다. 조직구조가 단순하기 때문에 임의대로 이루어지는 것에 크게 지장을 받지 않으며, 조직 내에서도 과학성, 체계성, 합리성이 강조되기보다는 가족적 분위기가 강조된다.

셋째, 근무여건이 열악하고 조직, 공동체에 대한 의식이 적다. 어린이집의 경우 이직률이 높아 조직에 대한 응집력이 약하다. 어린이집 조직의 성격은 가족적인 응집력을 많이 요구하고 있지만, 근무조건이나 조직 관리의 미흡으로 인해 그러한 일치감이나 응집력을 갖지 못하는 경우가 많다.

넷째, 어린이집의 조직구성원인 교사는 20~30세가 50% 이상을 차지하고 있으며, 대부분이 여성으로 구성되어 있다. 여성의 조직은 남성위주의 조직과 달리 의사소통 방식은 매우 사적이며 과제가 아닌 인간관계를 중심으로 이루어진다. 이러한 의사소통체계는 일단 각자의 개인적인 상황에 대한 양해와 이해를 통해 맥락을 형성하고 의사소통의 상대방과 사적인 관계를 형성한 후에 모든 공적인 일도 사적인 관계 속에서 처리하는 방식이다. 이는 인간관계나 조직의 운영에 있어서는 긍정적인 영향을 끼치지만, 공적인 업무처리에 대해 생각을 나누고 체계적으로 처리하는 데 있어서는 부정적인 영향을 준다.

다섯째, 어린이집의 질을 결정하는 집단인 교사의 업무 성격은 매우 독립적이고 개인적이지만 업무량은 많다. 어린이집은 육아에 대한 역할 비중이 크고, 이용 대상이 맞벌이 부부의 자녀가 주를 이루기 때문에 교사는 늦게까지 영유아와 함께 지내야 한다. 그러한 시간 외에도 교사는 관심을 가져야 하는 일이 많아 업무량이 매우 많다. 어린이집은 업무를 위한 회의조차도 시간이 부족해서 제한을 받는다. 예를 들면, 회의시간이 근무 시간 이전 혹은 이후나 낮잠 시간에 주로 이루어지므로 교육을 위한 충분한 협의나 의사소통의 장으로 이용되기보다는 관리자(주임, 원장)와의 의사전달의 장으로 이용되고 있다.

여섯째, 우리나라 어린이집은 설립주체가 매우 다양하다. 현재 어린이집은 설립주체에 따라 국공립, 법인, 민간, 개인, 직장, 그리고 가정, 협동 등 6가지로 구분되는데, 각 설립 주체별로도 다양한 설립취지를 가지고 있으며 어린이집의 설치 상황 및 과정 등이 너무 다양하고 복잡하여 운영현황과 특성, 그리고 재정의 상황 등이 매우 다양하다. 이러한 어린이집의 특성이 다양한 것은 보육서비스의 질적 다양성의 원인이 된다(김옥희, 2006).

이와 같이 어린이집은 보호와 교육이라는 서비스를 제공하여 가정과 학교의 특징을 동시에 요구하며 대부분 그 규모가 작고, 세심함, 배려, 사랑, 봉사, 가족과 같은 분위기가 강조된다. 또한 조직구성원은 거의 여성으로 조직되어 있고, 20대가 주를 이루며 근무 조건이 열악하고 의사소통의 기회가 적다는 점에서 어린이집은 유치원과는 또 다른 의미의 조직적 특성을 가지고 있음을 알 수 있다.

3) 어린이집의 조직문화에 영향을 미치는 요인

어린이집의 조직문화는 어느 한 요인으로 규정지어질 수 없으며 복합적인 여러 요인으로 구성된다고 할 수 있다. Jorde-Bloom(1988)은 어린이집의 조직문화에 영향을 미치는 요인으로 다음의 10가지를 제시하고 있다.

첫째, 동료관계이다. 교사가 우호적이고 지지하며 신뢰하는 정도를 의미하며 교사들의 결속력을 뜻한다. 동료 간에 강한 결속력이 있는 조직문화에서는 교사들이 단합된 팀 정신과 집단적인 효율성을 보이며 상호작용이 원활하고 개인은 자신의 생각을 자유롭게 표현할 수 있다.

둘째, 전문성 증진이다. 전문성 증진과 개인의 성장을 위한 기회들은 건강한 조직문화의 특징이다. 전문성 발달은 교수학습의 질에 기여하고 교사들에게 직업적 만족을 증가시켜주기 때문에 매우 중요하다. 교사들이 전문가로 성장할 수 있도록 제공하는 많은 기회를 교사 스스로 자긍심이나 소명감을 갖게 할 뿐만 아니라 기관의 질도 향상시킬 것이다.

셋째, 원장과의 관계이다. 교사에게 명확한 기대, 지지, 격려를 제공해 주는 원장의 지도력은 교육환경에 결정적인 요소가 되며 교사의 개인적·전문적 변화에 방향을 제시한다. 원장이 교사에게 주는 일종의 심리적 지지가 다른 어떤 특별한 자료(resource) 제공보다 교사의 업무수행에 지속적 영향을 미칠 수 있다.

넷째, 조직 기능의 명확성이다. 조직기능이 명확히 잘 구성되어 있는 기관에서는 구성원 사이의 의사전달이 일관적이고 명확하며, 직접적이고 개방적으로 전달된다. 그러나 명확하지 않은 정책과 과정들은 조직원 간의 갈등과 문제를 유발하고, 직무스트레스의 원인이 되기도 한다.

다섯째, 보수, 승진 제도이다. 건강한 조직문화를 지닌 기관에서는 일반적으로 보수, 직무, 안정성, 승진 정책들이 공정하고 공평하게 운영되는 보상 체계를 가지고 있다. 따라서 어린이집은 교사의 능력과 질적인 수준을 고려하여 보수와 혜택을 제공하여야 한다.

여섯째, 의사결정이다. 교사가 의사결정 과정에서 의견을 제시할 때 그 제시한 의견을 존중하는 것이 긍정적인 문화의 필수요건이다. 따라서 긍정적인 환경에서의 의사결정 구조는 유동성이 있으며 교사가 나타내는 관심과 문제점을 반영하며, 다양하고 변화하는 전문지식, 능력, 요구를 깊이 고려하는 것이다.

일곱째, 프로그램 목적에 대한 교사 간의 일치도이다. 조직 목표의 공유는 어린이집의 목적과 목표에 대한 교사의 동의 정도를 나타내는 것이다. 목표 공유는 가치지향의 일치와 더불어 의견 차이를 타협하고 극복할 수 있는 개인의 능력 모두를 포함한다. 교사가 조직 목표에 공유하는 정도가 높을수록 교사의 직무수행 능력은 증진된다.

여덟 번째, 업무수행이다. 보육프로그램의 업무수행은 바람직한 계획, 능률성, 역할 분담이 이루어지는 정도이다. 긍정적인 조직문화에서는 교사가 시간을 효율적으로 이용하고, 교사 간에 역할 분담이 되어 있으며. 직무성취에 방해되는 불필요한 잡무에 시달리지 않는다. 이러한 문화가 조성될 때 교사는 안정 속에서 만족감을 가지고 직무에 더 충실할 수 있게 된다.

아홉 번째, 물리적 환경이다. 어린이집의 공간 배치는 직무 태도에 영향을 미치고 조직의 분위기를 좌우한다. 어린이집의 물리적 환경은 두 가지 차원으로 분류된다. 온도, 채광, 색, 소음, 환기, 일반적인 공간 배치와 설계 등의 환경 변인과 교사가 효율적으로 수업하기 위해 필요한 비품, 교재·교구와 자료를 어느 정도 보유하고 있느냐 하는 것이다. 빈약하게 준비된 환경과 공간을 잘못 이용한 환경은 교사에게 업무에 대한 스트레스와 좌절감을 줄 수 있다.

열 번째, 개혁성이다. 모든 조직은 생존을 위해 변화에 적응해야만 하는데 보육프로그램도 예외는 아니다. 효과적인 조직문화에서는 교사가 독창적인 문제 해결방법을 발견하도록 격려한다. 반면, 건강하지 못한 문화에서는 자기만족, 유사성 추구, 전통에 대한 강한 집착 등 지나친 보수 경향을 지닌다. 개혁을 함에 있어 구성원의 지지와 동의도 필요하지만 지도자로서 원장의 역할은 많은 비중을 차지한다. 원장은 변화의 필요성을 감지하고, 변화 과정의 속도를 설정한 후에, 새로운 아이디어를 활동 프로그램 속에 전환시킴으로써 향상을 도모하는 역할을 하기 때문에 개혁의 성공 여부는 직접적으로 조직의 지도력 양상과 관련된다.

이와 같이 10가지 하위요인 점수가 높을수록 긍정적인 조직문화라고 할 수 있으며, 점수가 낮을수록 부정적 조직문화라고 할 수 있다. 즉, 긍정적 조직 풍토에서는 교사 간의 응집력이 높고 전문성 증진을 장려할 뿐만 아니라 의사결정에 교사의 자율성을 보장하며 업무 수행이 효율적으로 이루어진다.

2 보육교사의 직무만족도

보육의 질은 교사의 질을 능가할 수 없다. 영유아가 행복하려면 교사가 자신의 직무에 만족하고 직무에 대한 스트레스가 없어야 하며, 이를 통해 올바른 교육을 할 수 있다.

1) 직무만족도의 개념

직무만족에 최초 연구자인 Hoppock(1935)은 직무만족을 '조직구성원들의 심리적·생리적·환경적 상황의 결합 상태'라고 정의하였으며, 박수연(2000)은 조직구성원이 현재 종사하는 직무에 대하여 소유하는 감정과 신념의 총체라고 하였다. 직무만족에 많은 연구가 진행되고 있지만 공통적으로 직무만족도는 조직과 조직구성원이 직무를 수행하면서 자신에 대한 평가, 개인적인 보상과 욕구, 직무 환경 등에 만족하는 정도라고 말할 수 있다.

보육교사의 직무만족도란 교사 개인이 수행하고 있는 직무에 대한 자신의 느낌, 직무의 구조적 환경, 자기 직업에 대한 사회적 인식에서 느끼는 만족의 정도로 규정하며 이것은 개인의 태도, 가치관, 욕구 등의 정도에 따라 다르게 나타날 수 있다고 본다. 보육교사는 어린이집에서 보육활동과 직무 환경에 만족을 느낄 때 자신이나 조직을 위해 보람을 갖고 공헌을 하게 된다. 이와 같이 직무만족은 어린이집이라는 조직 속에서 집단의 목표를 수행해 가는 과정 가운데 개인의 자아를 얼마만큼 충족시키는가의 문제와 개인이 갖게 되는 긍정적인 정서를 그 척도로 본다.

〈직무만족도의 구성요소〉

- 동료와의 관계: 상사나 동료들과의 관계에서 지지와 격려를 받고 있다고 느끼는 심리적 상태
- 원장과의 관계: 원장과의 관계 속에서 지지와 격려를 받고 있다고 느끼는 심리적 상태
- 보상관계: 교사가 직무를 수행하면 주어지는 보수나 복지 등에 대해서 느끼는 심리적 상태
- 행정적 지원: 행정 전반적인 지원 부분에 대해서 느끼는 심리적 상태
- 근무환경: 업무를 효율적으로 수행할 수 있는 물리적 환경과 심리적 환경
- 전문성 인식: 교사가 직무를 수행하며 받는 통제나 간섭으로부터 자유로운 전문적 권한에 대한 심리적 상태

출처: 김애실(2019).

2) 직무만족도의 중요성

현대사회에서 직무만족은 그 정도에 따라 조직운영에 대한 평가 기준이 되고 조직구성원의 삶의 질에 대한 평가에도 영향을 미치게 되므로 정서적으로 매우 중요한 부분이다. 직무만족의 중요성에 대하여 개인적인 측면과 조직적인 측면으로 나누어 다음과 같이 요약할 수 있다(문미선, 2007).

첫째, 개인적인 측면에서 보면 직무만족은 삶의 가치를 판단하는 측면에서 중요하다. 인간은 자신이 처한 상황에 대하여 만족할 경우 다른 부분까지도 만족스럽고 혹시 만족스럽지 않더라도 그 상황을 긍정적으로 해석하는 경향이 있다.

둘째, 조직적 측면에서 보면 직무만족이 높을수록 업무에 대한 보람과 신념을 가지며 조직 운영에 협조적이다. 이는 결국 이직률을 줄이고 조직 내에서의 공동의 목적 달성에 대한 의식이 고양되어 개인의 직무만족이 조직 전체에도 중요하다.

결국, 교사의 직무만족도는 교육 대상자인 영유아에게 직접적인 영향을 주는 인적 환경이라고 할 수 있으며, 만족 정도에 따라 교육의 질도 달라짐을 알 수 있다.

3) 직무만족도에 영향을 주는 요인

직무만족도에 영향을 미치는 요인은 직무의 특성과 연구자의 목적에 따라 다양하게 제시되어 있는데, 연구자별로 살펴보면 〈표 3-1〉과 같다.

〈표 3-1〉 직무만족도의 하위요소

연구자	직무만족도 하위요소
김수원(1999)	직무자체, 원장과의 관계, 동료와의 관계, 사회적 인정, 보수, 승진기회
최보영(2002)	동료와의 관계, 원장과의 관계, 직무자체, 근무환경, 보수와 승진기회
박미선(2000)	인간관계, 복지, 후생과 보수, 사회적 인정, 직무 자체에 대한 신념, 근 무환경, 업무량, 승진과 신분보장
유정혜(1997)	직무에 대한 신념, 사회적 인식, 보수, 인간관계, 행정체계, 복지 차원
이분려(1998)	동료교사와의 관계, 원장과의 관계, 직무 자체의 특성, 보수와 승진기 회, 근무환경, 기관에 대한 느낌
배혜자(2008)	직무전반, 보수, 승진 기회, 동료와의 관계, 원장과의 관계, 근무환경 및 후생 복지
한국교육조직학회	성취, 성취에 대한 인정, 도전적이고 보람 있는 일, 책임의 증대, 성장 및 승진
Herzberg(1968)	지위, 정책 및 관리, 작업 조건, 급여, 안정성
Locke(1973)	직무자체, 임금, 승진, 복리후생, 작업 조건, 감독, 동료, 회사정책

출처: 김애영(2011)

최근 들어 보육교사의 직무만족도와 관련된 연구들은 주로 동료교사와의 관계, 근무시간을 포함한 환경, 보수와 승진기회, 직무자체, 원장과의 관계, 의사소통 유형, 개인의 자아실현, 적성과 사회학적인 요인 등에 대해 연구되고 있다.

보육교사와 유치원교사와의 직무만족도를 비교 조사한 연구들(경규혜, 1995; 권웅, 2002; 염미애, 2004; 윤건호, 2003)에 의하면, 보육교사가 직무자체와 동료와의 관계, 보수, 원장과의 관계 등에서는 대체로 만족하는 것으로 나타났으나, 행정제도 측면에서는 보육교사가 유치원교사보다 만족도가 낮게 나왔다. 특히 사회적 인식, 근무환경이 유치원교사보다 만족스럽지 못한 것으로 나타났는데, 이는 일반인들이 보육교사의 보호가 강조된 업무의 특성을 유치원교사나 초·중등교사에 비해 낮게 인식하고 대우하는 경우가 많아 나온 결과로 볼 수 있다. 이외에도 보육교사의 직무만족도는 개별 요인인 기관 유형, 현 직위, 교사의 연령과 교육수준, 담당하는 학급당 영유아수, 출근시간과 근무시간, 결혼유무 등에 따라 차이가 있는 것으로 나타났으며(조성연, 2003), 연령과 경력이 많을수록, 국공립에 근무하며 기혼일수록 직무만족도가 높게 나타났다(김미예, 2010; 김진아, 2008; 배혜자, 2008; 조인숙, 2005).

이상의 요인들을 종합하여 볼 때, 직무만족도에 영향을 미치는 요인으로 근무환경과 관련된 요인, 교직 업무와 관련된 요인, 복지 및 보수와 관련된 요인, 교사의 직무에 대한 만족도 등과 같이 외면적, 내면적 상황들을 직무만족도에 영향을 미치는 중요한 변인으로 볼 수 있다.

〈표 3-2〉 직무만족도 체크리스트

직무만족도 체크리스트

다음에 제시되는 문항은 보육교사가 현재 하고 있는 일에 어느 정도 만족하고 있는지 알아보기 위한 것이다. 보육교사가 되었을 때 자신의 직무만족도를 체크하는 데 사용할 수 있다.

① 매우 그렇다

② 그렇다

③ 보통이다

④ 그렇지 않다

⑤ 전혀 그렇지 않다

번호	보육교사 직무만족도 문항	①	②	③	④	⑤
	동료관계					
1	동료들은 나에게 관심을 갖는다.					
2	나는 동료들과 잘 지낸다.					
3	나와 동료들은 개인적인 문제를 서로 이야기 한다.					
*4	나는 동료들을 이해하기 어렵다.					
*5	동료들은 내가 하는 일을 못마땅하게 생각한다.					
*6	나는 동료들에게 신뢰감을 못 느낀다.					
*7	동료들에게 매우 비협조적이다.					
8	나와 동료들은 생각과 자료를 서로 주고받는다.					
*9	동료들은 경쟁적이다.					
10	동료들은 나를 격려하고 지지한다.					
	원장과의 관계					
11	원장은 내가 하는 업무를 존중해 준다.					
*12	원장은 너무 바빠서 내가 어떻게 일을 하고 있는지 모른다.					
*13	원장은 내가 하는 일에 너무 지나치게 관여한다.					
14	원장은 나에게 교육적 조언을 많이 해준다.					
15	원장은 나의 견해를 존중해 준다.					
16	원장은 교육관이 투철하다.					
*17	원장은 매우 신뢰롭지 못하다.					
18	원장은 보육에 관심이 많다.					
*19	원장은 나를 무능하게 만든다.					
*20	원장은 예측할 수 없는 사람이다.					
	직무자체					
21	나의 직무는 직접적으로 영향을 미치는 모든 요인들을 좌우한다.					
22	나의 직무는 진취적이고 희망적인 일이다.					
23	나의 직무는 학부모들에게 존경을 받는 일이다.					
*24	나는 교육자로서 자긍심이 없다.					
*25	나는 교수법에 대하여 갈등한다.					
26	나의 직무는 유아들의 삶에 중요한 영향을 미친다.					
*27	나의 직무는 내가 받은 교육과 기술을 적용시키기 어렵다.					
28	나의 직무는 성취감을 준다.					

번호	보육교사 직무만족도 문항	①	②	③	④	⑤
	근무환경					
29	교사와 유아의 비율이 적당하다.					
*30	자료실의 부족으로 정리가 잘 안 된다.					
*31	내가 일을 조금 더 잘 할 수 있도록 새로운 설비와 자료가 필요하다. (교사실, 자료실 등)					
*32	우리 어린이집은 아무리 꾸며도 티가 안 난다.					
*33	어린이집의 청소문제가 부담스럽다.					
*34	사적인 대화를 나눌 수 있는 장소가 없다. (상담실, 휴게실 등)					
	보수와 승진					
35	나의 보수는 경력과 능력을 고려해 볼 때 공정하다.					
*36	나는 특별휴가를 쓸 수 없다. (결혼, 경조사 등)					
*37	나는 지금 현실로선 승진할 가능성이 없다.					
*38	발전할 수 있는 기회가 나에게 제한되어 있다. (전문적 시험기회 적용 등)					

출처: 서주희(2013)

〈문항 계산 방법: 각 문항 점수의 합 ÷ 문항 수〉
* 표시가 없는 문항은 그대로 * 표시된 문항은 역으로 계산(예, 5 → 1, 1 → 5)

3 보육교사의 리더십

어린이집처럼 극소수의 관리자가 존재하고 다수의 교사가 존재하는 조직에서는 어떤 조직의 형태보다 주인의식을 가진 교사의 리더십이 중요하다. 교사는 어린이집 전체의 조직에서 볼 때 조직의 구성원이기도 하지만 한 학급을 이끌어 가는 운영자이기도 하기 때문에, 영유아의 교육을 현장에서 이끄는 교사의 리더십은 영유아에게는 물론, 어린이집 운영 전반에 큰 영향을 미칠 수도 있다.

1) 리더십의 개념 및 특성

리더는 조직이 필요로 하는 성과를 효율적으로 달성하기 위하여 계획을 수립, 통제, 지휘하는 데 있어서 리더십을 발휘하게 되고, 리더십은 목표를 효과적으로 달성하기 위한 개인행동과 집단행동의 형성은 물론 이들 행동을 조직의 성과에 연결시키기 위한 가장 중요한 요인이 되고 있다.

리더십은 관점이나 이론에 따라 의미가 달리 해석되기 때문에 한마디로 정의하긴 어렵지만, 일반적으로 리더십은 목표를 달성하기 위하여 개인 및 집단을 조정하고 동작하게 하는 기술, 혹은 집단 구성원으로 하여금 정해진 목표를 열정적으로 수행하도록 설득하는 능력 내지 영향력을 뜻한다. Jago(1982)는 강제성을 띠지 않는 영향력 행사 과정이며 구성원들에게 방향을 제시하고 활동을 조정하는 것으로 성공적으로 영향력을 행사하는 사람들이 갖는 특성들이라고 정의하였으며, Hersey와 Blanchard는 리더십이란 어떤 주어진 상황 속에서 목표를 달성하기 위하여 개인 또는 집단의 활동에 영향을 미치는 과정이라고 하였다.

보육분야에서의 리더십 개념을 좀 더 실제적으로 살펴보면 다음과 같은 내용이 포함된다(김문희, 2011).

- 생각과 아이디어를 공유함으로써 다른 사람들에게 영감주기
- 모범이 되는 역할 모델이 되기
- 방향을 제시하고 앞으로 나아갈 길을 찾아서 분명한 방향을 설명함으로써 창의적인 보육서비스에 기여할 수 있도록 교직원과 부모의 행동에 영향을 주기
- 팀워크를 형성하고 협조와 포용으로 서비스를 효율적으로 운영하기
- 개인적 성장과 임파워먼트, 전문성 계발과 발전을 향상시킬 수 있는 방식으로 교직원을 관리하고 부모들을 안내하기
- 조직 효율성과 전문적 효율성을 높이기 위한 변화를 계획하고 실행하기

리더십의 개념을 정의하는 집단의 태도, 개인의 특성, 욕구, 상황에 따라 그 특성

을 고찰하면 다음과 같다(양승렬, 1988).

첫째, 리더십은 인간관계의 상호작용으로 모든 상황은 인간에 의해 주어지고 형성되며 변화되기 때문에 주체가 되는 것은 인간이며, 리더십의 전달과 수용하는 과정 및 결과도 역시 인간에 의해서 형성된다. 따라서 리더십은 인간관계의 상호작용으로 볼 수 있다.

둘째, 리더십의 특성은 주고받는 데 있다고 할 수 있다. 리더십은 조직구성원에게 어떤 변화를 주기도 하며, 상황의 변화에 따라 달라진다. 리더십이 전달되는 경로는 수용하는 조직구성원의 상황에 따라 달리 전달될 수 있으며, 조직의 상황이 리더십을 변화시킬 수 있는 것이다. 이는 서로 상호관계를 가지고 있으면서 의사결정에 중요한 요인을 형성하기 때문이다.

셋째, 조직은 개인의 집합체이므로 조직을 구성하는 인간이 처해 있는 전반적인 상황은 조직의 목표달성을 위한 리더십에 영향력을 행사하는 것이므로, 조직구성원의 상황에 따라 리더십이 달라진다고 할 수 있다.

넷째, 변화하는 상황에 맞추어 계속적인 수정을 통해 합리적인 리더십을 모색할 수 있다. 그러나 합리적이고 적합한 리더십이 영원히 계속될 수는 없는데, 이는 이상과 조직구성원의 상황에 변화하므로 순간순간에 있어서의 합리성을 의미하는 것이다. 즉, 리더십은 노력과 창조에 의하여 효율적으로 달성되는 것이다.

다섯째, 리더십의 궁극적인 목적은 집단의 목표를 효과적으로 달성하는 것이다.

2) 리더십이론

시대적 흐름에 따라 변화되어온 리더십이론은 각각의 특성과 공통점이 있으며 리더십이론의 목적은 일반적으로 리더십의 유효성을 결정하는 요소가 어떠한 것들인가 발견하는 것이었다.

(1) 전통적 리더십이론

전통적 리더십이론은 다음의 세 가지로 구분할 수 있다.

① 리더십 특성이론(trait theory)

특성적 이론의 접근은 20세기 초반에서(1930년대) 1950년대 주를 이룬 이론으로 리더십의 효과를 리더의 특성과 연관지어 설명하였는데, 리더는 고유의 개인적 특성을 가지고 있으며, 처한 상황이나 환경에 관계없이 지도자가 될 수 있다는 것이다. 리더는 신체적 특성, 성격, 능력 등의 특성을 보이며 리더가 아닌 사람이 갖고 있지 않은 특성을 갖고 태어난다고 하였다, 성공적인 리더는 후천적으로 만들어지기보다는 선천적으로 태어난다고 보았으며(황윤세 외, 2011), 리더의 특성을 가지고 있으면 어떠한 상황에서든지 효율적인 리더가 될 수 있다.

② 리더십 행위이론(behavioral theory)

20세기 중반을 전후한 시기(1940년대)에 특성이론으로 한계에 직면한 리더십 연구는 리더의 행동에 대한 연구로 관심이 전환되었다. 인간의 행동주의와 과학적 방법론에 의거하여 어떠한 리더십 스타일이 가장 효과적인지, 리더십의 행위를 밝히려는 시도들이 핵심을 이루었다. 즉, 리더가 어떻게 행동하는가 하는 측면으로 리더십의 유효성은 리더의 행동에 따라 달라진다고 보며 리더십은 계발될 수 있다고 보았다. 따라서 유전적으로 타고난 자질이 아니라 리더로서의 기술을 습득하였는가가 중요시 된다(신구범, 2005).

③ 리더십 상황이론(situational theory)

1960년 후반부터 70년대에 들면서 리더십의 특성이나 행위들이 서로 다른 상황의 리더에게 다르게 적용된다는 점에 주목하여 대두된 이론으로 효과적인 리더십은 리더의 개인적 특성, 리더의 행위, 리더의 상황 요인 등이 상호작용함으로써 결정된다는 입장이다. 즉, 리더십의 효과는 주어진 상황에 따라 달라진다는 것이다.

이상에서 소개한 전통적 리더십의 세 가지 접근법은 각각의 특성을 가지고 있으나 모두 리더가 추종자에게 일방적으로 행하는 관계로 본다는 공통점이 있다. 즉, 리더와 추종자 간 상호작용과 추종자의 자율성을 중시하기보다 리더가 추종자를 관리하는 측면이 크다(이인원, 김호년, 전정희, 김의석, 김영애, 2010).

(2) 최근 리더십이론

최근 들어 사회의 조직구조와 리더의 역할이 다양해지면서 전통적 리더십이론의 한계점을 직시하고 그 이론들이 갖고 있는 제한점과 장점에 대해 새롭고 더욱 실제적인 측면을 규명하려는 연구가 진행되어 많은 학자에 의하여 새로운 리더십이론이 제시되고 있다(김한성, 2002).

① 카리스마적 리더십(charismatic leadership)

현대 카리스마적 리더십 연구의 시초는 Weberd의 연구에서 볼 수 있다. 그는 사회적 권위체제를 전통적, 합법적, 카리스마적 권위로 분류하였다. 카리스마적 권위는 전통적 권위에 대한 변화의 결과로, 단기간에 나타나며, 자신들의 영향력을 기반으로 한 부하와 비공식적인 관계를 이용한다. 그는 카리스마적 리더십의 열쇠로서 지도자의 천부적인 재능 혹은 초월적인 자질의 중요성을 강조하였다(장이권, 2002).

카리스마적 리더십의 핵심개념으로는 높은 수준의 자신감, 지배하려는 경향, 영향력 발휘, 신념에 대한 확신, 신비스러운 자질, 탁월한 능력, 존경, 추종 등이 있다.

② 변혁적 리더십(transformational leadership)

카리스마적 지도성을 바탕으로 1970년대 Burns에 의해 맨 처음 시도된 변혁적 리더십은 리더가 구성원과의 관계에서 추종자가 처한 사회·경제·직업적 현실에 대한 자각을 고취시키기 위해 윤리적 원칙을 적용시키는 하나의 과정이다. 다시 말하면, 구성원이 신나게 일을 할 수 있는 분위기를 만들어 능력 이상의 목표를 발휘하도록 만드는 유형이다(이경화, 김정원, 2011).

이와 같은 변혁적 리더십은 다음과 같은 특징을 갖고 있다.

- 카리스마(charisma) – 리더는 존경과 신뢰의 대상이며, 감정적인 측면에서 구성원들은 상사와 일체화되는 과정(personal identification process)을 통해

높은 수준의 자극이 유지되는 상황(자부심)이라 할 수 있으며 구성원으로 하여금 비전을 제시한다.

- 동기유발(inspiration) 또는 영감 – 리더는 구성원들에게 미래를 설계하고 이를 실현시키는 방법을 제시해 줌으로써 구성원의 기대를 자극하는 리더십을 보여주는 것이다.
- 지적 자극(intellectual stimulation) – 보다 유연하고 창조적인 아이디어를 늘 추구하도록 함으로써 구성원의 의식에 변화를 초래하는 리더십이라 할 수 있다.
- 개별적 배려(individualized consideration) – 리더는 개별적 관심을 통해 구성원들을 배려하고 나아가 참여와 협동, 지원과 같은 친사회적 행동을 보여주는 리더십이라 할 수 있다.

③ 문화적 리더십(cultural leadership)

문화적 리더십은 변혁적 리더십의 진보 단계에서 발생한 것으로 볼 수 있다. 하지만 문화적 리더십은 초점을 리더와 추종자 간의 관계의 본질에 두는 것이 아니라 리더십-추종성 관계에 베여 있는 문화적 맥락에 두고 있다.

문화적 리더십은 인간의 의미추구 욕구를 만족시킴으로써 그 구성원을 조직의 주인으로 만들고, 조직의 통합을 가능하게 한다. 문화를 이루는 요소에는 조직의 관습, 역사, 전통, 습관, 규범, 기대, 공통의 의미, 공유된 가정 등이 있다.

④ 서번트 리더십(servant leadership)

기존의 리더십이론에서 리더가 권위나 힘의 면에서 우위에 있음을 전제하는 것과는 대조적으로 리더가 봉사와 섬김의 정신으로 구성원의 아래에 위치하는 것이다. 즉, 섬김을 받는 리더가 아니라 섬기는 리더로서, 역설적으로 위가 아닌 아래의 위치에서 구성원을 움직이는 힘을 발휘한다.

서번트 리더십의 특징은 타인의 말을 잘 들어주고, 동정심을 가지며, 타인에게 용기를 북돋워 주기도 하는 등 타인의 성장에 몰두한다.

⑤ 도덕적 리더십(moral leadership)

리더의 도덕성과 구성원들의 자율성이란 이원적 구조를 통해 리더는 스스로 리더의 특성을, 구성원은 자기 리더의 특성을 나타내도록 하는 리더십으로 조직을 도덕적인 조직으로 만드는 것을 목적으로 하는 리더십이다(명제창, 1998). 도덕적 리더십이 성립되기 위해서는 리더는 도덕적 측면인 청렴성, 사명감, 공정성, 책임감을 가져야 하고, 품성적 측면에서 권한 부여, 비전 제시가 있어야 하며, 리더로서 능력 측면에서 공동체 규범의 확립, 전문 직업적 이상, 내재적 만족, 동료의식 등을 형성할 수 있어야 한다(이인원 외, 2010).

3) 보육교사의 리더십 유형

리더십 유형이란 리더가 조직의 목표를 효율적으로 달성하기 위하여 구성원을 지도하는 형태에 관한 것으로 리더의 성격, 역할 기능, 리더와의 관계, 조직의 특성, 지도 방법, 집단 상황에 따라 다양하게 분류될 수 있다.

(1) Halpin의 리더십 유형

Halpin(1956)은 리더의 행동을 인화 중심과 과업 중심의 두 차원으로 설정하였다. Halpin이 제시한 지도 유형 분류를 통해 성취 정도에 따라 리더십 유형을 효율성, 비효율성, 과업형, 인화형의 네 가지로 유형화하여 제시하면 [그림 3-1]과 같다(유지영, 2004).

제Ⅰ상황은 효율적 지도 유형으로 인화관계가 잘 이루어지고 과업도 잘 성취되는 지도성으로 가장 효율적인 지도성임을 알 수 있다. 이 범주에 속하는 교사는 보육교직원과의 인간관계를 포함하여 상호작용에 의해 과업과 업무를 수행하며, 집단의 목표달성을 위해 함께 일하면서 동료교사의 사기를 높여 준다.

제Ⅱ상황은 인화중심 지도 유형으로 인간관계는 잘 이루어지나 과업이 잘 성취되지 않는 지도성이며, 이런 범주에 속하는 교사는 인간적이라고 할 수 있다. 따라서 대인관계에 큰 관심을 가지며, 업무의 대부분은 기관 밖에서 처리하는 경향이 있고, 조직 전체의 과업과 업무의 추진에 관해서는 거의 관여하지 않아 과학적 경영 관리를 하지 못하고 임기응변적으로 일을 처리하는 경향이 있다고 볼 수 있다.

제Ⅲ상황은 비효율적 지도 유형이다. 이 유형은 과업도 잘 성취되지 않고 인간관계도 잘 이루어지지 않는 지도성으로 네 가지 유형 중 가장 바람직하지 못하여 비효율적인 유형이라고 할 수 있다.

제Ⅳ상황은 과업중심 지도 유형으로 과업은 잘 성취되나 인간관계는 잘 이루어지지 않는 지도성으로 이 범주에 속하는 교사는 과업과 업무 수행만을 강조한다.

저 ← 인화 중심 → 고

과업중심 (고 ↑ … ↓ 저)	저	고
고	**과업형(Ⅳ)** 높은 과업(+) 낮은 인화(-)	**효율성(Ⅰ)** 높은 인화(+) 높은 과업(+)
저	**비효율성(Ⅲ)** 낮은 과업(-) 낮은 인화(-)	**인화형(Ⅱ)** 높은 인화(+) 낮은 과업(-)

[사진 3-1] Halpin의 지도유형 분류

(2) Lewin의 리더십 유형

Lewin은 리더십행위의 특성에 따라 다음과 같이 기술하였다(송유진, 1993).

① 권위형(autocrat style)

리더가 독자적으로 의사결정하고 일방적으로 지시하며 구성원으로 하여금 결정된 목표를 달성하게 하며 그 결과를 리더의 주관적 기준에 의해 평가하는 리더십이다.

② 민주형(democrat style)

리더와 구성원이 협의에 의하여 의사결정을 하며 구성원이 자발적 과업 수행을 동기화시켜주고, 그 결과에 대한 평가도 객관적 기준에 의해 처리하는 리더십행위로 구성원 간의 관계가 원만하고 공동체 의식이 강하다.

③ 자유방임형(laissezfaire style)

리더는 어떤 결정도 내리지 않으며 구성원들의 자유행동을 극단적으로 허용하고, 리더를 타인시 하며, 생산성이 낮고 구성원에게 동기부여도 하지 않는 리더십행위로 조직이 와해되기 쉽다.

4) 유능한 리더를 만드는 유능한 교사

리더십을 요하는 상황에 직면하면 유능한 교사는 유능한 리더의 자질과 기질을 보여준다. 보육분야의 모든 리더가 효율적이고 효과적으로 팀을 이끌고 운영하는데 반드시 지녀야 하는 능력과 유능한 교사의 능력이 있는데, 이를 표로 제시하면 〈표 3-3〉과 같다(정수경, 김경철 공역, 2007).

〈표 3-3〉 유능한 교사(리더의 능력)

유능한 보육 분야 리더의 능력	유능한 교사의 능력
1. 조직문화의 생성과 발달	
조직의 임무, 목표와 방향 명료화하기, 작은 승리 계획하기, 유능한 조직문화 전달자로서 이야기 만들어 내기, 미래 상상하기	교육과정을 이해하고 여러 가지 방법으로 많은 사람들에게 설명하기, 작은 단계들을 인식 하기, 참여적이고 정직하며 동기가 순수하기, 단호하고 열정적이기, 헌신과 열정 보여주기
2. 의사소통 기술	
인간관계 형성하기, 문화적 차이 인식하기, 팀 형성하기, 다른 사람들을 지원하기, 갈등 다루기	사람 지향적이고 열심히 타인의 말을 들어 주기, 훌륭한 강연자 되기, 타인에 대한 배려, 헌신이나 열정, 사교성 및 유머 감각을 보여주기
3. 분석적 문제해결 기술	
검토하기, 정보화하기, 명료화하기, 기회 추구하기	일, 연구, 생각을 연합하여 행동, 이론, 반성에 균형 잡기, 새로운 관점에 개방적이기, 여러 가지 관점에서 문제를 설명하기, 위험을 감수 하기, 용기를 보여주기

유능한 보육 분야 리더의 능력	유능한 교사의 능력
4. 대인능력	
타인에게 동기를 부여하고 영감을 주기, 협력을 조성하기, 갈등을 해결하기, 타인의 성취를 인식하고 그에 대해 보상하기	사람 지향적이고 정직하며 신실하기, 타인에 대한 배려하기, 추종자에 대해 이해하기, 사교성 및 유머 감각을 보여주기
5. 태도와 성향	
융통성, 변화 및 반대 의견에 대한 개방성을 보여주기, 다양한 견해를 조절하기, 시험하기, 위험을 감수하기	일관성과 인내심을 보여주기, 열정적이지만 겸손하기, 자신감이나 자아개념을 보여주기, 다양한 견해를 조절하기, 위험을 감수하고 용기를 보여주기
6. 영유아와 가족 발달에 관한 지식	
다중지능과 학습양식에 관하여 알기, 발달적 가치와 우선순위에 관한 여러 다른 문화의 관점을 알기	유사점과 차이점 인식하기, 다른 사람들 속에 내재된 재능 인식하기, 자신감이나 자아개념을 보여주기, 타인에 대한 배려를 보여주기, 다양한 관점을 조절하기
7. 재정 경영과 계획	
예산에 대해 알기, 자원을 찾고 할당하기	예측하기, 훌륭한 판단하기, 동기 면에서 정직하고 신실하기, 일관성과 인내를 보여주기, 열정적이거나 적극적이기, 위험을 감수하며 용기를 보여주기
8. 교직원의 발달과 장학	
문제해결하기, 상담하기,'어떻게'보다는 '왜'를 말할 수 있기, 위임하기, 계획하기, 조직하기	유사성과 차이점 인식하기, 다른 사람에게 내재된 재능을 인지하기 열정적이지만 겸손하기, 타인에게 배려하기, 다양한 사고를 조절하기, 추종자를 이해하기

5) 어린이집의 리더가 추구해야 할 리더십

어린이집의 경우 영유아를 위한 질 높은 프로그램을 실행하고 교직원 간에 긍정적인 분위기를 만들기 위하여 추구해야 할 리더십은 다음과 같다(이영자, 신동주, 2011).

(1) 긍정적이고 생산적인 근무분위기를 만든다.

어린이집의 리더는 비전을 제시하고 교직원들과 대화해야 한다. 즉, 어린이집 교직원 모두가 함께 문제점을 분석하고, 가능한 해결책을 모색한 후 가장 적절하다고 생각하는 방향으로 어린이집을 운영해 나가는 것이 필요하다.

중요한 사안들에 대해 서로 협력하여 문제를 해결해 나가기 위해서는 첫째, 해결해야 하는 문제가 무엇인지 정확히 파악하고, 둘째, 다양한 여러 가지 해결책을 모색하고 이들의 실현 가능성을 검토하며, 셋째, 최선의 해결책을 선정한 후, 이를 실행할 구체적인 계획을 세운 다음 실제로 적용하는 것이 필요하다.

보육교직원이 서로 성공적으로 협력하기 위해 운영자는 다음과 같은 역할을 해야 한다(Bloom, 1995).

1. 교직원이 서로 협력할 수 있도록 동기를 부여하고 격려한다.
2. 교직원이 어린이집의 비전을 이해하고 자신이 하고 있는 일에 대한 중요성을 인식하도록 늘 대화하고 격려한다.
3. 문제 해결 과정에서 발생하는 갈등들을 잘 조절하고 모든 교직원이 수긍하고 만족할 수 있는 합치점을 찾도록 안내한다.
4. 교직원이 자신이 맡은 일에 최선을 다하도록 개인의 능력과 흥미에 부합하는 업무를 부여하고 이에 대한 권한을 위임한다.

(2) 보육교직원이 발전할 수 있도록 지원한다.

보육교직원이 자기발전 할 수 있는 기회를 제공하는 것은 어린이집의 질을 높이는 데 있어 매우 중요하다. 교사양성기관에서의 교육과 현직 교육이 교사의 질을 결정하는데, 유능한 교사가 되기 위해서는 어린이집의 원장은 교사 개개인의 요구를 파악하여 적절한 지원을 해주어야 하며, 특히 보육 분야에 대한 전문적 지식과 이를 실현할 수 있는 기술을 습득할 재충전의 기회를 제공해 주어야 한다.

4 어린이집 운영의 요소

1) 의사소통

(1) 의사소통의 유형

의사소통이란 사람들이 지식, 의견이나 감정 등의 정보를 전달하거나 교환하는 것을 말한다. 이러한 의사소통의 방법으로는 수직적 의사소통과 수평적 의사소통이 있으며, 수직적 의사소통은 다시 하향적 의사소통과 상향적 의사소통으로 나눌 수 있다.

하향적 의사소통은 정보의 흐름이 조직구성원의 지위와 역할에 따라 위에서 아래로 내려오는 상의하달식이라 불린다. 이러한 방식은 권위적인 분위기를 띄고, 경직화되기 쉬운 의사소통이다. 반면, 상향적 의사소통은 아래에서 위로 전달되는 의사소통으로 하의상달식이라고 불리며, 중앙 집중적이고 조직 하부에 대한 상부의 간섭이 심할수록 제대로 이루어지지 않으며, 개방적이고 자율적인 분위기에서 원활히 이루어진다.

수평적 의사소통은 조직계층으로 보아 비슷한 지위들 사이에서 이루어지는 정보의 흐름으로 부서 사이에 필요한 협동적 업무 수행을 위한 의사소통이다. 횡적 의사소통, 비슷한 지위, 즉 부서 간 의사소통은 업무협의와 조정, 문제해결, 정보교환, 갈등해소의 기능을 갖고 있다.

현재까지 어린이집에서는 하향적 의사소통이 많이 이루어져 왔으나 보육교직원들의 의사결정참여를 통한 직무만족도의 향상 및 기관에 대한 소속감 향상을 위하여 상향적 의사소통과 수평적 의사소통도 원활하게 이루어질 수 있도록 해야 한다.

(2) 어린이집의 효율적인 의사소통을 위한 원칙

의사소통이 원활하게 이루어지도록 하기 위해서는 일반적으로 의사소통을 하는데 있어 고려해야 할 몇 가지 원칙이 있다(김수향, 이용주, 이은진, 2008). 이러한 원칙을 살펴보면 다음과 같다.

① 명료성의 원칙이다. 간결한 문장과 평이한 용어를 사용해야 하며 정확성을 기해야 한다.

② 일관성의 원칙이다. 처음의 명령과 다음의 명령에 모순이 생기는 현상 또는 명령에 일관성이 결여되어 이원화 또는 복선을 초래하는 현상을 배제해야 한다.

③ 적시적기성의 원칙이다. 의사전달 행위와 정보교환 행위는 너무 이르거나 늦게 해서는 안 되며, 의사소통 주제에 알맞은 적절한 시기를 택하여 행해야 효율성이 극대화된다.

④ 타당성의 원칙이다. 적당량을 기준으로 송신자와 수신자 사이의 관리, 수용의 능력에 비추어 이루어져야 한다.

⑤ 분포성의 원칙이다. 의사전달과 정보교환 및 명령이 일정한 경로를 거치는 상태에서 정확하게 수신자에게 전달되어야 한다.

⑥ 적응성과 통일성의 원칙이다. 적응성이란 의사결정, 정보교환, 명령에서 송신자의 융통성, 개별성, 현실적 합리성 등을 의미한다. 통일성이란 의사전달 내용이 조직구성원 전체를 대상으로 하는 통일된 정책의 표현이 되게 하는 점이다.

⑦ 관심과 수용의 원칙이다. 합리적인 운영은 송신자와 수신자 사이에서 송신 요소의 관심도와 이를 받아들일 수 있는 수용자세의 가능성이 있을 때에 능률적으로 이루어질 수 있다.

이러한 원칙에 의하면, 어린이집에서는 의사소통의 계통이 모든 교사에게 미치면서 의사소통의 라인이 가능한 직선적이고 짧아야 한다. 이러한 노력에도 불구하고 의사소통의 단절로 인해 전반적인 어린이집 운영에까지 부정적인 영향을 미칠 수 있으므로 이를 극복하고자 하는 노력이 이루어져야 한다.

어린이집의 의사소통 정도를 평가하기 위한 체크리스트

* 이야기할 때 부드러운 시선과 상냥한 표정을 하는가?
* 대화내용을 기억하는가?
* 듣는 사람은 말을 최소한으로 줄이는가?
* 끄덕임, 음성, 질문 등을 통해 잘 듣고 있다는 것을 확인시키는가?
* 몸짓, 눈 맞춤, 음성 등은 언어적 표현과 일치하는가?
* 대화의 내용은 비밀로 유지하는가?
* 대화를 유도할 수 있는 다양한 질문을 하는가?
* 대화 중 적절한 질문을 하는가?
* 한 번에 너무 많지 않은 정보를 제공하는가?
* 상호 공감대를 가질 수 있는 대화를 하는가?
* 참여자들이 대화 내용을 이해하는가?
* 참여자들이 대화 내용에 흥미를 갖는가?
* 대화가 평등하게 이루어지는가?
* 모든 사람의 의견이 수용되는가?
* 모든 사람에게 발언권이 제공되는가?
* 집단적인 의사소통뿐만 아니라 개별적인 의사소통이 이루어지는가?
* 조명, 채광, 환기, 좌석 등이 쾌적한가?

출처: 교육인적자원부(2001)

2) 의사결정

(1) 의사결정 유형

의사결정이란 조직의 목표를 효과적으로 달성하기 위해 제시된 대안 중에서 최적의 것을 선택하는 행위이다. 이를 기본으로 어린이집에서의 의사결정 유형은 어린이집의 보육 목적과 목표를 효과적으로 실현하기 위한 효과적인 행동 방안을 선택하는 보육교직원과 원장 개개인의 사고와 문제해결의 방식이 된다.

어린이집의 의사결정 유형은 원장이 의사결정과정에서 보육교직원의 참여를 어느 정도 허용하는가에 따라 분류된다(이경화, 김정원, 2012).

1. 참여형: 바람직한 의사결정 유형으로 원장은 보육교직원들이 집단토의를 거쳐 의사결정을 하도록 하며 보육교직원들의 최대한의 참여를 허용한다. 이러한 유형을 선호하는 원장은 민주적으로 원을 운영하며 보육교사들의 교사효능감 및 직무만족도가 보통 높게 나타난다.
2. 조절형: 원장이 의사결정을 할 때 보육교직원의 참여 기회를 허용하나 한계와 범위가 정해져 있는 유형이다.
3. 조종형: 원장이 의사결정을 할 때 보육교직원의 참여기회를 직접적으로 주지 않으며, 이미 정한 의사결정의 내용을 교사로 하여금 검토, 납득하게 하여 예정대로 추진해 나가는 형태이다.
4. 독단형: 원장이 의사를 결정하고 공표하는 데 있어 보육교직원들의 의견을 배제하고 참여기회를 전혀 주지 않는 유형이다. 이러한 상황에서는 자율적으로 프로그램을 개선하거나 어린이집과 영유아들을 위해 헌신적으로 참여하는 것을 기대하기 어렵다.

(2) 의사결정 과정

의사결정 과정이란 조직의 목표를 달성하기 위하여 여러 가지 대안 중에서 가장 합리적인 대안을 선택하여 결정에 이르는 과정이며, 조직의 목표달성을 위한 가장 핵심적인 활동이라 볼 수 있다. 일반적으로 어린이집에서의 전체적인 의사결정과정은 회의를 통해 진행이 되는데, 회의란 여러 사람이 상이한 의견과 입장을 가지고 특정한 의제 또는 문제를 탐구하여 해결하기 위한 의사교환 내지 정보교환의 과정이다. 회의는 의견의 일치를 가져오고 행동력을 불러일으키며, 상호협동을 통한 과제의 배분과 목표달성의 결과를 지향하는 화합인 동시에 회합의 장이 된다. 어린이집에서 원장과 보육교직원들을 도와줄 수 있는 의사결정 과정의 단계는 다음과 같다(Rodd, 1994).

1단계: 상황, 문제, 목적을 정의 내려서 결정을 위해 필요한 정보들이 무엇인지 조사한다.

2단계: 결정을 위한 기준을 세운다. 의사결정 과정에서 중요한 문제로 대두되는 특성들을 확인한다.

3단계: 대안적인 해결책을 발달시키고 선택들을 명확하게 제시한다.

4단계: 어떤 방향을 선택하는지에 따라 가능하게 될 결과에 대한 대안을 평가한다.

5단계: 최선의 대안을 선택한다.

6단계: 결정을 실행에 옮길 수 있도록 지지해 준다.

7단계: 첫 문제를 해결하면서 결정의 효과성을 평가한다.

효율적인 회의를 위한 준비전략

1. 목표를 갖고 교직원 회의를 소집한다. 만일 특별한 내용이 없다면 정기적인 회의를 소집할 필요가 없으며 일상적인 공고는 게시판, 이메일 등의 방법을 사용한다.
2. 회의를 소집할 때 참여 교직원의 수를 정한다.
3. 모두에게 적합한 시간에 회의를 소집한다.
4. 회의 며칠 전에 회의 주제와 관련된 자료를 참여할 교직원에게 미리 배포한다.
5. 시간 제한을 지킨다.
6. 토론하는 동안 교직원 개개인의 의견을 적극적으로 경청한다.

출처: 김동춘(2006)

3) 동기

인간이 행동을 실행하거나 목표추구로 향하도록 하는 것을 동기라 하며, 이런 상태로 이끄는 것을 동기유발이라 한다. 이처럼 동기는 인간이 어떤 목표를 향해 행동을 일으키고 방향을 잡고 계속 유지하는 원동력, 즉 행동을 유발하거나 방향을 결정

짓는 심리적인 과정이다. 어린이집에 근무하는 보육교직원은 기관이 제대로 기능하기 위하여 목표를 설정하고 그 목표를 이루기 위한 행동을 하게 된다. 이들이 동기화되지 않는다면 기관의 목표를 달성하기 어려울 뿐만 아니라 개인의 목표를 달성하는 데도 어려움이 있다. 기관이 제 기능을 발휘하기 위해서는 유능한 인적 자원이 구성원으로 들어오도록 유도해야 할 뿐만 아니라 기관에 들어온 후에는 타 조직으로 가지 않아야 하며, 조직에서 요구하는 과업을 조직에서 정한 바에 따라 수행해야 되고, 나름대로 창조적이고 자발적이며, 헌신적인 행동을 보여야 한다. 이러한 요건이 충족되기 위해서는 동기가 부여되어야 한다(이인원 외, 2010).

4) 갈등관리

(1) 갈등의 개념

어원적으로 갈등(conflict)은 라틴어의 to strike를 의미하는 fligere와 together를 뜻하는 com의 합성어이다. 즉, 갈등이란 상대가 '서로 맞선다.'는 뜻을 가지고 있으며 충돌, 마찰 등의 의미를 가지고 있기 때문에 전통적으로 갈등은 전쟁, 공격, 파괴, 분노 등과 관련지어 부정적인 개념으로 사용되었다. 갈등은 보통 불안, 좌절, 긴장, 스트레스 등의 단어와 맥을 같이한다. 유기현(1989)은 인간관계 측면에서 욕구좌절이라는 내용으로 갈등을 이해할 수 있다고 하였으며, Deutsch(1973)는 양립할 수 없는 일이 일어날 때 언제나 존재한다고 하여 개인과 조직 사이에서도 갈등이 존재한다고 하였다. 이러한 개념을 기초로 갈등이란 개인이나 집단이 서로의 처지, 목표, 가치 등 이해관계가 달라 심리적 행동 및 그 양면에 일어나는 대립적 작용이라 정의할 수 있다. 오늘날 갈등은 조직생활을 하는 가운데 필연적으로 생겨나는 과정이고 조직에서 반드시 관리되어야 하는 기본적인 과정의 하나로 인식되고 있다. 갈등은 그 자체로서는 가치중립적인 것이므로 갈등의 결과는 부정적일 수도 있고 긍정적일 수도 있다. 즉, 갈등을 어떻게 관리하느냐에 따라서 갈등의 효과가 긍정적일 수도 있고 부정적일 수도 있다는 것이다. 그러므로 보육교직원들은 갈등이 발생하는 것을 무조건 부정하고 피하기보다 갈등이 순기능과 역기능을 함께 가지고 있음을 인지할 필요가 있다. 특히 인간을 대상으로 하는 교육기관은 인간관계를 통해 그 목표를 달성할 수밖에 없는데, 많은 경우 관점과 이해관계가 달라 갈등이 심화될 소지가 있다. 이러한 인간관계 속에서 일어나는 갈등을 제대로 관리하지 못하면 교육조직은 교육 목적을 달성하기 어렵게 된다. 그렇기 때문에 어린이집에서 발생하는 갈등은 긍정적으로 관리되어야 한다.

(2) 갈등관리 유형

사람들은 모든 갈등 상황에 있어 갈등의 속성과 상관없이 일정하게 반응하는 경향이 있는데 이러한 자연적 반응을 갈등관리 유형이라고 한다. 갈등관리란 개인이 갈등 상황에서 대인관계를 유지하기 위해 자신과 타인에 대한 관심을 만족시키고자 하는 정도에 따라 상황에 맞게 갈등을 관리하는 것을 의미한다. 갈등을 관리한다는 것은 조직에 해로운 갈등을 감소시키거나 완화시키는 것만을 뜻하는 것이 아니라 갈등을 용인하고 그에 대응하는 조치를 취하는 것, 나아가서 조직에 유익하다고 판단되는 갈등을 조장하는 것까지를 포함하는 활동을 말한다(백은영, 2004). 만약 갈등의 수준이 지나치게 낮거나 없는 조직은 발전이 없고 환경변화에 대한 적응성이 부족하며 진취적이고 창의적 노력이 부족하여 성장에 문제가 생기는 반면, 갈등수준이 지나치게 높으면 무질서와 욕구불만으로 인해 조직원들의 협력을 구할 수가 없고 그 조직의 존속이 불투명해지므로 갈등을 어떻게 관리할 것인가를 계획할 필요가 있다.

Rahim(1985)은 갈등관리 유형을 인간관계 속에서 발생하는 갈등인지의 주체가 되는 자신과 타인에 대한 관심의 정도를 근거로 〈표 3-4〉와 같이 5가지 유형으로 구분하여 제시하였다.

〈표 3-4〉 Rahim의 갈등관리 유형

갈등관리 유형	내용
통합형	• 자신과 상대방의 관심 및 문제의 본질을 정확하게 파악하고 문제해결을 위한 통합적 대안을 도출해 내는 유형 • 의견수렴, 해결방안 모색, 협력, 정보교환 등
배려형	• 원만한 인간관계를 위해 자신의 관심사는 버려두고 상대방의 관심사를 충족시켜 주기 위해 상대방의 주장에 따름으로써 갈등을 해결하는 유형 • 양보, 부탁, 제안, 부응 등
지배형	• 자신의 관심사를 충족시키기 위해 상대방을 압도해 버림으로써 갈등을 해결하려는 유형 • 재량권 발휘, 나의 주장 관철 등
회피형	• 갈등문제로부터 물러나거나 이를 피함으로써 자신뿐만 아니라 상대방의 관심마저 무시하는 유형 • 충돌피하기, 대립피하기, 회피하기, 언급하지 않기 등
타협형	• 다수의 이익을 우선하기 위해 양측이 상호교환과 회생을 통해 부분적 만족을 취함으로써 갈등을 관리하는 유형 • 중간적 입장, 중도적 방안 제시, 협상, 주고받기 등

갈등관리 유형들은 어느 하나가 좋고 나쁨이 없이 절대적인 것은 아니며 갈등이 일어나는 상황과 갈등해결의 시간적 압력, 환경, 문화 등에 따라 취하는 형태가 달라진다. 따라서 어린이집의 효율성을 높이고 질 높은 교수활동을 하고 인적환경 간에 원만한 관계를 형성하기 위해 교사들이 직면한 갈등을 잘 관리하는 것은 중요한 과제이다.

5) 시간관리

(1) 시간관리의 필요성

시간관리란 스트레스를 적게 받으면서 주어진 시간 내에 가능한 한 빨리 일을 하기 위해 계획적으로 시간을 관리하는 능력이다. 보육교사들은 휴식이나 건강관리에 필요한 시간의 부족과 과다 업무로 인한 정신적, 육체적 피로와 수업 준비시간의 부족, 긴급 시 대치할 수 있는 기관 내 인력 부족, 수업 외의 많은 업무에 시간 소비,

방학이나 휴가기간의 부족, 일정치 않은 퇴근 시간 등의 문제로 시간 운영의 어려움을 경험하고 있다. 이러한 문제는 보육교사의 사기를 떨어뜨리며 보육의 질적 수준을 저하시키게 된다. 원장 또한 다양한 역할 및 책임을 수행할 때 무한정의 많은 시간이 있는 것이 아니므로 시간에 대한 압박감을 느낀다. 따라서 시간관리 능력을 개발하여 효율적으로 시간을 관리하는 기술은 어린이집의 질적 향상을 위해 원장과 보육교직원에게 매우 중요하다.

(2) 시간관리의 전략

시간을 관리하기 위해 효과적인 전략이 필요하다. 일반적인 전략은 다음과 같다.

첫째, 최대의 효과를 낼 수 있는 자신의 생활리듬을 알아야 한다. 자신의 일하는 습관을 살펴보고 최대의 효과를 낼 수 있는 특정 시간, 특정 조건을 알아내어 일의 종류에 따라 시간을 생활리듬에 맞추어 사용한다.

둘째, 올바른 목표를 설정한다. 꼭 해야 할 필수적인 일과 선택적인 일을 구분하여 우선순위를 정한다. 원장은 첫 단계로 며칠 동안의 시간 사용 내역을 사소한 것까지 구체적으로 적어서 시간 사용을 어떻게 했는지를 분석한다.

셋째, 시간 예산을 충분히 앞서 세울 때 시간을 통제하고 명령할 수 있다. 시간 사용을 위해서는 돈에 대한 예산을 세우는 것 같이 일상적으로 수행해야 할 업무의 계획을 세워 정해 놓은 우선순위와 계획된 시간에 따라 움직인다. 그러나 우선순위는 바뀔 수 있으므로 세심한 주의가 필요하다.

*** 원장이 시간계획을 세울 때 고려해야 할 사항**

1. 원장의 직무기술을 토대로 해야 할 목록을 정리한다. 이는 업무에 따라 매일, 매주, 매월, 분기별로 해야 할 일들을 제시하여 원장이 해야 할 일을 장기, 단기로 구분하는 데 유용하다.
2. 원장이 해야 할 일의 목록을 중심으로 우선순위를 정해 그에 따라 일간, 주간, 월별, 분기별 시간계획을 세운다. 이때 원장 개인의 업무수행 유형과 보육교직원의 요구와 협의를 통해 집중하여 업무를 수행할 수 있는 시간을 가져야 한다.

③ 시간계획에서 성취해야 할 과제들을 수행했다면 목록에서 지운다. 만일 과제를 성취하지 못하였다면 이유를 분석한다. 과제수행을 위한 시간대, 시간량, 흥미 정도, 난이도, 정보, 타인의 방해 정도 등을 분석하여 좀 더 합리적인 과제수행을 할 수 있다.

* 보육교사가 시간계획을 세울 때 고려해야 할 사항

① 일일계획과 주간계획을 세운다.
② 누수되는 시간을 찾는다.
③ 교사로서의 삶에서 추구하는 숨어 있는 목표를 정해야 한다.
④ 계획을 글로 정리한다.
⑤ 일일계획안의 평가란을 활용한다.
⑥ 일의 우선순위를 정한다.
⑦ 하루를 긍정적으로 시작한다.
⑧ 자신이 가장 능률이 오르는 시간을 확인한다.
⑨ 조용한 시간을 비워 둔다.
⑩ 업무 분담을 할 줄 알아야 한다.
⑪ 자신만의 다이어리를 활용한다.

출처: 김동춘(2006)

6) 인간관계

(1) 동료교사 간의 인간관계

운영자인 원장과 교사와의 인간관계가 수직적인 관계라면 교사 상호 간의 인간관계는 수평적, 횡적 인간관계라 할 수 있다. 교사들 간의 관계는 형식적 조직에서뿐만 아니라 비공식적 조직 또는 소집단을 둘러싸고도 인간관계가 형성된다. 동료교사와의 인간관계는 동료들로부터 격려와 지지를 받는다고 지각하는 정도이며, 교사들의 교육적 공유를 포함하며, 상호존중에 기초하여 신뢰관계를 형성해 온 정도를 의미한다. 교사들 간에 서로 지지하고 격려하는 관계 형성은 직무만족의 주요 요인이 된다. 교사들 간의 인간관계 형성에 긍정적인 영향을 미치는 행동요인으로는 첫째, 지연이나 학연, 혈연 등에 얽매이지 않는 것, 둘째, 비공식적인 의사소통의 기회를 마련하여 자주 의견교환을 하는 것, 셋째, 기관의 어려운 일을 솔선하여 처리하는 것 등의 세 가지 요인이 있다. 반면에 교사들 간의 인간관계 저해요인으로는 첫째, 책임 회피와 책임 전가, 둘째, 협동심과 봉사심 부족, 셋째, 업무처리 미숙과 의타적인 성격 등으로 나타났다(이고미, 2003).

동료교사 간의 인간관계를 기본으로 집단의 바람직한 인간관계를 유지하기 위해 몇 가지 점에 유의하여야 한다.

첫째, 전문직인 윤리의식을 가져야 한다. 교사는 개인적인 생각만이 아니라 전문적인 윤리 기준에 근거를 두고 동료와의 관계를 맺어야 한다.

둘째, 파벌을 조성하여서는 안 된다. 서로 겨루는 작은 집단들로 나누어진 교직원 사회는 헐뜯기, 경쟁하기, 승부의식 등으로 긴장과 좌절, 불만을 일으키는 경우가 있다.

셋째, 다른 사람의 권한을 간섭해서는 안 된다. 다른 학급의 교사와 영유아들 간의 관계에 간섭을 하면 민감한 교사의 경우 갈등을 일으킬 수 있다.

넷째, 비판하지 않아야 한다. 동료교사를 공공연하게 비판하는 것은 비윤리적이다. 새 학기가 되어 자기가 맡은 영유아들에 대해 불평하는 것은 그 전년도 담임교사에 대한 직접적인 비판이 되므로 삼가야 한다.

다섯째, 상호 존경하는 관계가 되어야 한다. 교사와 교사는 서로 돕고 서로의 장점을 인정하며 동료의 성공을 자랑스럽게 생각하고 유능한 동료와 일하는 것에 만족을 느끼며 공동의 목표를 향해 계속 노력하는 관계가 중요하다.

(2) 교사와 원장과의 인간관계

어린이집의 공식적, 수직적 인간관계는 원장–원감–주임교사–교사로 나누어 생각할 수 있다. 교사와 원장과의 인간관계란 원장의 능력에 대한 교사들의 일반적 평가와 교사들의 역할수행에 대한 원장의 평가에 의해 이루어지는 관계를 의미한다.

어린이집 경영의 효율성을 가져오기 위한 원장의 중요성, 즉 교사를 지원하고 관리하는 원장의 능력과 역할은 중요한데, 원장에 대한 만족도 면에서 원만하지 못한 교사는 어린이집에 대해 부정적인 태도를 가지게 된다. 원장의 심리적 지지는 교사들에게 필요한 정보를 제공할 뿐만 아니라 교수전략의 다양성, 자신의 직업이 가치가 있다는 명확한 인식 등을 갖게 하기 때문에 필수적이라 할 수 있다.

그러므로 원장은 교사들을 인격적으로 대하고, 그들의 사기를 불러 일으켜야 하며, 공과 사를 엄격히 구분해야 할 것이다. 또한 사적인 충성을 기대하지 말아야 하며, 교사들을 공평하게 대해야 한다.

한편, 교사는 창의성을 최대한 발휘해서 자기에게 주어진 임무를 충실히 완수하고 어린이집 조직의 교육적·경영적 혁신을 위해 적극적으로 건의해야 한다. 그리고 원장과 원감에게는 조직의 책임자에 대한 예우와 인격적 존경심을 가지고 대해야 할 것이다.

(3) 교사와 학부모와의 인간관계

교사와 학부모와의 인간관계란 교육적인 의미를 포함하며 자녀를 어린이집에 보내면서 학부모가 되어 부모와 교사 사이에 성립된 인간관계를 의미한다. 부모와 자녀관계에서 보면 학부모가 된다는 것은 부모–자녀라는 양각 관계가 부모–교사–자녀라는 삼각관계로 변화되는 것을 의미한다. 자녀는 어린이집에 다니면서 교사와 관계를 맺게 되고 교사와의 상호작용을 통해 많은 영향을 주고받기 때문에 그로 인해 부모–자녀 관계에 영향을 주게 된다. 가정과 학교의 연계성 강화나 교사와 부모의 동반자 관계가 강조되는 것은 바로 이러한 이유에서이고, 이런 측면은 첫 경험이 되는 어린이집에서 더 중요시된다.

교사–학부모의 인간관계는 다음과 같은 특성을 지닌다.

첫째, 대부분 자신들의 의지와는 관계없고 선택의 여지가 없는 운명적인 만남이라는 점이다. 즉, 어린이집에 자녀를 입학시킬 때 학부모가 자신의 자녀를 담당할 교사를 선택할 수 없으며, 교사 또한 특정 영유아를 자신의 담당학생으로 선택할 수 없기 때문에 교사와 학부모는 원아선발 및 배정규정이나 교원인사규정에 따라 우연히 맺어지는 결합이라는 특성을 갖는다.

둘째, 서로 적극적인 주도로 이루어지는 직접적 만남이 아니라 영유아를 매개로 하여 맺어지는 간접적인 관계라는 점이다. 부모교육, 상담, 참여수업 등 특별한 경우를 제외하고 학부모는 영유아를 통해 기관의 하루일과나 교사의 역할에 대한 정보를 제공받기 때문이다. 또한 교사들도 영유아를 통하여 영유아의 가정과 그 부모에 대한 정보를 얻기 때문이다.

셋째, 전면적인 접촉을 하는 인간관계가 아닌 영유아의 교육과 관련하여서만 접촉이 이루어지는 부분적인 관계라는 점이다. 이는 교사와 학부모 간에 이루어지는 상호작용의 궁극적 목적이 영유아의 교육 및 발달이기 때문에 인간관계에 한계가 있다는 것을 뜻한다.

넷째, 해당 영유아가 교사에게서 지도를 받는 기간만 지속되는 일시적인 관계로서 비영구적이라는 특성을 갖는다. 특별히 친분관계가 있는 예를 제외하고는 학부모와 교사 대부분이 영유아가 그 기관을 다니지 않게 되면 관계는 끝난다. 이러한 특성으로 인하여 상당수의 학부모들과 교사 간에는 적당주의적 관계의 특성이 존재한다.

다섯째, 이중성을 지닌다. 즉, 합법적이고 공식적인 만남을 가질 수 있는 당당한 관계이면서, 기관의 교육공간을 이탈해서나 교육시간 이외의 사적인 만남은 자제해야 하는 특성을 지닌다.

학부모는 교사에게 미숙한 자녀를 맡긴다는 생각이 앞서 가급적 교사와의 접촉을 피하고 모든 사항을 교사가 알아서 해주기를 바라기도 하고, 교사는 불필요한 접촉이 가져오는 부정적인 결과를 우려해 학부모 만나기를 꺼리기도 한다. 교사와 학부모의 인간관계는 영유아의 성장과 발달을 위해 기여해야 하는 목적이 무엇보다 중요하기 때문에 서로 존중하고 정중하게 대하는 동반자 관계를 형성하여 교육에 임함으로써 교육의 효과를 높이는 일이 요구된다.

학부모와의 인간관계에서 교사가 유념해야 할 사항은 다음과 같다.

첫째, 교사는 영유아의 가정과 긴밀한 연락을 유지해야 한다.

둘째, 교사는 학부모의 의견을 가급적 충분히 반영하여 영유아를 지도해야 한다.

셋째, 부모는 가정에서의 자녀의 생활모습과 특이사항을 교사에게 알리고, 교사에게 부모의 의견을 수시로 제시해야 한다.

넷째, 교사는 평가결과를 그때마다 가정에 통보하여 영유아의 성장, 발달과 진로에 대해 부모와 협의하고 협조를 받아야 한다.

제4장

어린이집의 인사관리

보육의 효과는 어린이집에 근무하는 인적 자원의 질에 크게 좌우되는데, 인적 자원을 효율적으로 관리하여 보육의 질적 발전으로 연결 짓는 중요한 변수는 인사관리이다. 인사관리란 교육목표를 효율적으로 달성하기 위하여 교육활동에 필요한 인적 자원을 동원하고 관리하는 기술로 본 장에서는 인적자원의 세부적 요소인 어린이집에서 근무하는 보육교직원들의 유형 및 배치기준, 역할, 자질, 직무와 처우, 자격취득기준 등 전반적인 인사관리의 내용에 대하여 알아보고자 한다.

1 보육교직원의 유형 및 배치기준

보육교직원이란 어린이집에서 보육과 관련된 일을 하는 사람으로서 「영유아보육법」을 중심으로 이 법에 직접적인 관계를 지니는 사람이라 할 수 있다. 「영유아보육법」에서는 어린이집에 두어야 할 보육교직원으로 원장, 간호사(간호조무사), 영양사, 보육교사, 조리원 및 시설의 규모와 특성에 따라 사무원, 운전기사, 치료사 등의 보육교직원을 두도록 규정하고 있다.

어린이집 보육교직원의 유형과 배치기준은 「영유아보육법」 제3장 21조 규정에 의거하며 그 내용은 〈표 4-1〉과 같다.

〈표 4-1〉 보육교직원의 유형과 배치기준

보육교직원 유형	배 치 기 준
원장	어린이집의 원장은 1인으로 한다. 만약 영유아 20인을 보육하는 어린이집은 어린이집의 원장이 보육교사를 겸할 수 있다. 그리고 어린이집의 장이 간호사, 영양사 자격이 있을 때는 간호사, 영양사를 겸직할 수 있다.
보육교사	• 만 1세 미만의 영아 3인당 1인을 원칙으로 한다. • 만 1세 미만 이상 2세 미만의 영아 5인당 1인을 원칙으로 한다. • 만 2세 이상 만 3세 미만의 영아 7인당 1인을 원칙으로 한다. • 만 3세 이상 4세 미만의 영아 15인당 1인을 원칙으로 한다. • 만 4세 이상 미취학 유아 20인당 1인을 원칙으로 하되, 이 경우 유아 40인당 • 1인은 보육교사 1급을 가진 자이어야 한다. • 취학 아동 20인당 1인을 원칙으로 한다. • 장애아 보육은 장애아 3인당 1인을 원칙으로 하되, 장애아 9인당 1인은 특수교사 자격소지자로 한다.
간호사	영유아 100인 이상을 보육하는 어린이집의 경우 간호사(간호조무사) 1인을 두어야 한다.
영양사	영유아 100인 이상을 보육하는 어린이집의 경우 영양사 1인을 두는 것을 원칙으로 하되, 어린이집 단독으로 영양사를 두는 것이 곤란할 때에는 동일 시 · 군 · 구의 5개 이내 어린이집이 공동으로 영양사를 둘 수 있다.
조리원	영유아 40인 이상을 보육하는 어린이집의 경우 조리원 1인을 두며, 영유아 매 80인을 초과할 때마다 1인씩 증원한다.
그 밖의 보육교직원	어린이집의 규모와 특성에 따라 의사(촉탁의사), 사회복지사, 사무원, 관리인, 위생원, 운전기사, 치료사 등의 보육교직원을 둘 수 있다.

출처: 영유아보육법 시행규칙 제10조 별표 2

2 보육교직원의 자격

어린이집에서는 원장과 보육교사 및 기타 교직원을 두어야 하는데 이들의 종별과 자격기준에 관해서 구체적으로 살펴보면 다음과 같다.

1) 원장의 자격

어린이집 원장의 자격기준은 일반기준, 가정어린이집, 영아전담어린이집, 장애아전담어린이집, 고등교육법에 의한 대학 또는 법 제21조 제2항 제2호의 규정에 의한 교육훈련시설이 운영하는 어린이집으로 나누어서 각각의 자격기준을 규정하고 있으며 〈표 4-2〉와 같다. 또한 「영유아보육법」 시행령 제21조 [별표 1]에는 "어린이집 원장은 대통령령으로 정하는 자격을 가진 자로서 보건복지부장관이 검정, 수여하는 자격증을 받은 자이어야 한다."고 규정되어 있다.

〈표 4-2〉 원장의 자격기준

어린이집 유형	자격기준
원장의 일반 기준	• 보육교사 1급 자격을 취득한 후 3년 이상의 보육 등 아동복지업무 경력이 있는 사람 • [유아교육법]에 따른 유치원 정교사 1급 자격 또는 같은 법에 따른 특수학교(유치원 과정을 말한다)의 정교사 자격을 취득한 후 3년 이상의 보육 등 아동복지업무 경력이 있는 사람 • 유치원 원장의 자격을 가진 사람 • 「초 · 중등 교육법」에 따른 초등학교 정교사 자격 또는 같은 법에 따른 특수학교(초등학교 과정을 말한다)의 정교사 자격을 취득한 후 5년 이상의 보육 등 아동복지업무 경력이 있는 사람 • [사회복지사업법]에 따른 사회복지사 1급 자격을 취득한 후 5년 이상의 보육 등 아동복지업무 경력이 있는 사람 • [의료법]에 따른 간호사 면허를 취득한 후 7년 이상의 보육 등 아동복지업무 경력이 있는 사람 • 국가 또는 지방자치단체에서 7급 이상의 공무원으로 보육 등 아동복지업무에 5년 이상 근무한 경력이 있는 사람
가정어린이집	• 일반 기준에서 정한 자격을 갖춘 자 • 보육교사 1급 이상의 자격을 취득한 후 1년 이상의 보육업무 경력이 있는 자

어린이집 유형	자격기준
영아전담 어린이집	• 일반 기준에서 정한 자격을 갖춘 자 • 간호사 면허를 취득한 후 5년 이상의 아동간호 업무 경력이 있는 자
장애아전문 어린이집	• 일반 기준에서 정한 자격을 갖춘 자로서 다음 각 호의 어느 하나에 해당하는 자 • 대학에서 장애인 복지 및 재활 관련학과를 전공한 자 • 장애아어린이집에서 2년 이상의 보육업무 경력이 있는 자 • 보건복지부령이 정하는 장애아보육 직무교육을 받은 자
[고등교육법]에 따른 대학(전문대학을 포함한다) 또는 법 제21조 제2항 제2호에 따른 규정에 의한 교육훈련시설이 운영(위탁 또는 부설운영을 말한다)하는 어린이집	• 일반기준에서 정한 자격을 갖춘 사람 • 어린이집을 운영하는 대학의 조교수 또는 교육훈련시설의 전임교수이상으로서 보육 관련 교과목에 대하여 3년 이상의 교육경력이 있는 사람 * 조건부 어린이집 원장 자격을 부여받을 수 있으나, 겸임제한 규정에 따라 어린이집 원장을 겸임할 수 없음

출처: 보건복지부(2020)

2) 보육교사의 자격

어린이집 보육교사의 자격기준은 「영유아보육법」 제21조 제2항에 규정되어 있으며, '고등교육법' 제2조에 따른 보건복지부령으로 정하는 보육관련 교과목과 학점을 이수하고 전문학사학위 이상을 취득한 사람과 고등학교 또는 이와 같은 수준 이상의 학교를 졸업한 자로 보건복지부령으로 정하는 훈련 시설에서 소정의 교육과정을 이수한 사람이다. 보육교사의 등급은 1·2·3등급이 있는데, 1년 과정 보육교사양성기관을 졸업하면 3급을 받고, 전문대학 이상의 학교를 졸업하면 2급을 받는다.

2004년까지 4년제 대학과정과 2년제 대학과정에서 「영유아보육법」 시행규칙 제8조 제2항의 규정에 의하여 졸업한 자에게 보육교사 1급의 자격이 인정되었으나, 2005년부터 2급의 자격이 인정된다. 보육교사의 자격 기준은 등급별 체계를 1급 자격기준의 강화 및 2등급에서 3등급으로 세분화한 것이 주요 특징이다.

〈표 4-3〉 보육교사의 자격기준

종 류	기준
보육교사 1급	1. 보육교사 2급 자격을 취득한 후 3년 이상의 보육업무 경력이 있는 사람으 로서 보건복지부장관이 정하는 승급교육을 받은 사람
	2. 보육교사 2급 자격을 취득한 후 보육 관련 대학원에서 석사학위 이상을 취득하고 1년 이상의 보육업무 경력이 있는 사람으로서 보건복지부장관 이 정하는 승급교육을 받은 사람
보육교사 2급	1. 전문대학 또는 이와 같은 수준 이상의 학교에서 보건복지부령으로 정하 는 보육관련 교과목 및 학점을 이수하고 졸업한 사람
	2. 보육교사 3급 자격을 취득한 후 2년 이상의 보육업무 경력이 있는 사람으 로서 보건복지부장관이 정하는 승급교육을 받은 사람
보육교사 3급	고등학교 또는 이와 같은 수준 이상의 학교를 졸업한 사람으로서 보건복지 부령으로 정하는 교육훈련시설에서 정해진 교육과정을 수료한 사람

3) 어린이집 원장·보육교사 자격증 발급

어린이집 원장과 보육교사의 자격검정과 자격증 발급, 재발급에 관한 업무는 한국보육진흥원에서 수행하고 있으며, 어린이집 원장 및 보육교사의 자격 검정은 무시험을 원칙으로 하며 영유아 보육법 시행령 제21조(별표 1)에 의한 자격기준을 갖추었는지 여부를 신청자가 제출한 서류를 심사하여 결정한다.

보육교사 자격증 발급 신청 시 등급별 구체적인 신청서류는 다음과 같다.

〈표 4-4〉 자격증 신청 시 구비서류

○ 장애아 전문 어린이집원장

- 「장애인복지법」 제32조에 따라 장애인으로 등록된 영유아만을 12명 이상 보육하는 어린이집

자격기준	제출서류
일반기준에서 정한 자격을 갖춘 사람으로서 다음의 어느 하나에 해당하는 사람	
1. 대학(전문대학을 포함한다)에서 장애인복지 및 재활관련학과를 전공한 자	① 일반 어린이집 원장 자격증 사본 ② 장애인복지 및 재활관련학과 졸업증명서 원본 ③ 사진파일(인터넷 신청 시 사진등록) ④ 자격증 발급신청서(인터넷 신청 후 출력) ⑤ 어린이집 원장 사전직무교육 수료증 원본 또는 수료증명서 원본

자격기준	제출서류
2. [장애아동복지지원법] 제32조에 따른 장애영유아 어린이집에서 2년 이상의 보육 업무 경력이 있는 자	① 일반 어린이집 원장 자격증 사본 ② 경력증명서 원본 ③ 장애아 어린이집 인가증 사본 ④ 사진파일(인터넷 신청 시 사진 등록) ⑤ 자격증 발급신청서(인터넷 신청 후 출력) ⑥ 어린이집 원장 사전직무교육 수료증 원본 또는 수료증명서 원본

○ 일반 어린이집원장

– 보육정원이 300인 이하인 어린이집

자격기준	제출서류
1. 보육교사 1급 자격을 취득한 후 3년 이상의 보육 등 아동복지업무 경력이 있는 자	① 보육교사 1급 자격증 사본 ② 경력증명서 원본 ③ 사진파일(인터넷 신청 시 사진등록) ④ 자격증 발급신청서(인터넷 신청 후 출력) ⑤ 어린이집 원장 사전직무교육 수료증 원본 또는 수료증명서 원본
2. 「유아교육법」에 따른 유치원 정교사 1급 자격 또는 같은 법에 따른 특수학교(유치원 과정을 말한다)의 정교사 자격을 취득한 후 3년 이상의 보육 등 아동복지업무 경력이 있는 사람	① 유치원 1급 정교사 또는 특수학교(유치원 과정)정교사 자격증 사본 ② 경력증명서 원본 ③ 사진파일(인터넷 신청 시 사진등록) ④ 자격증 발급신청서(인터넷 신청 후 출력 ⑤ 어린이집 원장 사전직무교육 수료증 원본 또는 수료증명서 원본
3. 유치원 원장의 자격을 가진 사람	① 유치원 원장 자격증 사본 ② 사진파일(인터넷 신청 시 사진등록) ③ 자격증 발급신청서(인터넷 신청 후 출력) ④ 어린이집 원장 사전직무교육 수료증 원본 또는 수료증명서 원본
4. 「초 · 중등교육법」에 따른 초등학교 정교사 자격 또는 같은 법에 따른 특수학교(초등학교 과정을 말한다)의 정교사 자격을 취득한 후 5년 이상의 보육 등 아동복지업무 경력이 있는 사람	① 초등학교 정교사 또는 특수학교(초등학교 과정) 정교사 자격증 사본 ② 경력증명서 원본 ③ 사진파일(인터넷 신청 시 사진등록) ④ 자격증 발급신청서(인터넷 신청 후 출력) ⑤ 어린이집 원장 사전직무교육 수료증 원본 또는 수료증명서 원본

자격기준	제출서류
5. 「사회복지사업법」에 따른 사회복지사 1급 자격을 취득한 후 5년 이상의 보육 등 아동 복지업무 경력이 있는 사람	① 사회복지사 1급 자격증 사본 ② 경력증명서 원본 ③ 사진파일(인터넷 신청 시 사진등록) ④ 자격증 발급신청서(인터넷 신청 후 출력) ⑤ 어린이집 원장 사전직무교육 수료증 원본 또는 수료증명서 원본
6. 「의료법」에 의한 간호사 자격을 취득 한 후 7년 이상의 보육 등 아동복지 업무 경력이 있는 사람	① 간호사 자격증 사본 ② 경력증명서 원본 ③ 사진파일(인터넷 신청 시 사진등록) ④ 자격증 발급신청서(인터넷 신청 후 출력) ⑤ 어린이집 원장 사전직무교육 수료증 원본 또는 수료증명서 원본
7. 국가 또는 지방자치단체에서 7급 이상의 공무원으로 보육 등 아동복지 업무에 5년 이상 근무한 경력이 있는 사람	① 경력증명서 원본 ② 사진파일(인터넷 신청 시 사진등록) ③ 자격증 발급신청서(인터넷 신청 후 출력) ④ 어린이집 원장 사전직무교육 수료증 원본 또는 수료증명서 원본

○ 가정 어린이집원장

– 개인이 가정 또는 그에 준하는 곳에 설치·운영하는 시설로 상시 5인 이상 20인 이하를 보육하는 어린이집

자격기준	제출서류
1. 일반 기준에서 정한 자격을 갖춘 사람	상기 일반기준에 의함
2. 보육교사 1급 이상의 자격을 취득한 후 1년 이상의 보육업무 경력이 있는 사람	① 보육교사 1급 자격증 사본 ② 경력증명서 원본 ③ 사진파일(인터넷 신청 시 사진등록) ④ 자격증 발급신청서(인터넷 신청 후 출력) ⑤ 어린이집 원장 사전직무교육 수료증 원본 또는 수료증명서 원본

○ 영아전담 어린이집원장

–만 3세 미만의 영아만을 20인 이상 보육하는 어린이집

자격기준	제출서류
1. 일반기준에서 정한 자격을 갖춘 사람	상기 일반기준에 의함
2. 간호사 면허를 취득한 후 5년 이상의 아동 간호업무 경력이 있는 사람	① 간호사 면허 사본 ② 경력증명서 원본 ③ 사진파일(인터넷 신청 시 사진등록) ④ 자격증 발급신청서(인터넷 신청 후 출력) ⑤ 어린이집 원장 사전직무교육 수료증 원본 또는 수료증명서 원본

○ 보육교사 1급

자격기준	제출서류
1. 보육교사 2급 자격을 취득한 후 3년 이상의 보육업무 경력이 있는 사람으로서 보건복지부장관이 정하는 승급교육을 받은 사람	① 보육교사 2급 자격증 사본 ② 경력증명서 원본 ③ 승급교육 수료증 원본 또는 수료증명서 원본 ④ 사진파일(인터넷 신청 시 사진 등록) ⑤ 자격증 발급신청서(인터넷 신청 후 출력)
2. 보육교사 2급 자격을 취득한 후 보육 관련 대학원에서 석사학위 이상을 취득하고 1년 이상의 보육업무 경력이 있는 사람으로서 보건복지부장관이 정하는 승급교육을 받은 사람 ※ 대학원 재학기간 중 보육업무 경력 인정 불가	① 보육교사 2급 자격증 사본 ② 석사학위증명서 원본 ③ 석사성적증명서 원본 ④ 경력증명서 원본 ⑤ 승급교육 수료증 원본 또는 수료증명서 원본 ⑥ 사진파일(인터넷 신청 시 사진 등록) ⑦ 자격증 발급신청서(인터넷 신청 후 출력)

○ 보육교사 2급

자격기준	제출서류
1. 전문대학 또는 이와 같은 수준 이상의 학교에서 보건복지부령으로 정하는 보육 관련 교과목 및 학점을 이수하고 졸업한 사람	① 보육관련 교과목 및 학점을 이수하고 졸업한 학교의 졸업증명서 원본 ② 보육관련 교과목 및 학점을 이수하고 졸업한 학교의 성적증명서 원본 ③ 보육실습확인서 원본 ☑ 상세보기 ④ 사진파일(인터넷 신청 시 사진등록) ⑤ 자격증 발급신청서(인터넷 신청 후 출력)
2. 보육교사 3급 자격을 취득한 후 2년 이상의 보육업무 경력이 있는 사람으로서 보건복지부장관이 정하는 승급교육을 받은 사람	① 보육교사 3급 자격증 사본 ② 경력증명서 원본 ③ 승급교육 수료증 원본 또는 수료증명서 원본 ④ 사진파일(인터넷 신청 시 사진 등록) ⑤ 자격증 발급신청서(인터넷 신청 후 출력)

○ 보육교사 3급

자격기준	제출서류
고등학교 또는 이와 같은 수준 이상의 학교를 졸업한 사람으로서 보건복지부령으로 정하는 교육훈련시설에서 정해진 교육과정을 수료한 사람	① 졸업증명서 원본(양성교육과정 수료이전) ② 교육훈련시설 수료증 원본 ③ 교육훈련시설 성적증명서 원본 ④ 보육실습확인서 원본 ☑ 상세보기 ⑤ 사진파일(인터넷 신청 시 사진 등록) ⑥ 자격증 발급신청서(인터넷 신청 후 출력)

출처: 한국보육진흥원(2020). http://chrd.childcare.go.kr/

4) 보육교사 자격 취득을 위한 보육관련 교과목 및 학점

보육교사의 자격을 이수하기 위해서는 전문대학 등의 교사양성 과정에서 일정한 교과목을 이수하여야 하는데 보육교사 자격 관련 교과목 및 학점은 〈표 4-5〉와 같다.

〈표 4-5〉 보육관련 교과목 및 학점

<table>
<tr><th>영역</th><th colspan="2">교과목</th><th>이수과목
(점수)</th></tr>
<tr><td>가. 교사인성</td><td colspan="2">보육교사(인성)론, 아동권리와 복지</td><td>2과목
(6학점)</td></tr>
<tr><td rowspan="2">나. 보육
지식과 기술</td><td>필수</td><td>보육학개론, 보육 과정, 영유아 발달, 영유아 교수방법 론, 놀이지도, 언어지도, 아동음악(또는 아동동작, 아동 미술), 아동수학지도(또는 아동과학지도), 아동안전관리 (또는 아동생활지도)</td><td>9과목
(27학점)</td></tr>
<tr><td>선택</td><td>아동건강교육, 영유아 사회정서지도, 아동문학교육, 아동 상담론, 장애아 지도, 특수아동 이해, 어린이집 운영 관리, 영유아 보육프로그램 개발과 평가, 보육정책론, 정신건강론, 인간행동과 사회환경, 아동간호학, 아동영양학, 부모교육론, 가족복지론, 가족관계론, 지역사회복지론</td><td>4과목
(12학점)
이상</td></tr>
<tr><td>다. 보육 실무</td><td colspan="2">아동관찰 및 행동연구, 보육실습</td><td>2과목
(6학점)</td></tr>
</table>

출처: 한국보육진흥원(2020). http://chrd.childcare.go.kr/

3 보육교직원의 임용(채용)과 해임

임용이란 모집과 선발을 거쳐 우수인력을 확보하여 배치하는 과정을 의미하는 것으로 보육교직원의 임용은 공개채용을 원칙으로 한다. 해임은 맡은 직위에서 그만두게 하는 것을 말하는데 임용과 해임을 합쳐서 임면이라고 한다.

1) 보육교직원 임면보고

어린이집 원장은 모든 보육교직원의 채용, 휴직, 출신 휴가, 육아휴직, 1개월 이상의 장기 병가, 연수, 휴가, 퇴직 등의 임면사항을 보육통합정보시스템에 즉시 등록하고 이를 14일 이내에 관할 시·군·구청장에게 보고하여야 한다. 「영유아보육법」 제44조제3호의 2에 따라 "보육교직원의 임면에 관한 사항을 보고하지 아니하거나 거짓으로 보고한 경우" 시정명령의 대상이 된다(2012. 2. 5 시행).

어린이집 원장은 전임이어야 하므로 반드시 상근 가능자를 임면해야 하며, 보육교사는 국가 또는 지방단체의 장이나 기관별로 공개모집을 한다. 민간어린이집은 원장의 결정에 따라 채용방법이 결정되며 특수교사, 치료사, 간호사, 영양사는 자격을 갖춘 자를 채용하여야 한다.

보육교직원 임면 시 구비서류

가. 보육교직원

- ▶ 시행규칙 별지 제7호 서식에 의한 인사기록카드 사본
- ▶ 자격을 요하는 자의 경우 자격증 사본(단, 원장 및 보육교사는 보육통합정보시스템을 통한 자격조회가 가능한 경우에는 제출 제외)
- ▶ 채용신체검사서 사본
- ▶ 성범죄경력조회결과서(임면권자가 관할 경찰서에 요청)

나. 어린이집 원장: 어린이집 원장 사본

다. 보육교사: 보육교사 자격증 사본

라. 간호사, 영양사 등 자격이 필요한 교직원: 자격증(면허증) 사본

원장은 보육교직원의 성범죄 경력조회를 관할 경찰서에 요청하여야 한다. 그 결과 어린이집에 취업이 제한되는 자는 채용에서 배제하여야 하며 근무 중인 자에 대해서는 해임하여야 한다.

2) 보육교직원 자격의 적격성 확인

해당 관청(시·군·구청)은 신규교직원에 대한 임용보고가 끝나면 교직원의 자격증을 통하여 자격적격성 여부를 확인한다. 이때 적격성 여부 확인 대상자는 원장, 보육교사, 특수교사, 치료사, 영양사, 간호사 등이다.

3) 보육교직원 신원 조회

다음 단계는 해당 관청에서의 보육교직원 신원 조회이다. 신원 조회는 해당 관청에서 이루어지는데, 이때 「영유아보육법」 제20조에 근거한 어린이집 교직원의 결격사유 여부를 검토하게 된다.

4) 경력관리시스템 입력관리

마지막 단계로는 신규 채용된 어린이집 교직원을 경력관리시스템에 입력하는 단계이다. 경력관리시스템에서는 보육교사의 경력을 관리하는데 종사자의 출산휴가, 육아휴직 등을 관리한다. 또한 이러한 사유 발생 시 영유아보육을 위하여 채용된 대체 교사로 주당 30시간 이상 근무하는 경우에도 임면사항이 경력관리시스템에 입력, 관리된다.

원장은 신규 채용된 보육교직원과 임금, 계약기간 등 근로조건을 명시한 근로 계약을 체결하여야 한다(「영유아보육법」 시행규칙 '별표3'). 이 경우 부당한 내용(결혼, 출산, 육아휴직 등으로 인한 퇴직요구 등)이 포함되어서는 안 된다.

근로(고용) 계약서

_______(이하 "갑"이라 한다)는 ○○어린이집 원장으로서 어린이집 운영을 위해
_______(이하"을"이라 한다)를 고용함에 있어 다음과 같이 고용 계약을 체결한다.

〈다 음〉

제1조 (소속 및 직무)

1. "을"은 "갑"이 원장으로 재직 중인 ○○어린이집에서 _______(으)로 근무한다.

제2조 (근무 시간)

1. "을"의 정규 근무 시간은 평일 09:00~18:00, 토요일 09:00~13:00 근무함을 원칙으로 하되, 수업 및 일과 준비를 위해 08:30분까지 출근한다.

제3조 (계약 기간)

1. 계약 기간은 월 일 부터 월 일 까지 ________으로 한다.
2. 계약의 갱신은 업무 수행을 평가하는 인사고과표를 참고로 하여, 계약 기간 만료 2개월 전에 협의키로 하며, 만료 2개월 전까지 "갑"에 의하여 고용 계약 해지 통보가 없고, "을"의 이의 제기가 없을 시는 고용 기간이 1년간 자동 연장되는 것으로 한다.

제4조 (보수)

1. "을"의 보수는 보육교사 인건비 국고보조기준을 적용하여 지급함을 원칙으로 한다.

제5조 (기타)

1. "을"은 ○○어린이집으로 임명됨에 있어서 부단한 연구와 노력으로 영유아 보육 지도 및 어린이집 발전에 최선을 다하여 맡은 바 임무를 성실히 수행할 것이며 다음과 같이 사항이 발생할 시는 "갑"의 판단에 따라 해고 등 어떠한 조치도 따를 것을 원칙으로 한다.
   - 영유아 보육 지도 부실로 인한 문제 발생
   - 교직원 상호 간의 파벌 조성
   - 상사의 지시에 불응 또는 도전적인 행위
   - 교직원으로서의 품위 손상에 관한 사항
   - 부모와의 관계에서 불만사항을 유발시킨 경우
2. 상기에 명기하지 아니한 사항은 "갑"의 운영 기준에 따라 처리한다.

년 월 일

"갑"주소:	"을" 주소:
주민등록번호:	주민등록번호:
성 명: (인)	성명: (인)

○○ 어린이집

[그림 4-1] 근로(고용)계약서

5) 보육교직원의 퇴직

임면권자는 보육교직원이 퇴직할 경우에는 자필로 기록한 사직서를 받아 퇴직처리하고 퇴직사실을 시·군·구청에 보고한다. 퇴직에 대하여 임면권자와 상호 합의가 되었음에도 불구하고 퇴직처리를 하지 않아 본인의 의사와 무관하게 어린이집의 원장 또는 보육교사 자격증을 대여한 경우가 발생하지 않도록 해야 한다.

4 보육교직원의 복무 및 처우

1) 보육교직원의 복무 관련 규정

보육교직원의 복무란 보육교직원으로서 임무를 수행하기 위하여 힘쓰는 것을 의미한다.

(1) 보육교직원의 겸임 제한

어린이집 보육교직원은 근무시간 동안 상시해당 직무에 종사하여야 하는 전임이어야 하므로 다른 업무를 겸임할 수 없다. 다만, 원장이 간호사 또는 영양사 자격이 있을 때에는 간호사, 영양사를 겸임할 수 있다. 그러나 두 자격 모두 소지한 자는 한 가지 자격만 겸직 가능하다.

정원 20인 이하 어린이집 원장은 보육교사를 겸임할 수 있다.

(2) 근무시간

근로자의 1일 근무시간은 휴식시간을 제외하고 8시간을 초과할 수 없으며, 1주일에 40시간을 초과할 수 없다. 그러나 교사는 어린이집의 운영시간이 07:30~19:30으로 되어 있기 때문에 하루에 8시간 이상을 근무할 수밖에 없는 근로조건으로 되어 있으며, 시간을 초과하여 근무하는 경우에는 초과근무수당을 지급하도록 규정되어 있다. 어린이집은 공휴일을 제외하고는 연중 계속 운영하여야 하며, 지역 및 시설 여건에 따라 보호자와 원장의 협의에 의해 공휴일에도 운영할 수 있다.

(3) 휴가

휴가 형태는 월차, 연차, 출산휴가, 경조사, 병가, 보건휴가(생리휴가, 육아휴가)로 나누어 볼 수 있으며, 그중에서도 출산휴가의 경우 근로기준법에 임신 중의 여성 근로자는 산전·후를 통하여 3개월의 유급 휴가를 받을 수 있다고 명시되어 있다.

보육교직원의 휴가는 보육 공백을 최소화할 수 있도록 순번제로 실시하고, 보수교육, 출산 휴가 등으로 공백이 생기는 경우에는 비상근 교사나 대체교사를 배치해야 하는 것으로 제시되었다(보건복지부, 2014).

최저임금 보장 등과 관련이 있는 사항에 대하여는 '최저임금법'의 규정을 준용하며, 어린이집 보육교직원의 휴가 등에 관하여서는 '근로기준법' 등 노동관련 법령에 의하며 고용, 산전·후 휴가, 육아휴직 등과 관련이 있는 사항에 대하여서는 '남녀고용평등법'의 규정을 준용한다(보건복지부, 2010). 기타 어린이집 교직원의 복무, 근로 등과 관련하여서는 각 개별법을 준용토록 한다.

(4) 징계

어린이집의 교직원이 근무규정을 위반한 때에는 징계를 받을 수 있다. 징계의 종류는 다음과 같다.

① 해임: 해임은 대상 교직원이 맡고 있는 직위에서 그만두게 하는 것.

② 정직: 정직은 해당 교직원의 신분은 보유하나 일정 기간 동안 직무에 근무하지 못하게 하는 것으로 그 기간은 1개월 이상 3개월 이하이며, 이 기간 중 기본급의 2/3를 감한다.

③ 감봉: 감봉은 일정기간 동안 봉급을 감해서 받는 것으로 기간은 1개월 이상 3개월 이하이며, 이 기간 중 기본급의 1/3를 감한다.

④ 견책: 견책은 교직원의 잘못에 대하여 훈계하는 것으로 일정 기간 동안 승진

및 승급에 제한을 받으며, 징계대상이 원장인 경우에는 징계권자가 임면권자 또는 관찰 행정기관의 장이며, 기타 교직원인 경우에는 원장 또는 임면권자에게 징계권이 있다.

2) 보육교직원의 처우

보육교직원의 처우는 보수 및 후생복지를 포함하는 개념이다.

(1) 보육교직원의 보수

보육교직원의 처우는 자신의 전문적 직무를 원활히 할 수 있도록 지원하는 중요한 요소가 된다.

보육교직원의 보수는 보건복지부가 정한 보육사업안내에서 그 기준을 정하고 있다. 보육교사의 보수는 기본 급여(호봉)와 각종 수당(기말수당, 가계지원비, 정근수당, 장기근속수당, 가계보조수당, 명절휴가비, 교통급식비 등 포함)을 합산한 금액을 말하며, 보육교직원의 보수는 연봉제를 택하고 있다. 호봉은 근무경력 기간에 따라 1년을 단위로 인건비 책정을 달리하는 기준을 말하며, 호봉승급이란 일정한 재직 기간의 경과에 의하여 현재의 호봉보다 높은 호봉을 부여하는 것을 말한다. 호봉인정 근무경력이란 호봉 산정 시 인정되는 어린이집 등에 종사한 경력을 말한다.

호봉의 승급은 매년 1월 1일과 7월 1일을 기준으로 결정된다. 보육교직원의 신규채용 시 초임 호봉은 1호봉으로 하되 호봉인정 근무 경력 1년을 1호봉씩으로 하여 초임 호봉을 확정한다.

보수기준의 적용범위는 국고보조시설 '종사자 인건비지원 대상 시설'로 하고, 어린이집 교직원의 보수 기준은 호봉, 근무성적과 시설의 운영여건 및 당 해 년도 어린이집 보육교직원 인건비 지원 기준을 참고하여 지급한다.

호봉확정 시 인정되는 호봉인정 근무경력은 다음 경력에 한한다.

- 「영유아보육법」 제정 전 새마을 유아원, 탁아시설에 근무한 경력
- 어린이집 보육교직원으로 근무한 경력
- 육아종합지원센터에 근무한 경력(대체교사 경력 포함)
- 2005년 1월 30일 이후 보육교사 자격을 가지고 방과 후 과정을 운영하는 유치원에 근무한 경력
- 군 복무경력(병적증명서 상 실제 복무한 경력, 최대 3년)

출처: 보건복지부(2020)

(2) 퇴직 및 4대 보험 가입

보육교직원이 1년 이상 같은 어린이집에 근무할 경우 원장은 퇴직금을 지급해야 하며, 퇴직금 지급액의 지급방식은 크게 두 가지이다.

첫째, 퇴직금제도란 보육교직원이 퇴직 시 당사자에게 퇴직금을 지급하는 것으로 계속 근로 1년 이상으로 4주간을 기간으로 평균 근로 시간을 계산하였을 때, 1주일에 15시간 이상의 근로를 하는 근로자를 대상으로 지급된다. 퇴직금의 경우 시설을 설치, 운영하는 자는 퇴직금을 지급할 수 있도록 별도의 퇴직금을 관리, 운영하도록 되어 있는 근로기준법(제34조) 및 근로자퇴직급여보장법에 의거하여 운영한다. 또한 근로자의 요구가 있을 시에는 근로자가 퇴직하지 않았을 경우에도 퇴직금을 중간 정산할 수 있다.

둘째, 퇴직 연금 제도란, 퇴직금을 연금으로 받는 이 제도를 선택하기 위해서는 사용자가 종사자 대표의 동의를 얻어 퇴직연금 형태(확정급여형 혹은 확정기여형 중 택일)를 정한 후, 퇴직 연금 규약을 작성하고 이를 노동부 장관에게 신고하여야 하며 운용 관리 및 자산 관리 업무 수행을 내용으로 하는 계약을 퇴직연금사업자와 체결하여야 한다(근로자 퇴직급여보장법 제3장).

또한 채용된 보육교직원의 경우, 국민연금, 국민건강보험, 고용보험, 산재보험에 등 4대 보험에 의무적으로 가입하여야 한다.

(3) 휴식 시간

모든 근로자는 근로시간이 4시간인 경우에는 30분 이상, 8시간인 경우에는 1시간 이상의 휴식 시간을 근로시간 도중에 가지는 것으로 제시되어 있으며, 휴식 시간은 '근로자가 자유롭게 이용할 수 있다.'라고 명기하고 있다. 그러나 어린이집의 경우 교사가 휴식을 취한다는 것은 영유아가 교사 없이 방치되는 것을 의미하는 것이므로 실행될 수 없는 것이 현실적인 여건이다.

〈표 4-6〉 보수교육의 구분

가. 직무교육

1) 일반직무교육

가) 보육교사 직무교육: 현직에 종사하고 있는 보육교사로서 보육업무 경력이 만 2년이 지난 사람과 보육교사 직무교육(승급교육을 포함한다)을 받은 해부터 만 2년이 지난 사람

나) 어린이집의 원장 직무교육: 현직에 종사하고 있는 어린이집의 원장으로서 어린이집의 원장의 직무를 담당한 때부터 만 2년이 지난 사람과 어린이집의 원장 직무교육을 받은 해부터 만 2년이 지난 사람

다) 장기 미종사자 직무교육: 어린이집 원장의 자격 또는 보육교사 자격을 가진 사람으로서 만 2년 이상 보육업무에 종사하지 않다가 다시 그 업무에 종사하려는 사람

2) 특별직무교육

가) 영아보육 직무교육: 영아보육을 담당하고 있는 일반직무교육 대상자와 영아보육을 담당하려는 보육교사 및 어린이집의 원장

나) 장애아보육 직무교육: 장애아보육을 담당하고 있는 일반직무교육 대상자와 장애아보육을 담당하려는 보육교사 및 어린이집의 원장

다) 방과후보육 직무교육: 방과후보육을 담당하고 있는 일반직무교육 대상자와 방과후보육을 담당하려는 보육교사 및 어린이집의 원장

나. 승급교육

1) 2급 보육교사 승급교육은 3급 보육교사 자격 취득 후 보육업무 경력이 만 1년이 지난 사람

2) 1급 보육교사 승급교육은 2급 보육교사 자격 취득 후 보육업무 경력이 만 2년 이상이 경과한 사람. 다만, 보육교사 2급 자격을 취득한 후 보육 관련 대학원에서 석사학위 이상을 취득한 경우는 보육업무 경력이 만 6개월이 지난 사람

3) 승급교육을 받은 사람은 일반직무교육을 이수한 것으로 본다.

* 출처: 「영유아보육법」 시행규칙 [별표7] 〈개정 2019. 6. 12.〉

5 보육교직원의 보수교육

보육교직원의 자질 향상을 위해 실시하는 교육으로서 보육에 필요한 지식과 능력을 유지, 개발하기 위하여 어린이집 교직원이 정기적으로 받는 직무교육과 보육교사가 상위 등급의 자격을 취득하기 위해 받아야 하는 승급교육으로 구분된다(이인원 외, 2010). 구체적인 내용은 〈표 4-6〉과 같다.

어린이집에서 특수교사나 치료사로 근무한 자도 일반·특별직무대상으로서 보수교육을 이수하여야 한다(일반직무교육이나 특별직무교육 중 선택적으로 이수할 수 있음). 또한 보수교육을 연속하여 3회 이상 받지 아니한 경우 어린이집 원장 또는 교사의 자격이 정지될 수 있으므로 보수교육대상자는 필히 보수교육을 이수하여야 한다.

6 보육교직원의 역할과 자질

보육교직원은 원장, 보육교사, 의사, 간호사, 영양사, 사무직, 관리인, 조리원, 운전기사 등으로 구성되며, 이들의 역할과 자질은 보육서비스 전반에 큰 영향을 미치게 된다. 또한 이들은 각각 맡은 직위에 따라 다른 역할과 능력을 요구받게 된다.

1) 원장의 역할과 자질

원장의 자질은 어린이집의 교육프로그램과 운영 전반의 성패를 좌우한다고 해도 과언이 아니다. 원장은 어린이집의 운영과 관계된 행정가, 교직원, 학부모, 지역사회 인사 등과 원만한 대인 관계를 유지하는 것이 필요한데, 이를 위해 지녀야 할 구체적인 자질은 다음과 같다.

① 원장은 올바른 아동관과 보육에 대한 확고한 철학을 지녀야 한다.
② 원장은 지역사회 봉사자로서의 자질을 지녀야 한다.

③ 원장은 보육교직원 인사관리, 재정관리, 보육프로그램의 효율적 운영, 대외관계유지 등 어린이집 운영에 대한 행정적 능력과 합리적인 관리 기술이 있어야 한다.

④ 원장은 원만한 대인관계 능력이 있어야 하며, 보육교직원들 간의 바람직한 인간관계 형성을 도울 수 있는 능력이 있어야 한다.

⑤ 원장은 어린이집 운영에 있어 크고 수많은 문제에 직면하게 되는데 의사결정을 해야 할 경우 민주적이고 합리적인 의사결정 능력을 갖추고 있어야 한다.

이와 같이 어린이집 원장의 자질을 바탕으로 양옥승(1999)이 제시한 어린이집 원장의 역할은 다음과 같다.

① 업무를 계획하고 평가한다. 원장은 어린이집의 철학과 정책을 고려하여 업무를 계획해야 한다. 업무 분담을 하면서 교직원의 책임을 분명하게 해주며 각각의 업무를 평가하기 위한 절차를 만든다.

② 사무적인 일을 처리한다. 사무적인 일이란 건물, 장비, 직원에 대한 예산을 세울 뿐만 아니라 재정적 지원을 얻어내고, 자금을 분배하고, 수입과 지출을 계산하는 것을 말한다.

③ 교직원에 대한 서비스를 시작하고 유지한다. 교사의 지위를 결정하고, 교직원을 신규채용, 승진, 보상해 주며, 업무에 있어서 필요한 훈련, 지원, 감독, 평가를 해준다. 그리고 교직원의 기록을 보관한다.

④ 보조적인 업무를 감독한다. 이 업무는 어린이집마다 다양하며 중요한 자리를 차지한다. 대개 보조적 업무는 등·하원 차량 운영, 식사 제공, 건물 관리 유지 등을 하는 것을 말한다.

⑤ 의사소통을 위한 연결과 정보교환을 제공한다. 원장은 지도자회의를 주관하고, 직원 및 부모회의를 결정하고 주관하며, 교직원을 돕고, 프로그램을 계획·실행·평가하는 것에 대해서도 보육교직원과 상의한다. 또한 어린이집 운영에 대하여 부모 및 다른 어린이집의 원장과도 협의한다.

2) 주임교사의 역할과 자질

현재 「영유아보육법」에는 주임교사에 대한 규정이 전혀 없다. 그러나 일정한 규모 이상의 어린이집에서는 주임교사 혹은 원감 등의 중간 관리자가 필요하다. 특히 어린이집 원장의 역할이 단순한 운영관리자를 넘어서며 지역사회에서의 일정한 역할을 수행하여야 하기 때문에 어린이집 내 중간관리자는 원장과 보육교직원 사이에서 원장의 보육철학, 생각 등을 정확히 이해하고 이에 따라 어린이집이 운영될 수 있도록 교직원을 격려하고 지원하는 역할을 담당하여야 한다.

주임교사는 원장을 보좌하는 역할로 주임교사에게는 관리자의 기술뿐만 아니라 원장과 보육교직원 사이의 조율을 위한 인간관계 능력, 의사결정 능력과 함께 리더십이 필요하다.

먼저 주임교사는 원장을 대신하여 각종 서류를 수발하고 행정을 지원하기도 하고 교육과정을 계획, 운영함에 있어서 중간 점검자의 역할을 담당하여야 한다. 따라서 원장에게 요구되는 관리자의 자질이 필요하다.

이와 함께 주임교사에게 가장 많이 요구되는 역할은 동료교사에 대한 멘토(mentor)의 역할로 인간관계 기술이 더욱 필요하다. 멘토란 동료교사에게 전문적 발달을 촉진해 주기 위한 상호작용적이며 역동적인 지원과정을 의미한다. 즉, 주임교사의 역할은 초임교사를 포함하여 자신보다 경력이 낮은 교사들의 전문적·개인적 발달을 촉진시키려는 목적으로 가르치고 들어주고 조언하고 이들을 격려하는 일련의 상호작용과정을 의미한다.

이 외에도 주임교사는 어린이집의 보육교직원에 대한 관리 및 지원 역할을 담당하여야 하며, 이들의 의견을 잘 조정하고 제대로 수행되는지 점검하여야 한다. 이 과정에서 이들과 더욱 밀접한 관계를 맺어야 하며 인간적으로 이들의 어려움과 처한 상황을 이해하고 지원하여야 하기 때문에 인간관계 기술이 더 필요하다. 또한 다른 사람과 함께 업무를 수행함에 있어서 주도적 역할과 함께, 그들의 잠재력을 개발시키고, 발전시키도록 격려할 수 있고 지원할 수 있는 자질이 요구된다(백혜리, 2008).

3) 보육교사의 자질과 역할

보육교사는 부모를 대신하는 중요한 존재로, 어린이집에서 장시간을 보내는 영유아에게는 기본적인 심리적 안정감과 기본적 욕구를 충족시켜주는 양육자인 동시에 학습과 발달을 돕는 교육자가 되어야 한다.

(1) 보육교사의 자질

보육교사의 자질이란 보육교사가 갖추어야 할 개인적 특성과 사회적 가치관을 중심으로 한 규범적 기대수준을 의미하는 것으로 보육현장과 교수활동에 적합한 개인적 가치관과 태도의 질을 말한다.

보육교사가 지녀야 할 자질에는 개인적 자질과 전문적 자질이 있는데, 개인적 자질이란 교사가 발달적으로 가지고 있는 특성을 의미하며 정서, 성격, 세상에 대한 인식 등을 포함하는 것으로, 이은화 등(1995)은 보육교사의 개인적 자질을 영유아에 대한 사랑, 인간에 대한 사랑, 성실성, 봉사정신, 원만한 인간관계, 사려성, 자발성, 도덕성, 신체적 건강, 정신적 건강(긍정적 자아관, 타인에 대한 긍정적 사고, 건전한 인생관, 정서적 안정) 등으로 제시하였다.

보육교사의 개인적 자질에 대해 정리하면 다음과 같다.

첫째, 교사는 건강해야 한다. 영유아들은 끊임없이 교사에게 무엇인가를 요구한다. 이러한 요구에 부응하려면 신체적, 정신적으로 건강해야 한다. 교사들은 정서적으로 안정되고, 감정의 통제가 잘되며, 긍정적인 마음의 소유자가 되어야 한다.

둘째, 교사는 인간에 대한 애정이 있어야 한다. 영유아들은 하루종일 생활해야 하는 교사의 애정과 사랑을 통해 안정감과 자존감을 느낄 수 있으며 이를 통해 건전한 성장과 발달이 이루어진다.

셋째, 교사는 원만한 인간관계를 이루는 것이 필요하다. 교사는 단순히 영유아와의 상호작용뿐만 아니라 많은 사람과 인간관계를 맺으면서 생활을 하기 때문에 효율적인 의사소통 능력이 필요하며 다른 사람의 의견을 경청하고 수용할 수 있는 열린 마음을 가져야 한다. 또한 자신의 생각과 신념을 설득력 있게 주장할 수 있는 능력을 지녀야 한다.

보육교사의 전문적 자질은 교사로서 필요한 전문적 지식과 기능을 의미하는 것으로서 일반적으로 직전 교육을 통해 습득되고 현직교육을 통해 향상된다. 보육교사의 전문적 자질에 대한 학자들의 의견을 제시하면 다음과 같다.

이은화 등(1995)은 지식(일반 교양지식, 보육과정에 대한 지식, 교수방법 및 평가에 대한 지식, 영유아에 대한 지식), 교수 기술(교육과정 구성 기술, 프로그램 실천 및 평가 기술, 의사소통 기술, 부모 및 전문가 참여 기술, 창의성, 융통성, 교재교구의 제작 및 활용 기술), 교육관(교육에 대한 소명감, 직업윤리, 전문성 함양의 노력)을 보육교사가 지녀야 할 전문적 자질로 제시하고 있다. 또한 교사는 교직에 대한 긍지를 가지고 창의력이 풍부하고 연구하는 태도를 지녀야 하며, 강한 실천의식과 투철한 사명의식을 지녀야 한다.

(2) 보육교사의 역할

초기의 학자들은 보육교사의 역할이 단순한 '보호'에 초점을 두고 수동적이며 건강과 안전을 돌보아 주는 어머니의 역할과 크게 다르지 않다고 보았으나, 시간이 지나면서 '보호' 및 '교육' 모두를 포함하는 보다 전문적이고 적극적인 역할을 수행해야 한다고 강조하고 있다. 이와 같이 보육교사의 역할에 대한 관점은 시대에 따라 조금씩 변화해 왔음을 알 수 있다.

보육교사는 부모를 대신하는 존재로, 주된 역할은 영유아를 위한 보호와 교육적 서비스를 제공하는 것이다. 또한 보육교사는 영유아발달에 대한 전반적인 지식과 통찰력을 가지고 영유아의 학습과 발달을 돕는 역할을 해야 한다.

보육교사의 역할을 정리하면 다음과 같다(김경회 외, 2014).

① 양육자로서의 역할

교사는 일차적으로 영유아를 안전하게 보호하고 이들의 신체적, 생리적인 욕구를 충족시키는 양육자 역할을 해야 한다. 이들의 기본적인 생리적 욕구 충족과 건강을 돌보아 주고 안정을 지켜주어야 한다. 특히 영아를 보육하는 교사들은 영아와의 개별적인 관계를 형성하여 보육하기 때문에 영아의 충족을 위해 민감하게 반응을 해야 한다.

② 환경제공자로서의 역할

교사는 영유아의 발달과 안전을 고려한 적절한 환경을 구성하는 역할을 수행하여야 한다. 영유아의 발달적 요구에 맞게 적절한 변화를 주면서 교재, 교구 및 교실이나 놀이터의 환경을 조직해야 한다. 영유아가 자유롭게 뛰놀면서 자연을 충분히 맛보며 건강하게 성장할 수 있는 환경을 구성하도록 한다.

③ 상호작용자로서의 역할

교사는 사람, 자연, 사물과 상호 작용이 충분히 일어나도록 도와주며, 영유아의 활동을 관찰하고 도와주는 역할을 수행해야 한다.

④ 모델로서의 역할

영유아의 기본적인 양육자로서 교사는 영유아가 모방을 하더라도 부끄럽지 않을 행동과 말로 영유아를 지도하며, 영유아에 대해 긍정적인 태도를 보임으로써 바람직한 동일시 대상이 되어 주어야 한다.

⑤ 관찰자의 역할

교사는 영유아를 제대로 보호하고 교육하기 위해서 이들의 발달 수준이나 개인적인 요구를 파악하고 있어야 한다. 항상 영유아의 건강 상태, 행동, 생각, 느낌 등을 유심히 관찰하여 기록하고 이를 기초로 영유아에게 적절한 교육을 제공할 수 있고 간혹 보이는 문제 행동을 부모들과 함께 협력하여 해결할 수 있다.

⑥ 부모 및 지역사회와의 교류자로서의 역할

교사는 공동 육아를 위하여 부모 및 지역사회와의 교류자로서의 역할을 수행하여야 한다. 보육교사는 부모와의 원활한 의사소통을 위해 영유아의 가정과 그 부모의 요구 등을 이해하고 부모를 지원해 주고 부모와 어린이집 사이의 신뢰감을 형성하기 위해 노력해야 한다. 또한 지역사회의 자연, 자원, 인사 등을 활용하고 영유아가 지역사회에 대해 긍정적으로 수용할 수 있도록 해주어야 하며, 다양한 자원봉사자와 함께 일하며 지역 공동체로부터 지원을 얻는 역할도 해야 한다.

4) 특수교사

장애 아동 보육교사는 보육교사의 역할 외에 장애 아동을 가르치는 부가적인 역할이 요구된다. 먼저 유형별 장애 아동의 특성을 이해하고, 독특한 요구를 확인함과 동시에 그 다양한 요구를 충족시킬 수 있는 보육계획안을 수립하고 실시하여야 한다. 또한 성공적인 통합 보육이 되기 위해서는 보육프로그램에 여러 가지 기능들이 포함될 수 있도록 하는 일이 무엇보다도 중요하다. 교사의 장애 아동을 받아들이는 수용적인 태도와 가치관은 통합 보육의 첫걸음이라 할 수 있다. 통합 보육은 장애아동뿐만 아니라 모든 일반 아동들에게도 보다 나은 보육활동이 될 수 있으며, 교사의 전문적인 역할에 대한 인식이 무엇보다도 필요하다(김연진, 한성심, 윤혜경, 최진원, 현미숙, 2004).

5) 방과 후 교사(아동지도사)

방과 후 교사(아동지도사)는 초등학교의 아동을 대상으로 정규 교육시간 이외의 시간에 보호하고 지도하는 자이다. 방과 후 교사는 무엇보다도 초등학교 아동기의 발달 특성과, 방과 후 아동지도를 할 수밖에 없는 가정 환경적 특성을 이해하여 지도하는 역할이 무엇보다도 중요하다. 특히 학교에서 오랫동안 구조적인 학습에 지친 아동들의 정서적 휴식과 신체적 기술 향상을 도울 수 있는 능력을 갖추어야 하고, 가정이나 학교에서 소홀히 할 수 있는 건전한 취미활동의 지도와 여가 시간을 유익하고 창의적으로 지낼 수 있도록 지도할 수 있는 능력이 요구된다(이옥, 노성향, 1996). 또한 교육방법이나 내용에 있어서도 사회적, 정서적 발달에 초점을 두고 아동 개개인의 요구에 맞는 비형식적 교육방법이 요구된다.

6) 의사와 간호사(간호조무사)

어린이집은 영아부터 초등학교 저학년까지 다양한 연령대의 아동들이 거의 하루 종일 생활하는 곳이므로 건강과 안전상의 문제가 발생되기 쉽다. 따라서 의사와 간호사(간호조무사)의 도움이 매우 필요하다. 의사와 간호사(간호조무사)는 영유아의 건강과 관련된 일을 수행하는 의료인으로 보건에 관계된 어린이집의 세부 규정을 설정하고, 실시하는 과정에서 어린이집 교직원을 보조한다. 청결하고 안전한 환경이 유지될 수 있도록 어린이집 전체의 환경, 위생 상태를 점검하고, 매일 아침 영유아의 건강 상태를 점검하여 이를 교사 및 부모에게 조언한다. 한편, 정기적인 신체검사를 실시하고 이를 기록·보관한다. 영유아의 위생관리, 영양지도, 안전지도, 건강 및 보건 상담, 정기검진 등의 건강과 안전의 책임을 지는 역할을 수행함과 동시에 프로그램 운영의 지원을 한다. 그러나 의사는 현실적으로 상주가 어려우며 간호사(간호조무사)도 100인 이상의 어린이집에만 상주가 가능하다.

7) 영양사, 조리원

영양사는 영유아들의 건강 증진을 위하여 영양교육과 식습관지도는 물론 교직원과 부모들을 대상으로 올바른 식습관을 형성할 수 있도록 교육활동을 담당하며, 식사와 간식의 식단을 영유아의 발달 단계·영양상태 등을 고려하여 계획하고, 식품재료를 구입하고 조리원들의 취사활동을 지도한다. 조리원(조리사)는 영양사에 의해 작성된 식단을 기초로 식사와 간식을 직접 만들어 제공하는 역할을 수행하며 주방, 식기, 의료품의 위생적 보관과 청결을 유지한다.

8) 사무원

사무원은 어린이집의 전반적인 행정사무를 담당하는 직원으로서 각종 공문서의 처리 및 어린이집 교직원과 영유아에 대한 각종 기록의 관리, 영유아의 납입료 수납을 포함한 재정 및 기타 행정 업무를 담당한다. 영유아 60인 이상인 경우에 사무원을 두도록 규정했으나, 대부분의 어린이집에서 사무원을 별도로 두지 않고 원장이나 교사가 이 업무를 대신하고 있다(김진선, 부정민, 이은정, 김신덕, 노수명, 손윤경, 2008).

9) 사회복지사

어린이집에서 사회복지사의 역할은 지역 사회–어린이집, 영유아–가정, 가정–지역사회를 연결해 주는 것으로, 일관성 있고 효과적인 보육서비스 제공을 위해서는 이들 교사, 부모, 사회복지사의 관계가 긴밀해야 한다.

10) 관리인 및 운전사

관리인은 어린이집에 상주하면서 하루일과가 진행되는 동안 건물의 유지와 관리 보수, 경비 등의 일을 하면서 비품이나 교구의 운반, 실내외 공간의 관리 및 청소 등을 담당한다. 그러나 대부분의 소규모 어린이집에는 관리인을 따로 두지 않고 운전기사나 조리사들이 관리인의 역할을 대행하기도 한다.

차량의 운전기사는 면허증을 소지해야 하며, 영유아들의 등·하원 차량 운행 시 모든 안전상의 책임을 맡는다. 영유아들의 등·하원 차량 운행 자체가 영유아들에게는 중요한 교육활동의 하나이므로 운전기사에게는 영유아들을 사랑하고 이해하는 태도와 자세가 요구된다.

어린이집 운영관리

제5장

어린이집의 홍보와 지역사회 협력

홍보는 어린이집이 속한 지역사회와 협력하여 연계할 필요성이 있는데 어린이집과 지역사회가 협력한다는 것은 어린이집의 보육프로그램을 지역사회의 자원과 능력을 활용하여 진행하여 영유아에게 통합적인 성장과 발달을 이룰 수 있도록 하기 위한 것이다. 이에 본 장에서는 어린이집 홍보의 구체적인 방법 및 지역사회와의 협력적 요소를 살펴봄으로써 보다 더 체계적이고 구체적인 보육서비스를 제공하기 위한 내용을 중심으로 살펴보고자 한다.

1 어린이집의 홍보

동일 지역사회 안에 다양한 형태의 영유아교육기관이 공존하고 있는데, 부모가 이러한 다양한 어린이집에 대한 정확한 판단을 스스로 하기에는 어려움과 혼란이 있을 수밖에 없다. 이에 따라 어린이집의 운영자에게는 자신이 운영하고 있는 어린이집을 부모들이나 지역사회에 효과적으로 알리는 적절한 홍보활동이 요구된다.

효과적인 어린이집의 홍보활동을 위해 홍보의 목적, 홍보 시기와 다양한 방법, 구체적인 홍보의 내용을 살펴보고자 한다.

1) 어린이집 홍보의 목적과 내용

(1) 홍보의 목적

홍보는 기업·단체 또는 관공서 등의 조직체가 커뮤니케이션 활동을 통하여 스스로의 생각이나 계획·활동·업적 등을 널리 알리는 활동을 말한다. 어린이집의 홍보는 어린이집을 널리 알리기 위한 것으로 단순히 원아모집을 위한 것일 수 있지만, 궁극적인 어린이집 홍보의 목적은 어린이집 설립 및 운영 목적인 보호와 교육의 효과를 높이기 위한 것과 가정과의 밀접한 관계를 통하여 보육의 효과를 높이며, 지역사회에서 속한 어린이집의 역할을 잘할 수 있도록 하기 위한 것이라고 할 수 있다. 따라서 어린이집의 홍보는 영유아의 요구와 부모의 요구를 반영하여 질 높은 보육서비스를 제공하는 데 그 목적이 있다.

(2) 홍보의 시기

어린이집 홍보의 시기는 대체로 원아모집을 하는 시기와 함께 이루어지는 것이 보편적이다. 일반적으로 어린이집의 학기는 3월에 시작하여 2월 말에 끝난다. 따라서 학기가 시작하기 전인 1~2월에 어린이집의 홍보가 이루어진다. 하지만 반드시 1~2월에 홍보가 시작되는 것은 아니고 최근에는 영유아교육기관의 원아모집이 11~12월로 빨라지면서 영유아교육기관의 홍보시기도 예전보다 앞당겨지는 추세이다. 또한 어린이집의 특성상 원아의 입·퇴원은 상시적으로 일어나는 일이므로 어린이집의 홍보 역시 상시적이며 지속적으로 이루어질 수 있는 시스템이 구축되어야 한다. 특히 홍보의 방법에 따라서 그 시기가 다를 수 있는데 현수막, 전단지, 포스터 같은 것은 원아모집을 목적으로 하는 경우가 많기 때문에 보통 11월~익년 1~2월까지 이루어지는 경향이 있다. 또한 홈페이지, 커뮤니티 등을 활용한 인터넷 홍보의 경우에는 체계적인 관리를 통하여 연중 지속적으로 홍보가 이루어지도록 하는 것이 바람직하다. 나아가 어린이집에서 주관하는 다양한 행사나 지역사회와의 연계활동은 어린이집을 직·간접적으로 지역사회에 홍보하는 유용한 기회가 된다.

(3) 홍보의 방법

최근 어린이집의 홍보 유형을 살펴보면 다양한 매체를 활용한 방법이 사용되고 있음을 알 수 있다. 현대 사회는 사람들의 생활수단이나 정보전달 수단이 매우 다양하기 때문에 여러 유형의 인쇄, 언론, 정보 매체를 홍보 수단으로 활용하고 있다.

어린이집의 홍보를 위해 사용하는 홍보방법 및 매체를 살펴보면 다음과 같다.

첫째, TV, 라디오와 같은 방송매체를 활용하여 홍보하는 방법이 있다. 물론 한 어린이집을 홍보하기 위해 독자적으로 TV, 라디오를 활용하는 것은 경제적 효율성이 떨어지는 큰 단점이 있기는 하지만 어린이집 단체나 연합회에서 공동으로 홍보를 함으로써 그 효과를 높일 수 있다는 장점도 있다. 최근 어린이집 평가제, 국가수준의 공통교육과정 및 표준보육과정, 서울형 어린이집, 공공형 어린이집 등의 국가차원의 어린이집 홍보가 방송매체를 활용하여 진행되는 것 볼 수 있는데 이를 통해 어린이집을 찾는 부모들에게 유익한 정보를 제공해 주고 있음을 알 수 있다.

둘째, 인터넷을 활용한 홍보 방법이다. 최근 우리나라는 인터넷 이용인구가 세계 최고 수준에 이르고 있고 어린아이들부터 대부분의 사람들이 무엇인가 알고자 하는 내용이나 궁금한 사항이 있을 때 인터넷 검색을 통해 모든 문제를 해결하려 한다. 이러한 특성을 반영하여 인터넷을 통한 어린이집의 홍보는 어린이집의 수요자인 부모들의 욕구를 잘 반영한 홍보 방법이라 할 수 있다. TV, 라디오와 같은 방송매체는 그 정보가 필요한 사람이나 그렇지 않은 사람들이나 모두에게 일방적으로 홍보가 이루어지지만, 인터넷은 일방적 홍보뿐 아니라 어린이집에 대한 정보가 필요한 사람이 적극적으로 찾아와 홍보를 접할 수 있다는 큰 장점이 있다. 이러한 추세에 발맞추어 최근 어린이집 운영자들이 어린이집 홍보를 위해 인터넷을 적극적으로 활용하는 사례가 급증하고 있으며 수요자인 부모들의 상당수가 인터넷을 통해 어린이집에 대한 다양한 정보를 찾고 있는 것을 알 수 있다. 가장 일반적인 인터넷 홍보 방법은 홈페이지를 구축하는 방법으로 처음 홈페이지를 구축할 때나 관리 운영하는 부분에 비용이 많이 든다는 단점이 있다. 이러한 문제를 보완하는 방법으로 다음이나 네이버 등의 커뮤니티, 클럽, 카페 등을 활용하는 방법이 있다. 기본적인 웹이 설계되어 있고 필요에 따라서 쉽게 메뉴와 디자인을 꾸밀 수 있어서 사용하기에도 편리하고 비용도 들지 않아 경제적 효율성에서도 큰 장점을 가진다. 어린이집의 홍보를 위해 게시판이나 사진 앨범, 동영상 기능 등 다양한 기능들을 활용할 수 있어 홍보의 매체로 활용도가 매우 높다. 또한 인터넷의 다양한 홍보를 활용하는 가운데 이용자들의 채팅이나 이용후기 등을 입력할 수 있어 이에 발생하는 많은 긍정적인 반응들은 어린이집의 홍보 효과를 높일 수 있다.

[사진 5-1] 홈페이지를 통한 어린이집 홍보의 예

셋째, 스마트폰이 일반화되면서 모바일을 활용한 홍보 방법이 어린이집을 홍보할 수 있는 좋은 방법으로 활용되고 있다. 인스타, 페이스북이나 트위터, 카카오스토리 등 SNS 기반의 모바일 콘텐츠를 통해 어린이집과 부모와의 네트워크가 구축이 될 때 보다 강력한 홍보 효과를 거둘 수 있을 것으로 예측된다.

스마트폰을 활용한 SNS 기반의 모바일콘텐츠의 장점은 실시간으로 부모와의 쌍방향소통이 가능하며, 동영상, 사진, 문자 등 다양한 매체 전송이 가능하다는 것이다. 하지만 팔로워들의 악성 댓글 등 소통의 여과장치가 없기 때문에 신중을 기해 활용해야 할 것이다.

(4) 홍보 내용

어린이집의 홍보 내용은 어린이집의 목적에 따라 영유아의 요구와 부모의 요구를 반영한 보육서비스를 제공하는 내용이어야 한다. 다시 말해, 홍보의 대상이 알고 싶어 하는 내용, 그리고 홍보의 주체자로서 어린이집에서 알리고 싶어 하는 것이 홍보의 내용에 포함되어야 한다. 하지만 홍보 방법을 어떻게 하느냐에 따라 홍보의 내용도 달라질 수 있다. 포스터나 현수막으로 홍보할 경우, 신문이나 TV를 통해 홍보할 경우, 인터넷을 활용하여 홍보할 경우 등에 따라 거기에 포함되어야 할 홍보의 내용은 달라지게 마련이다. 따라서 어린이집에서의 홍보의 내용은 무엇보다도 홍보의 대상인 부모님들이 궁금해하는 내용을 알리는 데 중점을 두어야 한다.

일반적으로 홍보하는 데 포함되어야 할 내용은 다음과 같다.

① 어린이집의 주소, 전화번호

② 홈페이지 주소

③ 찾아오는 길, 교통편

④ 대상 연령

⑤ 보육시간

⑥ 보육프로그램의 내용 및 특성

⑦ 운영자 및 운영철학

⑧ 보육교직원 소개

⑨ 평가인증 유무
⑩ 어린이집 유형
⑪ 보육료, 학급편성 등
⑫ 원아모집 대상 연령, 대상 인원
⑬ 모집 시기, 입소절차 등

2) 원아모집

어린이집의 원아모집은 기관의 특성 및 정원, 학급 편성에 따라 연령별 모집 인원이 결정된다.

(1) 원아모집시기

어린이집의 학기가 3월에 시작하기 때문에 원아모집은 3월 1일을 전제로 모집하게 된다. 원아모집 시기는 1, 2월에 이루어졌으나 최근에는 그 시기가 앞당겨져 11월부터 익년 1, 2월 사이에 이루어진다. 물론 원아모집이 다 이루어지지 않은 경우에는 3월 학기가 시작되었어도 계속해서 이어지기도 하고 퇴원하는 영유아가 있을 경우에는 상시적으로 모집을 하는 경우도 생긴다.

(2) 원아모집의 절차

어린이집의 원아모집에서 무엇보다도 중요한 것은 공정성과 투명성이다. 어린이집 원아모집은 현재 법적인 절차를 중심으로 이루어지고 있으므로 이를 준수하여야 한다. 따라서 영유아의 보호자는 임신육아포털 아이사랑 홈페이지 통해 입소대기신청을 하여야 한다. 입소대기 신청절차는 다음과 같다.

① 영유아정보 등록 : 아이사랑 보육포털에서 회원가입 후 어린이집에 입소할 자녀정보를 등록한다.
② 어린이집 검색 : 어린이집을 검색하고 신청할 어린이집을 선택한다.

③ 예약신청 : 입소대기를 신청한다.

④ 입소대기자 확정 : 어린이집에서는 입소 우선순위에 따른 대기순서를 확인하여 입소대상자를 확정한다.

⑤ 입소우선순위 자료 제출 : 어린이집에서는 자동연계되는 자격을 제외하고 부모로부터 입소관련 서류 일체를 받아 확인한다.

⑥ 영유아입소처리 : 어린이집에서는 입소대기 순서에 따라 영유아를 입소 처리한다.

* 입소 대기를 처음 신청하는 경우에는 공인인증서가 필요하다.

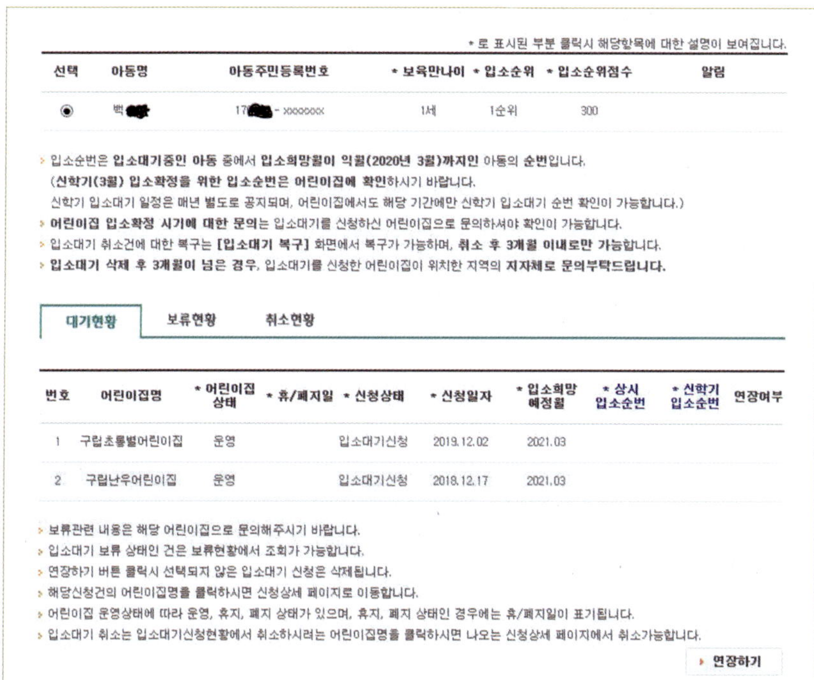

* 로 표시된 부분 클릭시 해당항목에 대한 설명이 보여집니다.

선택	아동명	아동주민등록번호	* 보육만나이	* 입소순위	* 입소순위점수	알림
◉	백[illegible]	17[illegible] - xxxxxxx	1세	1순위	300	

- 입소순번은 **입소대기중인 아동** 중에서 **입소희망월이 익월(2020년 3월)까지인** 아동의 **순번**입니다.
  (**신학기(3월) 입소확정을 위한 입소순번은 어린이집에 확인**하시기 바랍니다.
  신학기 입소대기 일정은 매년 별도로 공지되며, 어린이집에서도 해당 기간에만 신학기 입소대기 순번 확인이 가능합니다.)
- **어린이집 입소확정 시기에 대한 문의**는 입소대기를 신청하신 어린이집으로 문의하셔야 확인이 가능합니다.
- 입소대기 취소건에 대한 복구는 **[입소대기 복구]** 화면에서 복구가 가능하며, **취소 후 3개월 이내로만 가능**합니다.
- **입소대기 삭제 후 3개월이 넘은 경우**, 입소대기를 신청한 어린이집이 위치한 지역의 **지자체로 문의부탁드립니다.**

대기현황 | 보류현황 | 취소현황

번호	어린이집명	* 어린이집 상태	* 휴/폐지일	* 신청상태	* 신청일자	* 입소희망 예정월	* 상시 입소순번	* 신학기 입소순번	연장여부
1	구립초롱별어린이집	운영		입소대기신청	2019.12.02	2021.03			
2	구립난우어린이집	운영		입소대기신청	2018.12.17	2021.03			

- 보류관련 내용은 해당 어린이집으로 문의해주시기 바랍니다.
- 입소대기 보류 상태인 건은 보류현황에서 조회가 가능합니다.
- 연장하기 버튼 클릭시 선택되지 않은 입소대기 신청은 삭제됩니다.
- 해당신청건의 어린이집명을 클릭하시면 신청상세 페이지로 이동합니다.
- 어린이집 운영상태에 따라 운영, 휴지, 폐지 상태가 있으며, 휴지, 폐지 상태인 경우에는 휴/폐지일이 표기됩니다.
- 입소대기 취소는 입소대기신청현황에서 취소하시려는 어린이집명을 클릭하시면 나오는 신청상세 페이지에서 취소가능합니다.

연장하기

[사진 5-2] 홈페이지(http://www.childcare.go.kr/)를 통한 입소대기 신청의 예

(3) 어린이집 입소 순위

어린이집은 원아 모집에 있어 「영유아보육법」 제28조와 시행규칙 제29조에 근거하여 보육의 우선순위를 정하고 있다. 이에 따르면 "국가나 지방자치단체, 사회복

지법인, 그 밖의 비영리법인이 설치한 어린이집과 대통령령으로 정하는 어린이집의 원장은 다음 각 호의 어느 하나에 해당하는 자가 우선적으로 어린이집을 이용할 수 있도록 하여야 한다. 다만 「고용정책 기본법」 제40조 제2항에 따라 고용촉진시설의 설치·운영을 위탁받은 공공단체 또는 비영리법인이 설치·운영하는 어린이집의 원장은 근로자의 자녀가 우선적으로 어린이집을 이용할 수 있다."라고 하였으며 어린이집의 입소 1순위는 다음과 같다.

① 「국민기초생활 보장법」에 따른 수급자(법정)
② 「한부모가족지원법」 제5조에 따른 보호대상자의 자녀
③ 「국민기초생활 보장법」 제24조의 규정에 의한 차상위계층의 자녀(중위소득의 50% 이하)
④ 「장애인복지법」 제2조의 규정에 의한 장애인 중 보건복지부령이 정하는 장애등급 이상에 해당하는 자(장애부모)의 자녀
* 형제자매가 동 규정에 의한 장애인인 영유아의 경우도 인정(2019. 06. 12 시행 예정)
⑤ 아동복지시설에서 생활 중인 영유아
⑥ 부모가 모두 취업 중이거나 취업을 준비 중인 영유아(맞벌이)
⑦ 「다문화가족지원법」 제2조 제1호에 따른 다문화가족의 영유아
⑧ 「국가유공자 등 예우 및 지원에 관한 법률」 제4조 제1항에 따른 국가유공자 중 전몰자, 순직자, 상이자 중 보건복지부령으로 정하는 자의 자녀
⑨ 자녀가 3명 이상인 가구 또는 영유아가 2자녀 가구의 영유아
⑩ 제1형 당뇨를 가진 경우로서 의학적 조치가 용이하고 일상생활이 가능하여 보육에 지장이 없는 영유아
⑪ 산업단지 입주기업체 및 지원기관 근로자의 자녀로서 산업단지에 설치된 어린이집을 이용하는 영유아

다만, "사업주는 사업장 근로자의 자녀가 우선적으로 직장어린이집을 이용할 수 있도록 하여야 한다."라고 하여 직장 어린이집의 경우는 입소순위 예외를 인정하고 있다.

2 지역사회와의 협력

영유아는 가정과 지역사회의 문화적 환경에 영향을 받으며 성장한다. 따라서 어린이집은 지역사회의 특성과 요구를 충분히 고려하여 운영해야 하며 지역사회 역시 어린이집의 운영에 관심과 도움을 가져야 한다. 어린이집과 지역사회가 협력한다는 것은 어린이집의 보육프로그램을 지역사회의 자원과 능력을 활용하고 진행하여 영유아에게 통합적인 성장과 발달을 이룰 수 있도록 하기 위한 것이다. 따라서 어린이집과 지역사회의 관계를 알아보고, 지역사회 협력의 중요성 및 다양한 협력유형을 살펴보고자 한다.

1) 지역사회와 어린이집과의 관계

어린이집에서 이루어지는 활동의 내용은 영유아의 실생활 및 주변 환경과 밀접한 관계가 있는 것으로 영유아 자신으로부터 시작하여 점차 주변 환경으로 나아가는 가운데 지역사회 또한 영유아의 생활주제와 밀접한 관련이 있다. 어린이집에서 생활하는 많은 영유아는 부모의 취업으로 인해 하루의 대부분을 어린이집에서 보내야 하기 때문에 비취업모 가정의 영유아에 비해 지역사회 내의 다양한 자원을 경험해 볼 기회가 상대적으로 부족할 수밖에 없다. 이런 상황을 볼 때 어린이집과 지역사회 내의 자원 경험은 중요한 의미를 갖는다. 영유아들은 그들이 살고 있는 지역사회의 고유한 지리적 특성, 문화적 환경, 역사, 인적, 물적 자원에 영향을 받으며 성장하고 점차 이러한 환경에 적응하고 지역사회의 일원으로서 역할을 하며 살아가게 된다.

또한 어린이집도 지역사회의 하나의 구성원이며 지역사회의 정책과 문화에 영향을 받으며 어린이집의 역할을 담당해 나간다. 지역사회는 어린이집뿐만 아니라 다양한 기관 또는 단체들과 서로 영향을 주고받는다. 이러한 상호 관계 속에서 어린이집이 지역사회센터로서의 역할을 수행하기 위해서 우선적으로 고려해야 할 사항을 살펴보면 다음과 같다.

첫째, 어린이집에서는 지역사회의 요구를 파악하고 이를 반영하여야 한다. 지역사회가 가지고 있는 지리적 특성, 사회문화적 특성, 보육욕구의 특성 등을 구체적으로 파악하여 반영하여야 한다. 예를 들면, 취업모의 현황 및 출퇴근 시간, 가정의 사회경제적 지위, 영유아의 수와 연령, 주변의 영유아교육기관 등을 사전에 파악함으로써 지역사회의 특성을 이해하는 것이 중요하다.

둘째, 지역사회의 다양한 사회기관 및 인적, 물적 자원을 파악하여야 한다. 각 지역의 특성에 따라 생태환경이나 박물관 같은 것들이 있는 경우가 있고 실제 정기적으로 이용할 수 있는 도서관이나 체험실, 장난감 대여소 등이 있는지를 파악하여야 한다. 종합복지관 같은 것이 있는 경우 영유아와 가족을 위해 제공될 수 있는 복지서비스 등을 활용할 수도 있다. 또한 영유아에게 직접적으로 영향을 줄 수 있는 인적 자원이 있는지, 푸드마켓 등을 이용한 물적 자원의 파악을 위해서도 지역사회의 다양한 자원을 구체적으로 파악하여야 한다.

셋째, 어린이집은 지역사회의 특성을 파악하여 이를 프로그램에 반영하여야 한다. 취업모의 현황에 따라 보육시간이 달라질 수 있고, 어린이집이 위치한 지리적 여건이 프로그램에 영향을 줄 수 있으며, 영유아의 가정이 속한 사회경제적 지위가 프로그램에 영향을 줄 수 있다. 또한 어린이집이 위치한 지리적 여건(산, 바다, 도시 등)이 어떠한가, 주변에 사회기관(경찰서, 소방서, 병원 등)으로 어떤 것들이 있는가 하는 것은 교육프로그램을 운영하는 데 영향을 미친다.

2) 지역사회와 어린이집과의 협력

어린이집에서는 지역사회 여러 기관과의 다양한 협력 관계를 통해 영유아와 가족에게 다양한 정보를 제공해 줄 뿐만 아니라 보육과정을 운영하는 데 있어서도 많은 도움을 받을 수 있다. 어린이집에서 제공되는 보육프로그램은 교육뿐만 아니라 건강, 영양 및 안전에 대한 보호의 역할을 기본으로 하는 가운데 이러한 부분을 지역사회와의 협력을 통해 보다 더 체계적이고 구체적으로 제공할 수 있으며, 이는 영유아에게 의미 있는 학습의 기회가 될 수 있다. 지역사회와의 협력을 통해 얻을 수 있는 이점을 생각해 보면 다음과 같다.

첫째, 지역사회의 다양한 자원을 활용함으로써 영유아에게 실제적인 경험을 제공할 수 있다.

둘째, 영유아가 지역사회를 이해하고 적응하는 데 도움이 된다.

셋째, 지역사회의 다양한 전문가가 영유아의 학습에 이해를 높여줌으로써 차원 높은 교육활동이 이루어진다.

넷째, 어린이집을 지역사회에 널리 알리는 홍보의 효과를 가진다.

다섯째, 어린이집의 영유아와 가족의 문제에 대해 지역사회의 전문기관을 활용함으로써 도울 수 있다.

3) 지역사회와의 협력 유형

(1) 보육프로그램의 지원

생활주제를 중심으로 보육활동이 이루어지는 가운데 영유아의 실제 경험을 도와줄 수 있는 지역사회의 자원을 활용할 수 있다. 이를 위해 어린이집에서는 현장학습을 계획하고 실시하는데 현장학습은 그 기관이 하는 역할, 기관의 시설, 자원을 활용함으로써 영유아에게 구체적인 경험을 줄 수 있다. 이때 대부분 지역사회에 있는 공통된 자원뿐만 아니라 그 지역만의 독특한 자원을 이용할 수 있으며 어린이집에 초빙하거나 해당 기관을 방문함으로써 영유아는 지역사회 기관과 연계된 프로그램에 참여할 수 있다.

보육프로그램을 지원하는 방법으로는 영유아가 찾아가는 현장학습의 형태도 있으며, 전문가를 초청하여 영유아의 궁금증을 해결해주며 학습을 돕는 방법도 있다. 예를 들면, 만 3세 유아들이 "동물" 주제를 가지고 교육이 이루어질 때 실제 지역사회에 있는 작은 동물원을 찾아가 동물들의 생김새, 울음소리, 먹이, 특징 등을 살펴볼 수 있으며, 동물 병원을 운영하는 수의사를 초청하여 동물에 대한 이야기를 듣기도 하고 유아들의 질문을 답변을 해주는 시간을 가질 수 있다. 이때 꼭 전문가가 아니더라도 애완동물을 키우는 사람을 초청할 수 있다. 따라서 어린이집에서는 연간 보육계획을 수립하게 되면 실제 지역사회와의 협력을 통해 보육프로그램을 지원받을 수 있는 활동을 계획하여야 한다. 물론 연령에 따른 생활주제는 다를 수 있기 때문에 연령에 따른 지역사회 협력도 다를 수 있다. 〈표 5-1〉은 만 5세 유아반의 생활주제와 지역사회와의 협력 계획안의 예이다.

〈표 5-1〉 만 5세 연간 보육프로그램에 따른 지역사회와의 협력 계획안의 예

월	주제	지역사회와의 협력	비고
3	즐거운 어린이집	• 어린이집 주변 돌아보기	
4	따뜻한 봄	• 공원 나들이	• 공원산책하기 • 봄동산 돌아보기
5	나와 가족	• 부모님이 하시는 일 알아보기	• 부모님 직장 견학하기
6	지역사회/건강한 몸	• 다양한 직업 알아보기 (경찰서, 소방서, 시장, 병원, 은행 등) • 우리동네 돌아보기 • 구강 검진	• 우리동네 기관 방문하기 • 치과에 직접 방문하거나 치과 의사 또는 간호사를 초청하여 구강교육하기
7	신나는 여름	• 신나는 물놀이	
8	동물을 사랑해요	• 동물원 견학 • 동물병원 견학	• 동물병원 견학을 통해 궁금증 해결하기
9	사랑하는 우리나라	• 고궁 돌아보기	
10	가을	• 공원 나들이	• 지역 주변의 가을을 느낄 수 있는 곳 찾아가기
11	교통기관	• 자동차 정비소 • 지하철이나 버스 이용하기	• 지역의 발달된 교통수단 알아보기
12	겨울	• 소방서 방문 • 사랑의 바자회	• 겨울철 소방교육 및 안전 체험하기
1	새해/우주	• 어린이 예절관 체험활동	
2	설날/졸업	• 초등학교 돌아보기 • 초등학교 선생님 초청하기	• 가능하다면 초등학교 교실에 들어가 보거나 책상에 앉아볼 수 있는 기회 제공하기

〈표 5-2〉 지역사회협력 의뢰 공문의 예

어린이가 행복한 ○○ 어린이집

수신자 ○○○○ 역장
(경유) 현장학습담당자
제목 ○○○○ 지하철역사 현장학습 협조 의뢰

---

1. 귀 기관의 발전과 번영을 기원합니다.
2. ○○어린이집에서는 금번『교통기관-지하철』이라는 주제로 학습하는 가운데 활동의 연계를 위해 귀 기관의 현장학습을 의뢰하오니 협조하여 주시기 바랍니다.

가. 방문일시: 201○. ○○. ○○(수) ○○시~ ○○시
나. 참가대상 및 인원: ○세 ○○명
다. 인솔책임자: ○○○ 교사 (연락처:)
라. 협조사항: 시설개방, 역사안내, 안전체험 등
붙임 현장학습 의뢰서 1부 끝.

○○ 어린이집원장

교사 원장 협조자
시행 ○○어린이집-123 (201○.○○.○○) 접수
우 ○○○-○○○ 서울 구 동 길 ○○-○ /
전화 전송 / / 공개

〈표 5-3〉 지역사회협력 현장학습 의뢰서의 예

현장학습 의뢰서

신청인 인적사항	직위		성명		자택전화	( )
					휴대전화	
	기관명				전 화	(02)
	주소	(우 -)			FAX	(02)
현장학습 내용	● ● ●					
방문일시	201 년 ( )월 ( )일[요일] ( )시 ~ ( )시					
참가대상 (연령)	반(세)					
참 여 인 원	구분	남	여	계		
		인원(명)	인원(명)	인원(명)		
	아동					
	교사					
	학부모					
방문시설 및 협조사항	● ● ●					

위와 같이 ○○○○○○에 현장학습을 의뢰합니다.

201 년 월 일

원장 ㊞

○○○○○○장 귀하

(2) 영유아의 건강을 위한 지역사회 협력

하루의 대부분을 어린이집에서 생활하는 영유아의 건강을 유지하기 위해서 균형 잡힌 급·간식 제공과 더불어 많은 질병으로부터 영유아를 보호하기 위한 다양한 활동이 제공되고 있는데 지역사회와의 협력을 통해 효과를 극대화할 수 있는 방법을 살펴보면 다음과 같다.

첫째, 지역 보건소와의 협력을 통한 정기적인 건강교육과 영양교육을 받을 수 있다. 과거 보건소하면 직접 찾아가는 보건소만을 생각할 수 있으나 최근에는 보건소에서 영유아의 건강을 위해 영유아가 있는 곳을 찾아가서 서비스를 제공하는 경우도 많아졌다.

〈표 5-4〉 Y구 보건소의 영유아 건강을 위한 서비스 활동의 예

번호	예정일	유 형	사 업 내 용	대상연령	비 고
1	4월	검사지	유아 시력검사	만 3세~5세	가정에서 개별적 검사
2	5월	공연관람	어린이 예방접종 인형극 '꺼꾸리 세균나라'	만 4~5세	아트홀
3	6월	체험활동	손세정 검사기 뷰박스를 활용한 손씻기교육	0세~5세	수업중 활용
4	7월~8월	보건교육	영양사선생님의 미각교육 5회	만 4세~5세	어린이집 방문교육
5	9월~10월	체험활동	건강플러스 체험	만 4세~5세	보건소
6	5, 11월 (연 2회)	구강교육	어린이 불소도포 및 구강교육	만 3세~5세	보건소 및 어린이집

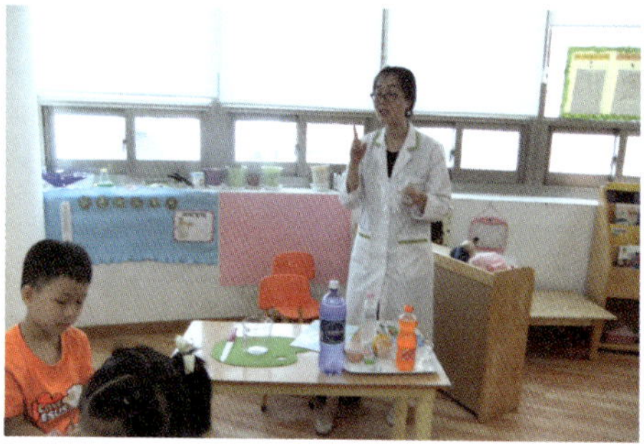
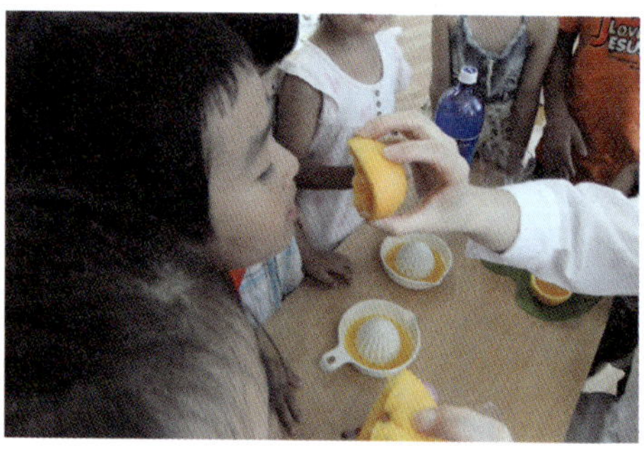

[사진 5-3] Y구 보건소의 영유아 영양교육을 위한 활동

어린이집은 영유아의 건강을 위해 다양한 서비스를 제공하는 보건소와 긴밀한 협력관계를 유지할 수 있다. 〈표 5-3〉은 서울 Y구 보건소의 영유아 건강을 위한 지원사업의 예이다.

둘째, 지역 병원과의 협력을 통해 영유아가 위급한 상황일 때 협조를 받을 수 있다. 하루의 많은 시간을 어린이집에서 보내는 영유아들에게 뜻하지 않은 위급한 상황이 일어날 수 있다. 이러한 상황을 대비하여 지역의 병원과 주치의 협약서를 체결할 수 있으며 영유아의 위급상황에 따라 필요한 병원이 달라질 수 있기 때문에 소아과, 성형외과, 정형외과, 이비인후과 등의 병원과 협력관계를 가져야 한다.

〈표 5-5〉 소아과 병원과 어린이집과의 주치의 협약서의 예

○○어린이집 협력의료기관 협정서

○○어린이집과 ○○○ 소아청소년과는 어린의 건강 및 안전을 위한
어린이집 주치의제 협정을 다음과 같이 체결한다.

1. ○○○ 소아청소년과는 ○○어린이집 어린이의 건강증진 및 손상예방을 위해 적극 협조한다.

2. ○○○소아청소년과는 ○○어린이집의 어린이에 대하여 건강관리법에서 규정한 정기적 건강검진을 실시하고 보육교사와 학부모에 대한 안전교육 및 손해예방 정보를 제공한다.

3. ○○○ 소아청소년과는 ○○어린이집 어린의 전염병 발생 및 응급환자 발생 시 신속한 대처를 위해 적극 협조한다.

20○○년 3월 1일

○○○소아청소년과	○○어린이집
병원장 (인)	원장 (인)

셋째, 치과 의사나 간호사가 어린이집에 직접 방문하여 영유아의 치아 건강에 대해 교육할 수 있다. 성장하는 영유아의 구강검진은 정기적으로 이루어져야 하므로 영유아가 치과에 직접 방문하거나 치과 의사나 간호사가 방문하여 영유아의 치아 건강을 도와줄 수 있도록 지역의 치과와 협력관계를 유지할 수 있다.

[사진 5-4] 치과 간호사 방문 교육

(3) 영유아의 안전을 위한 지역사회 협력

영유아기는 안전사고의 위험성이 가장 높은 시기이고 가장 취약한 집단이기도 하다. 따라서 영유아기 안전사고의 예방을 위해서 영유아를 둘러싼 주변 환경의 여러 요인을 통해 다양한 안전교육을 실시하는 것이 중요하다. 이를 위해 어린이집에서는 연간 안전교육을 계획하여 실시하고 있는데 영유아를 위한 안전교육은 기관에서뿐만 아니라 지역사회의 협력을 통해서도 이루어질 수 있다. 영유아의 안전을 위한 지역사회와의 협력을 구체적으로 살펴보면 다음과 같다.

첫째, 어린이 보호구역을 지정해 교통사고로부터 영유아를 보호할 수 있는데 이는 경찰서와의 협력을 통해 이루어진다. 아울러 경찰서와의 협력은 이뿐만 아니라 영유아의 교통안전 및 유괴 방지 교육을 위해 경찰서를 방문하거나 경찰관이 직접 어린이집에 방문해 안전교육을 실시할 수도 있다. 또 최근 경찰청 주관 다양한 어린이 안전교육 프로그램이 있으므로 이를 잘 활용하면 교육 효과를 가져올 수 있다.

둘째, 지역 소방서를 방문하여 소방교육을 받거나 안전체험을 할 수 있다. 어린이집에서는 매월 정기적으로 소방교육을 실시해야 하는데 어린이집에서뿐만 아니라 소방서에 방문하여 소방안전교육을 받을 수 있다. 또한 안전 체험실이 마련된 소방서에서는 직접 안전체험교육을 받을 수 있다.

셋째, 영유아의 안전한 등·하원을 위해 부모들이나 지역사회 자원봉사자를 활용할 수 있다. 물론 대부분 영유아의 등·하원은 부모님이나 보호자와 함께 하지만 모든 위험으로부터의 보호를 위해 이와 같은 방법을 활용할 수 있다.

4) 지역사회의 지속적인 협력을 위한 전략

지역사회와 어린이집의 관계는 상호 보완적 협력관계를 유지하여야 한다. 어린이집은 보육의 목표를 달성하기 위해 지역사회의 인적, 물적 자원을 충분히 활용해야 하기 때문에 상호협력관계를 유지하는 것이 필요하다.

지속적인 협력관계를 유지하기 위해서 필요한 사항들을 살펴보면 다음과 같다.

첫째, 어린이집을 지역주민에서 널리 홍보하고 개방한다. 어린이집의 설립목적, 운영방침 등을 알리고 주민의 협조를 받으며, 어린이집이 지역주민에게 개방하여 협력할 수 있는 일들은 적극적으로 협력한다. 예를 들면, 어린이집을 선거일에 투표장소로 사용하게 하거나, 토요일에 노인정 행사를 위해 어린이집을 개방하는 것, 지역주민 회의의 장소로 제공하는 것들은 지역주민에게 어린이집을 홍보하는 기회가 될 수 있다.

둘째, 원장 또는 교사들이 지역사회활동에 적극적으로 참여한다. 원장과 교사는 지역사회 조직에서 활동할 수 있으며 회의나 연수 등에 적극적으로 참여하고 지역사회의 협력을 유지할 수 있다. 특히 원장은 지역주민과의 친밀감과 연대감을 형성하여 공동체의식을 갖는 것이 중요하다. 예를 들어, 원장은 주민자치위원이나 지역아동위원으로 활동할 수 있으며 지역의 바자회나 봉사활동에 적극적으로 참여함으로써 협력의 관계를 유지할 수 있다. 지역주민을 위한 부모교육을 계획하거나, 지역의 다문화가족, 장애가족 등을 위한 특별한 행사들을 준비하여 함께하는 것은 어린이집이 지역사회와 협력할 수 있는 좋은 기회가 될 수 있다.

셋째, 지역사회의 주민을 어린이집의 자원봉사자로 활용할 수 있다. 어린이집은 다양한 측면에서 자원봉사자가 필요하다. 중·고등학생들의 자원봉사활동은 영유아들과 함께 놀아주기, 어린이집 실내외 환경 청소하기 등으로 협력할 수 있으며, 지역사회의 전문가들이 정기적인 봉사활동으로 협력관계를 유지할 수 있고, 특히 노인복지관과의 연계를 통한 노인자원봉사자의 활용은 노인과 영유아들과의 상호작용을 통해 노인들에게는 봉사의 즐거움과 보람을 가질 수 있고 영유아들에게 따뜻한 사랑을 전해 줄 수 있는 기회가 될 수 있다. 또한 영유아의 안전한 등·하원을 위해 자원봉사자를 활용할 수 있으므로 어린이집에서는 이런 지역사회의 주민들을 자원봉사자로 활용하면서 지역사회와의 긴밀한 협력관계를 유지하도록 한다.

넷째, 지역사회의 자원을 보육프로그램 및 활동에 적극적으로 활용한다. 지역사회의 여러 사회기관(소방서, 경찰서, 우체국, 은행 등)의 견학을 통해 영유아에게 지역사회를 이해할 수 있는 기회를 제공하며 정기적인 방문이나 관찰을 통해 유대관계를 지속적으로 유지할 수 있다. 영유아의 보육프로그램과 지역사회의 자원 활용은 지역사회에 영유아들의 프로그램을 자연스럽게 알리게 되는 기회가 되기도 하고 어린이집의 행사에 관심을 가지게 함으로써 적극적인 협력을 이끌어 낼 수 있다.

[사진 5-5] 노인자원봉사자활동

유람선 타고 주변 돌아보기

기관에 방문하여 교통안전교육 실기 교육

소방서 주관 소방안전교육

지역 푸드마켓 견학

보건소와 협력 손씻기 활동

지역인사초청 아버지역할에 대한 강연 후 활동

[사진 5-6] 어린이집과 지역사회와의 협력

어린이집 운영관리

제6장

어린이집의 보육과정관리

보육과정이란 어린이집에서 영유아들이 공통적으로 경험해야 할 기본적인 내용을 기초로 교육목표 및 교수학습방법, 평가의 기준을 마련하여 제시하는 것이다. 이에 본 장에서는 국가수준의 보육과정인 표준보육과정과 개정 누리과정의 내용 및 특성을 살펴보고 보육과정과 연계성을 갖는 보육계획을 수립할 수 있는 내용을 제시하고자 한다.

우리나라 어린이집의 보육과정은 2007년 국가수준의 표준보육과정(0~5세)을 제시한 이후 2013년 공시된 3차 표준보육과정(0~1세보육과정, 2세 보육과정, 3~5세 누리과정)을 운영하던 가운데 2020년 3월부터는 개정된 표준보육과정(예정) 및 2019 개정 누리과정을 중심으로 보육계획을 수립·운영한다.

1 표준보육과정과 누리과정

어린이집에서 영유아가 공통적으로 경험해야 할 기본적인 내용을 국가수준에서 제시하는 표준보육과정이 2006년 11월에 처음으로 국가 수준의 '표준보육과정'으로 입법화 되고 2007년 1월에 고시되어 0~5세 영유아를 대상으로하는 표준보육과정이 시행되었다. 표준보육과정을 운여하던 가운데 2011년 어린이집과 유치원의 공통교육과정이 고시되고, 2012년 3월부터 5세 누리과정이 시행되면서 어린이집은 0~4세를 대상으로 2012년 2월에는 제2차 표준보육과정이 고시되었다. 그러나 다음 해 누리과정이 3~5세로 확대되면서 2013년 제3차 어린이집 표준보육과정으로 변경하였는데, 이는 영아보육과정(0~2세)뿐만 아니라 누리과정(3~5세)을 포함하여 어린이집에서 모든 연령(0~5세)에 적용하는 국가수준의 보육과정을 의미한다. 3차 표준보육과정이 진행되어지는 가운데 교육부에서 '유아교육 혁신방안'의 주요 내용으로 '유아가 중심이 되는 놀이 위주의 교육과정 개편'이 명시되었다. 이에 유아·놀이 중심 교육과정 개편 방향을 반영하여 2019년 7월,「2019 개정 누리과정」이 고시되었다.「2019 개정 누리과정」은 유치원과 어린이집에 다니는 3~5세 유아에게 공통으로 적용되는 교육과정으로 2020년 3월부터 시행된다. 이에 맞춰 3차 표준보육과정의 0~2세 보육과정도 개정을 진행하고 있으며 3차 표준보육과정(0~2세) 개정이 진행 중에 있다.

어린이집 표준보육과정은 0~5세 영유아를 대상으로 하는 국가수준의 보육과정이며 0~1세 보육과정, 2세 보육과정, 3~5세 보육과정으로 구성되었다. 3차 표준보육과정(0~2세)의 개정(안)과 2019개정 누리과정(3~5세)의 성격 및 총론을 살펴보고자 한다.

1) 표준보육과정

표준보육과정의 성격

가. 국가 수준의 공통성과 지역, 기관 및 개인 수준의 다양성을 동시에 추구한다.
나. 영유아의 전인적 발달과 행복을 추구한다.
다. 영유아 중심과 놀이 중심을 추구한다.
라. 영유아의 자율성과 창의성 신장을 추구한다.
마. 영유아, 교사, 원장(감), 학부모 및 지역사회가 함께 실현해가는 것을 추구한다

제1장 총론

1. 표준보육과정의 구성방향

1. 추구하는 인간상

표준보육과정이 추구하는 인간상은 다음과 같다.

가. 건강한 사람
나. 자주적인 사람
다. 창의적인 사람
라. 감성이 풍부한 사람
마. 더불어 사람 구하는 인간상

2. 표준보육과정의 목적과 목표

표준보육과정의 목적은 영유아가 놀이를 통해 심신의 건강과 조화로운 발달을 이루며 바른 인성과 민주시민의 기초를 형성하는 데에 있다.

【0~2세 보육과정 목표】

가. 자신의 소중함을 알고 건강하고 안전한 환경에서 생활한다.
나. 자신의 일을 스스로 하고자 한다.
다. 호기심을 가지고 탐색하며 상상력을 기른다.
라. 일상에서 아름다움에 관심을 가지고 감성을 기른다.
마. 사람과 자연을 존중하고 소통하는데 관심을 갖는다.

【3~5세 보육과정 목표】

가. 자신의 소중함을 알고, 건강하고 안전한 생활 습관을 기른다.
나. 자신의 일을 스스로 해결하는 기초능력을 기른다.
다. 호기심과 탐구심을 가지고 상상력과 창의력을 기른다.
라. 일상에서 아름다움을 느끼고 문화적 감수성을 기른다.
마. 사람과 자연을 존중하고 배려하며 소통하는 태도를 기른다.

3. 구성의 중점

표준보육과정 구성의 중점은 다음과 같다.

가. 영유아는 개별적인 특성을 지닌 고유한 존재로서 존중받아야 한다.
나. 0–5세 모든 영유아에게 적용할 수 있도록 구성한다.
다. 추구하는 인간상 구현을 위한 지식, 기능, 태도 및 가치를 반영하여 구성한다.
라. 표준보육과정은 다음의 영역을 중심으로 구성하다.
  1) 0~1세 보육과정, 2세 보육과정은 기본생활, 신체운동, 의사소통, 사회관계, 예술경험, 자연탐구의 6개 영역을 중심으로 구성한다.
  2) 3–~5세 누리과정은 신체운동 · 건강, 의사소통, 사회관계, 예술경험, 자연탐구의 5개 영역을 중심으로 구성한다.
마. 0~5세 영유아가 경험해야 할 내용으로 구성한다.
바. 초등학교 교육과정의 연계성을 고려하여 구성한다.

Ⅱ. 표준보육과정의 운영

1. 편성 · 운영

다음의 사항에 따라 표준보육과정을 편성 · 운영한다.

가. 어린이집의 운영시간에 맞추어 편성한다.
나. 표준보육과정을 바탕으로 각 기관의 실정에 적합한 계획을 수립하여 운영한다.
다. 하루 일과에서 바깥놀이를 포함하여 영유아의 놀이가 충분히 이루어지도록 편성하여 운영한다.
라. 성, 신체적 특성, 장애, 종교, 가족 및 문화적 배경으로 인한 차별이 없도록 편성하여 운영한다.
마. 영유아의 발달과 장애 정도에 따라 조정하여 운영한다.
바. 가정과 지역사회와의 협력과 참여에 기반하여 운영한다.
사. 교사 연수를 통해 표준보육과정의 운영이 개선되도록 한다.

2. 교수 학습

교사는 다음 사항에 따라 영유아를 지원한다.

가. 영유아의 의사 표현을 존중하고 민감하게 반응한다.
나. 영유아가 흥미와 관심에 따라 놀이에 자유롭게 참여하고 즐기도록 한다.
다. 영유아가 놀이를 하며 배우도록 한다.
라. 영유아가 다양한 놀이와 활동을 경험할 수 있도록 실내외 환경을 구성한다.
마. 영유아와 영유아, 영유아와 교사, 영유아와 환경 간에 능동적 상호작용이 이루어지도록 한다.
바. 각 영역의 내용이 통합적으로 영유아의 경험과 연계되도록 한다.
사. 개별 영유아의 요구에 따라 휴식과 일상생활이 이루어지도록 한다.
아. 영유아의 연령, 발달, 장애, 배경 등을 고려하여 개별 특성에 적합한 방식으로 배우도록 한다.

3. 평가

평가는 다음 사항에 중점을 두고 실시한다.

가. 표준보육과정 운영의 질을 진단하고 개선하기 위해 평가를 계획하고 실시한다.
나. 영유아의 특성 및 변화 정도와 표준보육과정의 운영을 평가한다.
다. 평가의 목적에 따라 적합한 방법을 사용하여 평가한다.
라. 평가의 결과는 영유아에 대한 이해와 표준보육과정 운영 개선을 위한 자료로 활용할 수 있다.

출처 : 2020 개정 표준보육과정 개정(안), 보건복지부(2020)

2) 2019 개정 누리과정

만 5세 유아에게 균등한 양질의 교육·보육 서비스를 제공하기 위해서는 국가수준의 공통과정이 필요함에 따라 2011년 5월 2일 만 5세를 위한 '만 5세 공통과정'제도 도입을 발표하였다. 2011년 6월 말 '영유아보육 시행령', '유아교육법 시행령' 및 '지방교육재정교부금법 시행령' 일부 개정령안을 입법 예고하고 9월 30일 개정 공포함으로 2012년 3월부터 유치원과 어린이집에서는 만 5세 유아에게 「5세 누리과정」이 제공되고 있다. 5세 누리과정에 이어 2013년 3월부터는 만 3, 4세까지 누리과정이 확대 도입된다. 따라서 교육과학기술부와 보건복지부는 2012년 7월 「3~5세 연령별 누리과정」을 고시하였다. 이후 교육부는 국정과제 구현과 출발선 평등 실현을 위해 2017년 12월 '유아 교육 혁신방안'을 발표하였고, '유아교육 혁신방안'의 주요내용으로 '유아가 중심이 되는 놀이 위주의 교육과정 개편'이 명시되었다. 이에 유아·놀이 중심 교육과정 개편 방향을 반영하여 2019년 7월, 「2019개정 누리과정」이 고시되었다. 「2019 개정 누리과정」은 유치원과 어린이집에 다니는 3~5세 유아에게 공통으로 적용되는 교육과정으로 2020년 3월부터 시행 된다. 고시된 「2019 개정 누리과정」을 중심으로 발표된 누리과정 해설서를 중심으로 주요 내용을 내용을 살펴보면 다음과 같다.

Ⅰ. 누리과정의 성격

국가 수준의 교육과정은 총론에 앞서 교육과정의 '성격'을 먼저 제시하고 있다. 교육과정에서 제시되는 성격은 국가 수준 교육과정의 구성 체계를 확립하는 출발점이다. 개정 누리과정에서도 '성격' 항목을 신설하여 누리과 정을 '3~5세 유아를 위한 국가 수준의 공통 교육과정'으로 정의하였다. 개정 누리과정의 성격은 「2015 개정 초 · 중등학교 교육과정」 성격의 구성 체계와 연계하고, 유아기의 고유한 특징을 반영하여 '유아 중심 및 놀이 중심' 을 강조하고 있다

누리과정은 3~5세 유아를 위한 국가 수준의 공통 교육과정이다.

가. 국가 수준의 공통성과 지역, 기관 및 개인 수준의 다양성을 동시에 추구한다.
나. 유아의 전인적 발달과 행복을 추구한다.
다. 유아 중심과 놀이 중심을 추구한다.
라. 유아의 자율성과 창의성 신장을 추구한다.
마. 유아, 교사, 원장(감), 학부모 및 지역사회가 함께 실현해가는 것을 추구한다

Ⅱ. 누리과정의 구성방향

1. 추구하는 인간상

개정 누리과정은 국가 수준의 교육과정으로서 누리과정이 추구해야 할 교육적 비전으로 추구하는 인간상을 제시하고 있으며 교사는 유아가 놀이를 통해 인간상을 통합적으로 경험하도록 지원하는 것이 필요하다. 추구하는 인간상은 유아가 일상에서 놀이하며 배우는 현재의 모습에서 발견할 수 있으며 동시에 유아가 앞으로 배우며 성장해 가야 할 모습이기도 하다.

누리과정이 추구하는 인간상은 다음과 같다.

가. 건강한 사람
나. 자주적인 사람
다. 창의적인 사람
라. 감성이 풍부한 사람
마. 더불어 사는 사람

2. 목적과 목표

누리과정의 목적은 유아가 놀이를 통해 심신의 건강과 조화로운 발달을 이루고 바른 인성과 민주 시민의 기초를 형성하는 데에 있다. 이를 실현하기 위한 목표는 다음과 같다.

가. 자신의 소중함을 알고, 건강하고 안전한 생활 습관을 기른다.
나. 자신의 일을 스스로 해결하는 기초능력을 기른다.
다. 호기심과 탐구심을 가지고 상상력과 창의력을 기른다.
라. 일상에서 아름다움을 느끼고 문화적 감수성을 기른다.
마. 사람과 자연을 존중하고 배려하며 소통하는 태도를 기른다.

3. 구성의 중점

구성의 중점은 개정 누리과정을 구성할 때, 주요하게 고려한 점을 말한다.

가. 3~5세 모든 유아에게 적용할 수 있도록 구성한다.
나. 추구하는 인간상 구현을 위한 지식, 기능, 태도 및 가치를 반영하여 구성한다.
다. 신체운동 · 건강, 의사소통, 사회관계, 예술경험, 자연탐구의 5개 영역을 중심으로 구성한다.
라. 3~5세 유아가 경험해야 할 내용으로 구성한다.
마. 0~2세 보육과정 및 초등학교 교육과정과의 연계성을 고려하여 구성한다

Ⅲ. 누리과정의 운영

1. 편성 · 운영

편성 · 운영은 어린이집에서 유아 · 놀이 중심 교육과정을 편성하고 운영하기 위해 고려해야 할 공통적 기준을 안내한 것으로 다음의 사항에 따라 누리과정을 편성 · 운영한다.

가. 1일 4~5시간을 기준으로 편성한다.
나. 일과 운영에 따라 확장하여 편성할 수 있다.
다. 누리과정을 바탕으로 각 기관의 실정에 적합한 계획을 수립하여 운영한다.
라. 하루 일과에서 바깥 놀이를 포함하여 유아의 놀이가 충분히 이루어지도록 편성하여 운영한다.
마. 성, 신체적 특성, 장애, 종교, 가족 및 문화적 배경 등으로 인한 차별이 없도록 편성하여 운영한다.
바. 유아의 발달과 장애 정도에 따라 조정하여 운영한다.
사. 가정과 지역사회와의 협력과 참여에 기반하여 운영한다.
아. 교사 연수를 통해 누리과정의 운영이 개선되도록 한다.

2. 교수 · 학습

교수 · 학습은 유아가 즐겁게 놀이하며 스스로 배울 수 있도록 교사가 지 원할 때 고려해야 할 사항으로 교사는 다음 사항에 따라 유아를 지원한다.

가. 유아가 흥미와 관심에 따라 놀이에 자유롭게 참여하고 즐기도록 한다.
나. 유아가 놀이를 통해 배우도록 한다.
다. 유아가 다양한 놀이와 활동을 경험할 수 있도록 실내외 환경을 구성한다.
라. 유아와 유아, 유아와 교사, 유아와 환경 간에 능동적인 상호작용이 이루어지 도록 한다. 마. 5개 영역의 내용이 통합적으로 유아의 경험과 연계되도록 한다.
바. 개별 유아의 요구에 따라 휴식과 일상생활이 원활히 이루어지도록 한다.
사. 유아의 연령, 발달, 장애, 배경 등을 고려하여 개별 특성에 적합한 방식으로 배우도록 한다.

3. 평가

개정 누리과정에서 평가는 어린이집에서 유아가 중심이 되고 놀이가 살아나는 누리과정의 운영을 되돌아보고 개선해 가는 과정이다. 개정 누리과정은 어린이집에서 유아 · 놀이 중심 교육과정

을 운영하는 데 도움이 되고자 평가를 간략화하고 각 기관의 자율적인 평가를 강조 하였다. 어린이집은 평가의 목적, 대상, 방법, 결과의 활용을 바탕으로 누리과정 평가를 자율적으로 실시할 수 있으며, 평가는 다음 사항에 중점을 두고 실시한다.

가. 누리과정 운영의 질을 진단하고 개선하기 위해 평가를 계획하고 실시한다.
나. 유아의 특성 및 변화 정도와 누리과정의 운영을 평가한다.
다. 평가의 목적에 따라 적합한 방법을 사용하여 평가한다.
라. 평가의 결과는 유아에 대한 이해와 누리과정 운영 개선을 위한 자료로 활용 할 수 있다.

출처: 2019 개정 누리과정, 교육부(2019)

2 보육계획수립

보육계획은 어린이집에서 이루어지는 보육과정과 관련된 다양한 활동을 계획하는 보육활동이다. 연간, 월간, 주간, 일일 보육계획 등을 수립할 수 있으며 이는 영유아의 흥미와 욕구 및 발달적 특성을 고려하여 융통성 있게 수립할 수 있다. 특히 개정 누리과정 및 표준보육과정에서는 기존의 교사중심의 보육계획을 지양하고 실행된 교육과정을 담는 것을 강조하여, 만들 어진 교육과정이 아니라 만들어가는 교육과정에 의미를 둔다. 영유아가 진행하고 있는 놀이에 초점을 두되 영유아가 생활 속에서 경험하고 있거나 발달적으로 이루어야 하는 과업, 일상생활을 편안하게 유지하기 위하여 필요한 경험, 계절이나 날씨와 같은 자연적인 현상, 기관의 특별한 행사 등을 반영하여 계획할 수 있다. 따라서 연간, 월간, 주간, 일일 계획안의 형식이나 분량을 자율적으로 할 수 있으며 통합하거나 선택적으로 활용할 수 있다. 따라서 개정된 보육과정의 유아·놀이 중심을 실행하기 위해 제시된 「누리과정 해설서」 및 「2019 개정 누리과정 놀이실행 자료」의 내용을 근거로 보육계획 수립을 살펴보고자 한다.

1) 연간 보육계획

영유아를 대상으로 하는 보육계획은 영유아의 발달특성과 그들의 생활경험, 흥미를 중심으로 연간 보육계획을 작성하게 되고 유아 중심, 놀이 중심으로 연간 보육계획은 융통성 있게 진행될 수 있으며 구체적인 계획보다는 영유아의 발달특성, 계절, 시기, 행사 등을 고려하여 연계성 있게 작성하며 부모교육계획, 안전교육계획, 행사계획 등이 포함되기도 한다. 연간 보육계획은 보육과정에 대한 포괄적인 계획으로 보육에 대한 전체적인 윤곽을 보여주며 1년 동안의 보육내용과 전체적인 흐름을 알 수 있다.

연간 보육계획을 수립하는 데 있어 고려해야 할 점을 살펴보면 다음과 같다.

첫째, 연간 보육계획은 영유아의 흥미와 특성에 고려하여 국가수준의 보육과정을 중심으로 작성한다. 영유아의 직접적인 흥미와 관심을 반영하여 영유아의 발달적 요구에 적합한 것이어야 한다. 영유아에게서 발현되는 놀이 주제가 학기를 진행하는 동안 즉각적으로 반영될 수 있도록 여지를 남기고 연간계획을 작성한다.

둘째, 연간 보육계획은 전년도 연간 보육에 대한 평가를 중심으로 기관의 운영철학, 보육목표, 기관 현황 분석 등을 고려하여 전체 교사의 협의를 통해 계획되어져야 하며 기관 차원에서 검토하고 모든 교사가 함께 공유하여야 한다.

셋째, 연간 보육계획은 효율적인 보육활동을 위해 필요한 다양한 활동 및 행사계획이 포함된다. 예를 들면, 연간 안전교육계획을 포함시킨다거나, 주제에 따른 현장학습지, 일상생활관련 활동 명시 등을 포함할 수 있다.

넷째, 연간 보육계획은 부모 및 지역사회와의 연계적인 운영 계획을 명시한다. 주제의 진행에 따라 부모참여 및 참관 수업, 지역사회협력 프로그램 등을 연간보육계획안에 기록한다. 보육프로그램의 효과를 위해서는 반드시 가정과 지역사회와의 협력이 요구되어지며 이를 위한 계획이 연간 보육계획안에 포함될 수 있다.

다섯째, 연간 보육계획은 학기 초 부모님께 공지함으로써 기관의 보육철학 및 운영에 대해 이해하고 적극적으로 협력하도록 한다. 물론 학기 초 연간 보육계획에 대한 안내를 했다 하더라도 유아의 흥미나 다양한 원인을 중심으로 변경될 수 있음을 공지함으로써 가정과의 연계를 이루는 것이 효과적이다.

〈표 6-1〉 2019 개정 누리과정을 중심으로 한 연간보육계획의 예

〈만 5세 연간 교육 계획안〉

감정 1 설렘 마음이 두근거리며 누군가를 기다리는 상태				놀이이야기
3월	**4월**	**5월**		
만나서 반가워, 함께 만들어가는 우리 반	우리 동네를 도와주세요. <주민센터>	우리 가족을 소개합니다. <우체국>	→	**감정놀이** **나에게 설레고 기대되는 일은?** **우리반 놀잇감** **놀이섬을 만들자**

감정 2 기쁨 마음이 흐뭇하고 흡족한 상태				놀이이야기
6월	**7월**	**8월**		
색깔을 몇 가지일까?	올림픽 프로젝트 (세계 여러 나라)		→	**감정놀이** **내가 기쁠 때는 언제인가요?** **물 놀이** **신문지 운동 종목 놀이**

감정 3 편안함 걱정 없이 안정적인 상태				놀이이야기
9월	**10월**	**11월**		
우리나라 대한민국	책 프로젝트 <블루밍 도서관>		→	**감정놀이** **나는 언제 편안함을 느끼나요?** **전통놀이** **책 놀이** **자연물놀이**

감정 4 자랑 남에게 뽐내고 칭찬 받을 만한 상태				놀이이야기
12월	**1월**	**2월**		
지구와 우주 프로젝트		즐거웠던 우리 반	→	**감정놀이** **나의 어떤 점이 자랑스럽나요?** **멘손 놀이** **눈 놀이**

* 연간교육계획안의 내용은 기간의 상황, 유아들이 놀이 경험에 따라 시기와 기간을 자율적으로 운영할 수 있다.

2) 월간, 주간, 일일 보육계획

월간 및 주간, 일일보육 계획은 일정한 형식이나 분량에서 자율적으로 구성할 수 있으며 영유아의 놀이를 관찰하고 이를 지원하는 방식의 형태를 지향한다. 매일의

놀이실행 및 지원을 기록한 주간교육계획안의 예

주제	우리 동네	목표	내가 살고 있는 곳에 대해 궁금한 것을 알아본다.

요일	실행	지원
...	...	...
목	• 교실 한 견에 있는 지도에 대해 관심을 가지고 가장 빨리 가는 길에 대한 대화를 나눔.	✓ 인터넷을 활용하여 유아가 지도를 잘 볼 수 있도록 지원함
금	• 인터넷으로 본 지도를 보며 그림으로 길을 표상함. 교실에 있는 종이가 작다고 하면서 점점 더 큰 크기의 종이를 요청함.	✓ 더 큰 종이 제공함: 도화지 → 4절지 → 전지 → 전지 이어 붙여서 그림 그리기.
월	• 지난주 금요일에 이어 길을 그림으로 표상함. 그림에서 일반도로 뿐 아니라 다양한 길(예: 지하철, 고속도로 등)에 대한 표상이 나타남. • 종이를 이어 붙이는 것의 불편함과 더불어 이어 붙인 종이 위에 올라가서 그림을 그리자 다시 그릴 공간이 좁아지는 상황이 벌어짐.	✓ 문제 해결 방법에 대해 유아들과 토의하였고 복도에 나가서 그림을 그리기로 결정함. ✓ 종이는 계속 이어 붙이기 어려워 바닥에 그림을 그리면 좋겠으나 바닥을 훼손하면 안 되므로 다음날 교사와 함께 자료실에 가서 바닥에 그리기 적절한 그리기 도구가 있는지 찾아보기로 함.
화	• 자료실에 가서 바닥에 그리고 지우기 적절한 그리기 도구를 찾다가 우연히 테이프를 발견하고 테이프로 길을 만들자고 함. • 유아가 선택한 자료인 테이프로 유아는 복도에서 길을 만들기 시작함.	 ✓ 교사와 유아가 함께 자료실에 가서 유아가 선택한 자료(절연 테이프)를 제공함. ✓ 교실 외 놀이공간(복도) 활용함.
수	• 복도에서 이어서 놀이함. 길이 더 길어지고 커짐. • 색테이프를 요청함. • 테이프로 벽에도 표상을 시작함. 노랑-고속도로 파랑-1호선 초록-2호선 빨강-3호선 "아파트는 바닥X. 서있잖아."	✓ 벽까지 올라가서 어떻게 다 떼어 정리하나 걱정도 되었지만 유아들의 놀이를 지켜보기로 함. ✓ 요청에 따라 다양한 색깔의 테이프 추가 제공함. ✓ 테이프로 만든 길 위에 입체적으로 동네를 구성할까 싶어 종이벽돌블록과 소품 일부를 제시해 보았음.
목	• 제시한 블록, 소품에 관심을 보이지 않음. 오로지 테이프로만 길 만들기에 집중함. • 복도도 테이프길로 거의 꽉 차고, 멈춰야 되는지 다른 공간으로 길을 확장해도 괜찮은지 묻기 시작함. • 유아들과 토의 후 계단, 강당까지 가기로 함. • 길/미로/경사로 관련 대화가 오감.	✓ 유아가 안전하게 놀이하도록 교사도 전체를 관찰하지만, 평소 놀이하던 공간이 아니고 다른 학급의 유아들도 오가는 공간이므로 안전하게 놀이할 수 있도록 안전에 대해 짧게 이야기를 나눔. ✓ 유아들의 의견을 받아들여 복도에서 계단, 강당까지 기관 전체로 이어서 놀이하는 것으로 함.
금	• 테이프로 길 만드는 유아들이 줄어들고, 복도나 계단에서 길 만들기 놀이를 하기보다는 뛰어다니는 유아들이 많아짐. • 테이프를 떼어 정리하는 과정에서 돌돌 말린 테이프가 공처럼 되었고 테이프 공은 다시 유아들에게 새로운 놀잇감으로 보이기 시작함.	✓ 길 만들기 놀이에 대한 관심이 줄어들었음. ✓ 정리도 유아와 함께 진행함. 정리하는 과정에서 새로운 놀이자료(테이프 공)를 발견함. ✓ 테이프 공 활용하여 놀이할 수 있는 방법을 유아들 스스로 창안하기 시작함.

출처: 2019 개정 누리과정 놀이실행자료, 교육부(2019)

영유아놀이를 관찰하고 이를 지원할 수 있는 내용이 월간, 주간, 일일보육계획에 반영될 수 있다. 따라서 교사 또는 기관의 특성에 따라 영유아의 놀이지원 계획이 월간, 주간 또는 일일계획으로 결정하여 작성하되 계획안의 양식과 내용, 작성주기는 각 기관의 영유아놀이를 관찰하고 이를 지원할 수 있는 내용이 월간, 주간, 일일보육계획에 반영될 수 있다. 실정과 철학, 학급의 상황 및 교사의 신념을 고려하여 자율적으로 결정하여 작성할 수 있다.

3) 일과 구성하기

교실에서의 하루는 영유아의 놀이와 매일 반복되는 일상생활 그리고 활동으로 구성된다. 영유아의 하루 일과는 바깥놀이를 포함하여 영유아의 놀이가 충분히 이루어지도록 운영하여야 한다. 또한 일과에는 놀이 외에도 등원과 하원, 간식과 점심, 손 씻기와 화장실 다녀오기, 휴식 및 낮잠, 안전에 대한 지도 등 매일 반복되는 일상생활도 포함된다. 또한, 영유아의 놀이를 지원하는 교사의 활동계획도 포함 될 수 있으나 영유아의 놀이에 대한 관심, 흥미, 날씨 등을 고려하여 놀이, 일상생활, 영유아의 놀이지원 활동은 상황에 따라 순서가 달라질 수도 있다. 무엇보다도 교사는 영유아에게 놀이시간을 충분히 제공하여 놀이를 통한 영유아의 성장과 발달이 이루어질 수 있도록 놀이와 일상생활, 활동을 유연하게 운영할 수 있어야 한다.

● 놀이시간을 충분히 운영한다.

영유아의 일과 구성에서 가장 우선적인 내용으로는 바깥놀이를 포함한 놀이시간을 충분히 제공하는 것이다. 영유아가 놀이에 몰입하여 놀이를 통한 진정한 성장과 발달이 이루어질 수 있도록 놀이시간을 충분히 제공하여야 한다. 따라서 놀이의 흐름이 끊어지지 않고 충분히 놀았다고 느낄 수 있도록 놀이 시간을 편성하는 것이 중요하다. 교사는 놀이의 흐름을 중단했을 때 중요한 배움의 순간을 놓칠 수 있다고 판단되면 놀이시간을 연장할 수 있다.

● 일상생활이 융통성 있고 영유아 주도적으로 이루어지도록 한다.

일상생활은 영유아의 기본적인 욕구를 충족시켜주고 놀이를 잘할 수 있는 심신의 건강을 제공하는 시간이므로 안전하고 편안하게 이루어지도록 운영하여야 한다. 영유아는 일상생활을 통해서도 기본생활습관, 인성, 안전 등 다양한 배움의 기회를 갖게 되므로 교사는 영유아가 자율적이고 주도적으로 일상 생활을 할 수 있도록 충분한 시간을 허용해 주어야 한다. 또한 놀이 중에도 영유아의 기본적인 욕구를 충족시킬 수 있도록 허용해 주며 매일 반복되는 일상생활이지만 놀이와 같은 방식으로 즐길 수 있는 방법을 영유아와 함께 찾아보고 영유아 주도적으로 일상생활이 이루어지도록 한다. 물론 영아의 경우 교사의 도움을 받아 이루어져야 하는 일상생활도 있으므로 안전하고 편안하게 이루어지도록 한다.

● 놀이와 연결하여 활동을 운영한다.

일과 중 영유아의 놀이를 관찰하고, 놀이가 활발하게 이루어질 수 있도록 교사가 지원하는 과정에서 필요한 경우 이야기 나누기, 노래, 동화, 게임 등 적절한 유형의 활동을 연결하여 운영한다. 활동은 교사가 계획하여 제안할 수도 있고, 영유아가 다른 영유아들과 공유하기 위해 준비할 수도 있다. 활동에 참여하는 유아는 학급 전체가 될 수도 있고 관심 있는 소집단의 유아가 될 수도 있으나 영아의 경우 개별 또는 소집단 활동으로 진행될 수 있다. 교사는 활동을 계획했다 하더라도 영유아의 흥미와 놀이 진행 상황에 따라 내용과 방법을 변경하거나 운영하지 않을 수도 있다. 활동의 내용은 놀이를 지원하거나 놀이 중의 문제를 해결하기 위한 내용으로 구성하는 것이 좋다. 활동의 방법 또한 영유아 놀이 중심 교육과정을 실천할 수 있도록 영유아가 즐겁게 참여할 수 있는 교수방법을 사용하여야 한다.

● 일과를 융통성 있게 운영한다.

일과는 영유아 중심. 놀이 중심의 일과로 영유아가 충분히 놀이했다고 느낄 수 있도록 운영해야 한다. 등원, 놀이, 간식 및 점심, 바깥놀이, 휴식 및 낮잠, 활동 등의 일과 순서는 일관성이 있어야 하지만 융통성 있게 운영되어야 한다. 바깥놀이 시

날씨나 계절 등을 고려하여 오전 또는 오후에 실행될 수 있으며 놀이의 몰입나 연관된 활동으로 인하여 일과의 순서가 바뀔 수 있다. 이때 교사 주도적인 결정이 아니라 영유아의 의견이나 요구가 반영되어 융통성 있게 운영한다.

4) 평가하기

보육계획에 대한 자율성이 강화됨에 따라 평가 역시 그 방법과 시기에 대해서도 자율성을 가지고 평가할 수 있다. 관찰과 기록, 수집, 부모 설문지 등의 다양한 방법을 이용하여 영유아와 보육과정 운영에 대한 평가를 실시한다.

● 영유아의 특성 및 변화 정도를 평가한다.

영유아 평가는 일상생활 및 놀이 과정에서 이루어질 수 있다. 영유아의 놀이에 대한 기록으로 일지를 통해 영유아의 놀이 모습, 놀이 결과물, 작품, 사진 등을 통해 영유아의 흥미와 관심, 놀이 선호, 또래 와의 상호작용 등 영유아의 특성과 변화 정도를 평가할 수 있다. 이때 표준보육과정 누리과정 영역의 내용이 놀이에서 어떻게 경험되고 어떤 배움이 일어났는지 살펴본 후 이를 추후 놀이지원에 반영할 수 있도록 한다.

예시 　놀이과정에서 유아가 표상한 그림에 기반하여 유아 이해하기

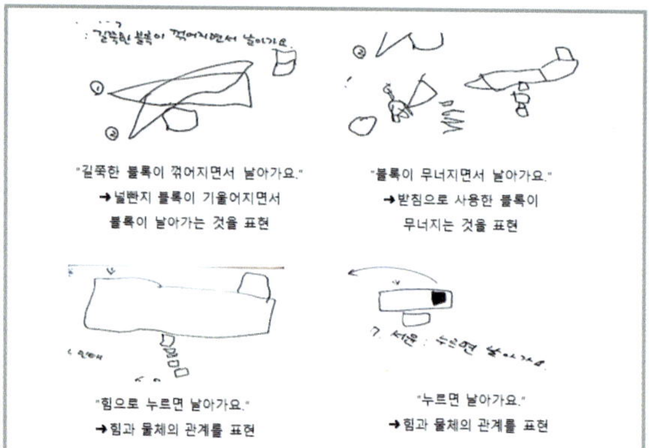

<유아가 발견한 지렛대 놀이의 원리>

출처: 2019 개정 누리과정 놀이실행자료 교육부, 보건 복지부(2019)

예시 유아의 경험을 누리과정 5개 영역의 내용과 연계하여 이해한 예

신체운동·건강
- 신체를 움직이며 힘을 조절하고, 도구를 이용하면서 안전하게 놀이하는 방법을 경험함.

의사소통
- 자신의 생각을 말하고 다른 사람의 의견을 듣는 기회가 많아 바르게 말하고 듣는 태도 형성에 도움이 됨.
- 교사의 도움으로 탐구 결과를 기록하는 방법에 관심을 가지고 이름과 숫자를 글자로 표현하는 경험을 함.

사회관계
- 게임으로 함께 놀이하는 상황이 많아 친구들의 서로 다른 감정과 행동을 존중하고 소통하면서 문제를 해결해 봄.

예술경험
- 지렛대 관련하여 그림으로 표상하는 유아도 일부 있었으나, 예술경험과 관련한 경험이 다소 부족하게 이루어짐. 다른 놀이에서 음률 및 조형 관련 경험을 충분히 할 수 있도록 지원해야겠음.

자연탐구
- 물체의 길이와 무게, 받침대와 받침점의 위치 및 방향, 거리에 대한 탐구과정에 즐겁게 참여하고 풍부하게 경험함.

출처: 2019 개정 누리과정 놀이실행자료 교육부, 보건복지부(2019)

● 표준보육과정 및 누리과정 운영을 평가한다.

표준보육과정 및 누리과정 운영의 질을 개선하기 위하여 기관과 학급의 특성을 반영하여 자율적으로 표준보육과정 및 누리과정 운영 평가하여야 한다. 평가의 내용으로는 다음과 같은 내용을 평가할 수 있다.

첫째, 일과 구성이 적절하였는가?

둘째, 활동이 영유아의 놀이를 지원하는 방식으로 진행되었는가?

셋째, 영유아에게 놀이를 통해 어떤 경험이 어떻게 일어났는가?

넷째, 놀이를 통해 영유아의 성장과 발달 및 배움이 일어나고 있는가?

예시

유아 놀이관찰 내용과 누리과정 운영 평가를 함께 기록한 예

일시	년 월 주

유아 놀이관찰 내용

#주현이가 봄나물로 가방을 만들었다.

서진: 이거 가방! 가방이야 가방! 서진이 거야.
주현: 서진아 너도 만들래?

주현이가 서진이에게 지퍼백을 준다.
서진이가 가방 만들기를 어려워하자 주현이, 교사가 도움을 주어 완성한다.
가방이 완성되자 서진이는 주현이에게 가방을 보여준다.
교사: 이거 가방이야.
서진: 이거 가방이야.
교사는 서진이가 주현이에게 언어로 표현할 수 있도록 지원한다.

누리과정 운영 평가

- 친구의 놀이를 관심 있게 지켜보는 장애유아를 관찰 하던 중, 일반 유아가 장애 유아의 놀이참여를 유도하는 상호작용이 일어났고, 긍정적인 통합놀이의 모습을 관찰할 수 있었음
- 장애 유아가 어려워하는 부분에 대해서는 교사가 신체적 촉진, 언어적 모델링 등을 통해 지속적인 놀이지원을 하였음
- 놀이전반에서 장애 유아와 일반 유아의 놀이가 즐겁게 이루어졌으며 친구의 이야기에 집중하고 모방하여 표현하는 장애 유아를 관찰할 수 있었음
- 바깥놀이에서 할 수 있는 통합활동을 계획해보고자 함

유아 놀이관찰을 토대로 누리과정 운영 평가를 실시하고 추후 교육과정 운영 지원에 반영할 수 있다. (놀이 사례 6, p.160)

출처: 2019 개정 누리과정 놀이실행자료 교육부, 보건복지부(2019)

교사는 영유아의 일과에서 일어나는 놀이 및 활동, 일상생활에 대한 관찰 및 기록과 평가를 바탕으로 교육과정을 평가하고 교육과정 개선 계획에 이를 반영할 수 있다.

제7장

어린이집의 사무관리

어린이집의 행정과 시스템이 잘 갖춰지도록 관리하는 것은 인적 자원인 원장 및 보육교직원 등이다. 반면에 인적 자원이 갖춰 놓은 행정과 시스템을 외부에 객관적으로 드러내는 것은 사무관리를 통해서이다. 이에 본 장에서는 중요한 어린이집의 사무관리를 도와주는 문서관리 시스템인 보육통합정보시스템과 기본적인 공문서 작성법, 평가제에 대비한 문서 목록 등을 살펴보기로 한다.

1 보육통합정보시스템(CIS: Childcare Integrated Systems)

1) 보육통합정보시스템

보육통합정보시스템은 아이행복카드를 효율적으로 관리하고 부모의 보육서비스 정보 접근성 및 어린이집과 행정기관의 편리성을 제고하기 위한 통합시스템으로 부모, 어린이집, 바우처지원 시스템으로 구성되어 있다. 어린이집 사무관리에 보육정보시스템을 활용하면 편리하게 처리하고 문서화할 수 있다는 장점이 있다(http://cpms.childcare.go.kr).

2) 보육통합정보시스템 운영메뉴

현재 어린이집에서 사용하고 있는 보육통합정보시스템의 운영메뉴는 다음과 같다.

① 정보공시

어린이집 설치현황, 영유아와 교직원 현황, 어린이집의 교육 및 보육과정에 대한 안내, 어린이집의 예·결산, 영양 및 환경 위생, 안전교육 및 안전점검에 대한 내용을 공시하고 변동이 있을 때마다 이를 반영하여 어린이집의 전반적인 정보를 공시한다.

② 어린이집 운영

어린이집의 조직·인사·급여·회계·물품·기타시설의 전반적인 내용을 관리하는 메뉴이다. 설치인가와 시설물에 대한 정보, CCTV의 설치현황, 보육료 및 학부모들이 납부하는 필요경비의 수납액, 인가받은 반에 대한 관리와 아동의 등록 및 퇴소관리, 출석 및 이용현황에 대한 관리, 사고와 감영병 보고, 구인구직, 보육교직원의 임용과 면직, 휴가 등 보육교직원에 대한 관리, 어린이 통합버스 관리, 공공형과 열린 어린이집, 24시간 어린이집 등 어린이집 특성에 대한 관리 등의 내용이 포함되어 있다.

③ 국민행복카드(아이행복카드)

정부에서 어린이집의 보육료와 유치원의 교육비를 지원하기 위하여 운영되는 아이행복카드가 2021년 4월부터 국민행복카드로 국가바우처카드 통합이 이루어졌다. 보육료와 부모가 부담하는 필요경비를 결재할 수 있으며 가맹점 관리, 5시 이후에 시설을 이용하는 어린이의 보육료를 지원하는 연장보육료 관리, 0~2세 아동, 혹은 장애아를 보육하는 어린이집에게 지원하는 기관보육료 관리 등의 내용이 포함되어 있다.

④ 보조금

국가 및 지자체(시·군·구청)에서 지원하는 인건비, 운영비, 보육료(바우처 미적용) 등을 신청·조회하는 메뉴이다.

⑤ 안전공제회

모든 어린이집은 어린이집안전공제회에 가입을 하고 영유아 등 입소 아동의 생명과 신체 피해보상을 위한 공제료를 납부하여야 한다. 이 메뉴에서는 가입관리, 사고보고, 공제급여청구, 공제회와 소통을 할 수 있는 내용이 포함되어 있다.

⑥ 어린이집 평가

모든 어린이집은 국가 차원의 주기적인 평가를 통해 어린이집의 상시적인 보육서비스 질을 확보하고 보육·양육에 대한 사회적 책임 강화 실현 및 안심보육환경을 조성하여야 한다. 이를 위하여 어린이집 평가메뉴에서는 평가신청, 진행과정, 결과확인 등을 할 수 있다.

⑦ 교육관리

보육교직원의 자질 향상을 위하여 보육교직원이 정기적으로 받는 직무교육과 보육교사가 상위 등급의 자격(3급→2급→1급)을 취득하기 위하여 받아야 하는 승급교육 및 어린이집 원장의 자격을 갖추기 위하여 받아야 하는 사전 직무교육, 3~5세 유아반 교사가 받아야 하는 누리과정교육을 신청, 혹은 결과보고를 하며 보육실습생을 관리하는 메뉴이다.

⑧ 입소대기

어린이집에 입소를 하고자 하는 학부모들이 입소대기 신청을 한 것을 확인하고 관리하는 메뉴이다. 이를 통해 입소순위가 투명하게 운영될 수 있다.

⑨ 회계보고

어린이집의 세입, 세출 예산을 기록, 관리하는 메뉴이다.

⑩ 안심 등·하원

어린이들의 등·하원 정보가 자동으로 체크되어 관리할 수 있는 자동전자출결시스템을 운영하는 메뉴이다.

⑪ 건강안전알림

정보연계를 통해 재원 영유아들의 건강검진과 예방접종 내역을 조회할 수 있는 메뉴이다.

⑫ 어린이집 문서관리

보육일지, 운영일지, 특별활동에 대한 기록, 영유아 관찰기록 등 어린이집의 문서가 통합되어 관리할 수 있도록 하는 메뉴이다.

[사진 7-1] 보육통합정보시스템 홈페이지

[사진 7-2] 보육통합정보시스템 어린이집 운영메뉴 화면

2 공문서 작성 및 수발

어린이집 대내외의 연락은 공식 문서인 공문으로 처리한다. 공문서란 기관 내부 안에서 또는 대외기관과 공무상 작성하거나 시행되는 문서 및 기관이 접수한 모든 종류의 문서를 말한다. 공문서는 목적과 필요성이 명확하고, 사적인 의견을 배제하며, 공적인 의견을 표시하고, 문서규격과 양식 및 표준화된 체제를 갖추고 있어야 한다. 일반적인 행정 공문 작성 양식이 있으며, 어린이집도 통용되는 공문 작성 양식을 따르는 경우가 많으나, 공문양식은 자체적으로 만드는 경우도 있다.

공문서를 작성하고 발송하고 접수하며 처리하는 절차는 다음의 과정에 따른다.

1) 일반적인 공문서 작성법

① 한글 워드프로세서 프로그램을 이용하여 작성한다. 초등학교 고학년 학생이 이해할 수 있는 정도로 간결하고 쉬운 문장을 사용하며 가로로 작성하고, 숫자는 아라비아 숫자로 작성한다. 한글맞춤법에 유의한다.

② 일반적으로 A4양식의 용지를 사용한다.

③ 날짜를 쓸 때는 숫자로 하고 연, 월, 일의 글자는 생략한다. 예를 들어, 2014.

8. 31로 표기한다.

④ 시간을 적을 때는 시, 분의 글자는 생략하고, 24시간제에 따라 적는다. 예를 들어, 16:30으로 표기한다. 금액은 아라비아 숫자로 적는다. 예를 들어, 금 18,450(금 일만팔천사백오십 원)으로 적는다.

⑤ 2장 이상으로 이루어진 문서는 합철된 부분에 간인용 결재인을 간인하고 그 문서를 시행할 때는 그 시행문에 관인으로 간인하여야 한다.

⑥ 첨부문서는 본문 내용이 끝나고, 첨부문서를 1. 2. 3… 등으로 나열하여 적는다. 문서를 수정하고자 할 때는 글자의 중앙에 붉은색으로 두 선을 그려 원안의 글자를 알 수 있도록 수정하고 그 부분에 서명하거나 날인한다.

⑦ 제목을 간결하게 표시하며, 두 줄 이상 제목을 써야 할 경우에는 첫 줄 앞자리에 맞춘다.

⑧ 내용의 첫 글자는 제목 앞자리에 맞추어 시작하며, 둘째 줄부터는 왼쪽 끝에 맞추어 쓴다.

⑨ 본문이 끝나면 세자 띄우고 끝이라고 표시하며, 첨부문서가 있을 때에는 첨부문서를 나열한 이후에 끝이라고 표시하며, 본문이나 첨부문서가 오른쪽 끝에 닿아 끝을 쓸 자리가 없을 때에는 한 줄 내려 한 칸 띄우고 '끝'이라고 표기한다.

2) 공문서의 내용 구성

일반적으로 공문서 중 기안문과 시행문은 두문, 본문, 결문으로 구성된다.

① 두문의 내용: 발신기관명, 주소, 우편번호, 전화 및 팩스, 담당자성명, 문서번호, 기관번호, 분류번호, 문서등록번호, 시행 연월일, 보존기간, 수신란(경유, 수신, 참조)

② 본문의 내용: 제목, 내용, 첨부문서

③ 결문의 내용: 발신자 명, 최종결재권자의 표시, 수신처란

④ 발신기관명: 문서를 발신하는 행정기관명

⑤ 우편번호 및 주소: 주소의 길이가 길 경우에는 도·시·군·면·리는 생략 가능함

〈표 7-1〉 공문서 작성의 예

"직인 생략"

○○대학교 어린이집

수신자 ○○대학교 ○○과 학과장 귀하
(경 유)

제 목 자원봉사활동 요청

---

1. 귀 대학의 무궁한 발전을 기원합니다.
2. 본 어린이집에서는 보육현장의 가치로움과 교직에 대한 애착을 가질 수 있도록 본 대학과 연계하여 자원봉사활동을 요청하오니 협조해 주시기 바랍니다.
   가. 자원봉사활동기간: 2021. 09. 03 ~ 2021. 12. 31 매주 3시간.

○○대학교 어린이집 원장

담당 ○○○ 원감 ○○○ 원장 ○○○
협조자
시행 어린이집 제2014 - 09호(2014. 8. 31) 접수
우 ○○○-○○○ 대구 수성 달구벌대로 ○○○길 ○○ / http://
전화 (053)○○○-○○○○ 전송 (053)○○○-○○○○ / /공개

3) 공문서 수발(문서등록 및 접수)

① 문서등록

어린이집 내에서 작성된 공문서는 문서등록 대장 서식에 따라 다음과 같이 기재한다.

- 등록번호: 먼저 작성한 공문서라도 결재가 먼저 끝난 것을 우선으로 적는다.
- 결재일자: 결재권자(예: 원장)가 결재서명한 날짜를 적는다.

- 수신기관: 문서를 받는 기관을 적는다. 어린이집 내부결재는 '내부결재'로 표기한다.
- 문서번호: 문서번호를 적는다.
- 제목: 결재가 이루어진 문서의 제목을 적는다.
- 처리자: 문서대장에 올린 담당자의 이름을 적는다.
- 발송일자: 문서를 발송한 날짜를 적는다.

〈표 7-2〉 문서등록의 예

문서발송대장

번호	발송 일자	문서 번호	수신처	참조	제 목	첨 부 물		발송방법 (우편, 이메일, 팩스 등)	비고
						명칭	수량		
1	2021. 8. 31	12-2-5	○○대학교 ○○과		자원봉사요청건	○	○	우편	
2									
3									
4									
5									

○○어린이집

출처: 대구시 보육정보센터 http://daegu.childcare.go.kr(재구성)

② 문서접수

외부에서 접수된 공문서는 문서접수 서식에 따라 문서접수대장에 접수된 순서대로 적은 후 원장의 결재를 받은 후에 담당자가 처리한다.

- 접수번호: 외부에서 접수되는 문서를 접수순서대로 번호를 적는다.
- 접수일자: 공문서가 도착한 접수일자를 적는다.
- 발신기관명: 문서를 보낸 외부기관 및 기관의 장을 적는다.
- 문서번호: 접수된 문서의 문서번호를 적는다.

- 제 목: 문서의 제목을 기재한다.
- 접수자 성명: 문서를 접수한 담당자의 이름을 적고, 서명한 후 원장의 결재를 받는다.

〈표 7-3〉 문서접수대장의 예

문서접수대장

번호	접수 일자	문서 번호	발신처	제 목	접수자	비고
1	2021. 9.1	12-2-8	○○ 어린이집	자원봉사요청건	○○○	
2						
3						
4						
5						

○○어린이집

출처: 대구시 보육정보센터 http://daegu.childcare.go.kr(재구성)

③ 문서 보존연한

공문서의 처리가 완결된 해의 이듬해 1월 1일부터 보존기간이 만료되는 해까지 사무실 및 문서보관실에 보관한다. 어린이집 운영에 관련된 일반적인 공문서 및 운영일지, 이용신청자명부, 이용아동연명부 등은 3년 보존, 회계 관련 장부 및 증빙서류는 5년 보존, 건축 및 공사 관련 서류는 10년 보존, 각종 인허가 및 면허 등에 관한 원본문서는 30년 보존, 인사기록카드, 보육교직원 관리대장은 반영구, 아동생활기록부는 영구보존한다.

④ 문서정리

- 동일한 제목의 문서를 파일과 폴더를 사용하여 묶는다.
- 최근 문서가 위로 오도록 묶는다.
- 보존기간이 비슷한 문서를 함께 보관한다.

3 평가제에 대비한 사무 서식 준비

어린이집이 지향해야 하는 바람직한 보육서비스의 실제를 제시하고 질적 수준을 공정하게 평가할 뿐만 아니라, 수요자인 부모에게 합리적인 어린이집 선택기준을 제공하고 정부의 효율적인 지원 및 관리체계를 위한 질 관리의 기제로 작동하여 온 평가제는 현장관찰뿐만 아니라 서류와 시스템이 잘 갖추어져 있는지에 대하여 면밀하게 평가한다(보건복지부, 한국보육진흥원, 2020). 그러므로 평가제에 대비한 문서들을 평소에 잘 숙지하고 준비하는 일은 매우 중요하다. 평가제를 준비할 때 어린이집에 비치해야 할 필수 문서를 어린이집 평가 매뉴얼에 따라 알아보면 다음과 같다.

① 1영역 영유아 권리 존중

- 연간보육계획안
- 월간, 주간, 일일보육계획안 중 한 가지
- 특별활동 부모동의서
- 반별 보육일지
- 영유아 관찰일지
- 반별 보육과정 운영 평가

〈표 7-4〉 1영역의 필요 문서의 예

항 목	기록/ 서식 및 관련 문서
1-2-1 표준보육과정을 바탕으로 어린이집의 철학을 반영한 보육계획을 수립한다. ① 표준보육과정과 어린이집의 철학을 반영하여 연간 보육계획을 수립함 ② 영유아의 흥미와 요구를 반영하여 반별로 월간, 주간, 일일보육계획안 중 한 가지를 수립함	• 연간보육계획안 • 월간, 주간, 일일보육계획안 중 한 가지
1-2-2 영유아가 편안한 분위기에서 일상경험을 할 수 있도록 운영한다. ④ 영유아의 개별적 특성에 맞게 편안하게 잠들 수 있는 환경과 분위기를 마련해 줌	• 만 3세 이하 영유아의 낮잠시간을 계획하여 운영한 기록이 있는 보육 일지
1-2-3 하루 일과에서 영유아의 놀이가 충분히 이루어지도록 한다. ① 매일 실내 놀이시간을 2시간 이상으로 배정하여 운영함	• 매일 실내 놀이시간을 2시간 이상, • 실외 놀이시간을 1시간 이상 실시한 내용이 기록되어 있는 보육일지 • 하루 일과가 영유아의 흥미와 요구에 맞게 놀이 중심으로 이루어진 기록이 있는 보육일지
1-2-4 바깥놀이 시간을 매일 충분히 배정하여 운영한다. ① 매일 바깥놀이를 기준시간 이상으로 배정하여 운영함 – 만 0세는 주 3회, 30분 이상 – 만 1,2세는 매일 30분 이상 – 유아는 매일 1시간 이상 – 장애아 전문은 주 1회 이상 융통성 있게 운영	• 바깥놀이를 기준시간 이상으로 운영 하고 바깥놀이를 할 수 없는 환경(날씨, 기상 현상 등)으로 할 수 없었을 때 대체활동을 진행한 기록이 있는 보육일지
1-2-5 특별활동은 운영 지침에 따라 운영한다. ① 특별활동은 24개월 이상 영유아를 대상으로 부모동의서를 받은 영유아에 한해서만 별도로 제공하고 있음 ② 특별활동에 참여하지 않는 영유아를 대상으로 놀이와 활동을 운영하고 있음 ③ 특별활동은 오후에 운영됨	• 특별활동에 대한 학부모동의서 • 특별활동 운영에 대한 기록이 있는 보육일지
1-2-6 장애영유아를 위한 관련 서비스(치료지원 포함)를 일과 중에 통합적으로 제공한다. ① 장애영유아를 위한 관련 서비스(치료지원 포함)를 계획, 제공하고 있음 ② 장애영유아를 위한 관련 서비스(치료지원 포함)를 장애영유아가 속해 있는 반의 일과와 연계하거나 일과 내에서 제공하고 있음	• 장애영유아를 위한 개별화보육계획안 보육과정이 실행된 내용이 기록되어 있는 보육일지 • 장애영유아를 위한 관련 서비스가 제공된 내용이 기록되어 있는 보육일지

항 목	기록/ 서식 및 관련 문서
1-5-1 반별 보육일지에 하루 일과 및 놀이실행에 대한 기록이 있고, 필요한 경우 그 내용을 다음 놀이지원 및 활동계획에 반영한다. ① 반별 보육일지에 영유아의 하루 일과와 놀이실행에 대한 기록이 있음 ② 필요한 경우 하루 일과 및 놀이실행에 대한 기록을 다음 놀이지원 및 활동계획에 반영하고 있음	• 영유아의 놀이에 대한 하루의 기록, 이후 놀이지원 계획 및 반영 내용이 기록된 보육일지
1-5-2 영유아의 일상생활, 실내외 놀이에 대한 관찰 내용을 기록하고, 영유아의 발달특성과 변화를 평가한다. ① 일상생활, 놀이에서 개별 영유아의 반응과 행동을 관찰하여 기록함 ② 영유아 관찰 결과를 활용하여 영유아의 발달특성과 변화의 정도에 대한 총평을 연 2회 이상 기록함 ③ 영유아 평가 결과를 영유아의 놀이지원, 부모면담 등에 반영하고 있음	• 영유아의 일상상활과 놀이를 관찰하 여 월 1회 이상 기록한 자료 • 표준보육과정을 토대로 총평을 한 기록 • 평가 결과를 반영한 기록

출처: 2021 어린이집 평가 매뉴얼

2 2영역 보육환경 및 운영관리

- 수요조사서
- 어린이집 운영계획
- 신규 보육교직원을 위한 오리엔테이션 자료
- 어린이집 운영일지
- 연장반 일지
- 신입 영유아 적응 안내문
- 신입 영유아 적응일지
- 신입 영유아 부모를 위한 오리엔테이션 자료
- 보육실 참관 안내문
- 부모교육 실시 기록
- 부모면담일지
- 지역사회 연계활동 기록

가정통신문

부모만족도 조사

〈표 7-5〉 2영역의 필요 문서의 예

항 목	기록/ 서식 및 관련 문서
2-3-2 어린이집 운영계획을 수립하여 부모에게 안내한다. ① 수요조사를 통해 어린이집 운영시간과 방법 등의 운영계획을 수립함 ② 어린이집 운영계획이 부모에게 안내됨 ③ 16시 이후 보육되는 영유아에 대해 놀이 및 휴식등이 운영되고 있음	• 수요조사서 • 어린이집 운영계획 • 연장반 일지
2-3-3 신규 보육교직원에게 오리엔테이션을 실시하고 있다. ① 모든 신규 보육교직원에게 업무 관련 오리엔테이션을 실시함	• 신규 보육교직원에 대한 오리엔테이션 자료 • 신규 보육교직원에 대한 오리엔테이션 실시 기록
2-3-4 신입 영유아 적응을 위한 지원을 하고 있다. ① 신입 영유아 적응지원 안내문과 적응과정에 대한 관찰기록이 있음 ② 신입 영유아의 부모를 위한 오리엔테이션을 실시함	• 신입 영유아 적응 절차에 대한 안내문 • 신입 영유아 적응일지 • 신입 영유아 부모를 위한 오리엔테이션 자료와 실시 기록
2-4-1 어린이집을 개방하여 다양한 부모참여와 교육이 이루어진다. ① 부모가 보육실 활동을 참관할 수 있는 구체적인 절차와 방법을 안내하고 있음 ② 부모교육(아동학대 예방교육 포함)을 두 가지 이상의 방법으로 실시하고 있음	• 부모에게 보육실 참관에 대한 절차 와 방법을 안내한 자료 • 부모교육을 두 가지 이상의 방법(지면, 온라인 매체, 집단 모임)으로 실시한 기록
2-4-2 평소 가정과 다양한 방법으로 소통하고 정기적인 개별면담을 통해 가족을 지원한다. ① 평소 두 가지 이상의 방법으로 가정과 소통하고 있음 ② 모든 영유아의 부모와 연 2회 이상 개별면담하고 주요 면담내용을 기록, 관리함	• 가정통신문, 전자수첩, 알림장 등 • 부모만족도 조사 • 부모면담일지
2-4-3 지역사회와 연계한 다양한 활동을 실시하고있다. ① 지역사회 자원을 이용한 다양한 활동을 월 1회 이상(영아의 경우 2개월에 1회 이상) 실시한 기록이 있음	• 지역사회 연계활동 실시 기록

출처: 2021 어린이집 평가 매뉴얼

③ 3영역 건강·안전

- 실내공기질 측정 결과 기록(연면적 430m2 이상 어린이집에 해당)
- 영양사가 작성한 급·간식 식단표
- 어린이집 운영일지
- 식품 알레르기 질환에 대한 지침
- 영유아별 알레르기 질환 조사 기록
- 아프거나 다친 영유아에 대한 지침
- 아프거나 다친 영유아에 대한 교직원 업무분장
- 투약의뢰 및 투약보고 관련 기록
- 영유아 건강검진 서류
- 응급처치동의서
- 모든 보육교직원의 건강 또는 영양 관련 교육을 받은 기록
- 보육교직원의 건강검진 서류
- 영유아에게 자주 발생하는 감염병에 대한 관리수칙
- 영유아에게 자주 발생하는 감염병의 예방 및 증상, 대처방법 등에 대한 정보를 부모에게 안내한 자료
- 영유아 인계과정에 대한 규정
- 모든 원아의 귀가동의서
- 차량 안전점검표
- 운영자와 운전자의 어린이통학버스 안전교육 확인증
- 동승보호자 안전교육 이수증
- 영유아 안전교육 계획
- 영유아 소방대피훈련 참여 기록
- 보육교직원 연간안전교육 계획
- 보육교직원 안전교육 및 학대예방교육 이수증
- 보육교직원 비상시 대처방안과 업무분장
- 보육교직원 응급처치(심폐소생술) 관련 교육 이수증

- 영유아 학대예방지침
- 보육일지

〈표 7-6〉 3영역의 필요 문서의 예

항 목	기록/ 서식 및 관련 문서
3-2-1 영양사가 작성한 식단에 따라 급 · 간식을 제공하고, 보존식을 보관한다. ① 영양사가 작성한 식단에 따라 급 · 간식을 제공하고, 보존식을 보관함 ② 인스턴트 식품보다 자연식품 위주로 급 · 간식을 제공함 ③ 식품 알레르기 질환에 대한 지침을 마련하여 실행함	• 영양사가 작성한 식단 • 어린이집 운영일지 • 식품 알레르기 질환에 대한 지침 • 영유아별 알레르기 질환 조사 기록
3-3-2 교사는 영유아의 건강상태를 살펴보고 적절하게 지원한다. ① 아프거나 다친 영유아에 대한 지침을 구비함 ② 투약의뢰서를 관리하고, 부모에게 투약보고를 함	• 아프거나 다친 영유아에 대한 지침 • 아프거나 다친 영유아에 대한 교직원 업무분장 • 투약의뢰서와 투약내용 보고기록
3-3-3 영유아와 보육교직원의 건강증진을 위한 예방관리와 교육을 실시한다. ① 개별 영유아의 건강검진 서류, 응급처치동의서를 작성 · 관리함 ② 영유아와 보육교직원을 대상으로 다양한 건강 및 영양교육을 실시함 ③ 보육교직원의 건강검진이 정기적으로 이루어짐 ④ 영유아 및 보육교직원에 대한 감염병 관리수칙을 수립하여 실천함	• 영유아 건강검진 서류 • 영유아 응급처치동의서 • 건강 및 영양 관련 보육활동이 기록된 보육일지 • 보육교직원 대상 건강 및 영양 관련 교육 실시 기록 • 보육교직원 건강검진 서류 • 영유아에게 자주 발병하는 감염병에 대한 관리수칙 및 이에 대하여 부모에게 안내한 자료
3-4-1 교사는 영유아의 출석을 확인하여 인계규정에 따라 귀가지도를 한다. ① 영유아의 인계과정에 대한 체계적인 규정이 수립되어 있음 ② 영유아의 보호자에게 받은 귀가동의서를 구비하고 있음	• 영유아의 인계과정에 대한 규정 • 귀가동의서
3-4-3 등 · 하원용 차량을 운행할 경우 안전요건을 갖추어 관리한다. ① 운전자는 매일 차량 안전점검을 실시함 ② 운전자와 차량에 동승하는 모든 성인은 어린이통학버스 안전교육을 받음	• 차량 안전점검표 • 운영자와 운전자의 어린이통학버스 안전교육 확인증 • 차량에 동승하는 성인의 동승보호자 안전교육 이수증

항 목	기록/ 서식 및 관련 문서
3-5-1 영유아를 대상으로 안전교육을 지속적으로 실시하고 있다. ① 영유아를 대상으로 발달에 적합한 안전교육을 정기적으로 실시함 ② 영유아가 정기 소방대피훈련에 참여함	· 영유아 연간안전교육 계획 · 영유아 안전교육 실시를 기록한 보육일지 · 영유아 소방대피훈련 실시 기록
3-5-2 보육교직원은 안전교육을 받고 영유아 학대예방지침을 준수한다. ① 보육교직원을 대상으로 기본적인 안전교육을 정기적으로 실시함 ② 비상시 보육교직원의 대처방안과 업무분장이 체계적으로 수립되어 있고, 보육교직원은 자신의 역할을 숙지하고 있음 ③ 응급처치(심폐소생술) 관련 교육에 참여한 보육 교직원이 있음 ④ 영유아 학대예방지침을 준수함	· 보육교직원 연간안전교육 계획 · 보육교직원 연간안전교육 이수증 · 비상시 대처방안 · 응급처치(심폐소생술) 관련 교육 이수증 · 영유아 학대예방지침

출처: 2021 어린이집 평가 매뉴얼

④ 교직원

- 교사회의록
- 보육교직원 업무분장표
- 보육교직원 개별면담 기록
- 근로계약서
- 취업규칙
- 급여대장
- 4대보험 납부대장
- 보육교직원 복지 혜택 기록
- 보육교직원의 연간교육계획
- 보육교직원 직무교육 이수증
- 보육교직원 역량개발교육 이수증
- 교사의 상호작용 관찰지원 기록
- 교사의 근무평가 기록

〈표 7-7〉 4영역의 필요 문서의 예

항 목	기록/ 서식 및 관련 문서
4-1-3 원장은 건전한 조직문화 조성을 위해 노력한다. ① 교사회의를 월 1회 이상 정기적으로 실시하여 민주적으로 운영함 ② 보육교직원의 업무가 효율적으로 분장되어 각 장의 업무를 정확히 알고 있음 ③ 원장은 보육교직원과 사전에 계획된 일정대로 정기적인 개별면담을 실시함	• 교사회의록 • 보육교직원 업무분장표 • 보육교직원 개별면담 기록
4-3-1 보육교직원의 복무와 보수에 관한 규정이 있으며, 이를 준수하고 있다. ① 모든 보육교직원과 근로계약을 체결하고 있으며, 근로계약서에는 보수, 근로 및 휴게시간, 휴일, 연차(유급휴가) 등이 명시되어 있음 ② 취업규칙(복무규정)이 문서화되어 접근 가능한 공간에 게시되어 있거나 근로계약서에 포함되어 있음 ③ 보수 관련 규정에 준하여 보육교직원의 보수가 지급되고 있음	• 근로계약서 • 취업규칙 • 급여대장 • 4대보험 납부대장
4-3-3 보육교직원을 위한 복지제도를 운영하고 있다. ① 보육교직원을 위한 복지 혜택이 마련되어 있음 ② 복지 혜택이 모든 보육교직원에게 골고루 제공됨	• 보육교직원의 복지를 위한 계획 • 보육교직원을 위한 복지 혜택이 제공된 기록
4-4-1 보육교직원의 전문성 제고를 위한 다양한 교육기회를 부여하고 있다. ① 보육교직원의 경력과 요구를 고려한 연간교육 계획을 수립하여 실행하고 있음 ② 모든 보육교직원에게 역량 계발을 위한 교육 기회를 제공하고 있음	• 보육교직원의 개별적 연간교육계획 • 직무교육 이수증 • 역량 계발을 위한 교육 이수증
4-4-2 교사의 상호작용에 대한 관찰과 지원을 실시하고 있다. ① 교사의 상호작용에 대한 관찰과 지원이 교사별로 연 1회 이상 이루어짐	• 보육교사의 상호작용 관찰 및 지원 기록
4-4-3 교사에 대한 근무평가를 실시하고 있다 ① 교사에 대한 근무평가가 교사별로 연 1회 이상 이루어짐	• 교사에 대한 근무평가 실시 기록

출처: 2021 어린이집 평가 매뉴얼

〈표 7-8〉 어린이집 운영일지의 예

어린이집 운영일지

결 재	담당	원장

<table>
<tr><td>일 시</td><td colspan="7">20 년 월 일 날씨:</td></tr>
<tr><td>행사 및 특이사항</td><td colspan="7"></td></tr>
<tr><td rowspan="2">영유아 입/퇴소 관계</td><td colspan="3">입소 영유아</td><td colspan="4">퇴소 영유아</td></tr>
<tr><td colspan="3"></td><td colspan="4"></td></tr>
<tr><td>연령
정원</td><td>계</td><td>0세</td><td>만 1세</td><td>만 2세</td><td>만 3세</td><td>만 4세</td><td>만 5세</td></tr>
<tr><td>반</td><td></td><td></td><td></td><td></td><td></td><td></td><td></td></tr>
<tr><td>반별구성</td><td></td><td></td><td></td><td></td><td></td><td></td><td></td></tr>
<tr><td>현 원</td><td></td><td></td><td></td><td></td><td></td><td></td><td></td></tr>
<tr><td>결 석</td><td></td><td></td><td></td><td></td><td></td><td></td><td></td></tr>
<tr><td>출 석</td><td></td><td></td><td></td><td></td><td></td><td></td><td></td></tr>
<tr><td rowspan="2">영양관리 (제공식단)</td><td colspan="2">오전 간식</td><td colspan="3">점심</td><td colspan="2">오후 간식</td></tr>
<tr><td colspan="2"></td><td colspan="3"></td><td colspan="2"></td></tr>
<tr><td>연월차 휴가</td><td colspan="3"></td><td>실습교사 및 자원봉사</td><td colspan="3"></td></tr>
<tr><td>방문자 및 부모개별면담</td><td colspan="7"></td></tr>
<tr><td>교직원회의 교직원교육</td><td colspan="7"></td></tr>
<tr><td>당직시 특이사항</td><td colspan="7"></td></tr>
<tr><td>오전 당직</td><td>(인)</td><td>출근 시간</td><td></td><td>오후 당직</td><td>(인)</td><td>퇴근시간</td><td></td></tr>
</table>

〈표 7-9〉 소방대피훈련 일지의 예

소방대피훈련 일지

결 재	담당	원장

실시일자	월　　일　　요일	제 (　　) 회
화재발생장소		
교육구분	자체 훈련　　외부기관에 의한 훈련	
실시시간	(오전/오후)　　시　분 ～　　시　분	총 (　　) 분
참가인원	교사 (　　) 명 / 영유아 (　　) 명	총 (　　) 명
훈련목적		
훈련내용	비상벨, 사이렌 → 각반의 대피경로로 대피 → 대피장소 집결 → 영유아인원 체크 → 간단한 주의 사항 → 교실로 이동	
	평가내용	평가란
모의실시내용	- 비상벨 및 사이렌 들을 수 있는 적당한 크기로 울렸는가?	
	- 대피경로는 효율적인가?	
	- 대피장소는 안전한 곳인가?	
	- 재입실 경로는 효율적인가?	
	- 구성원은 각자의 역할을 조직적으로 수행했는가?	
	- 연락체계는 신속하게 이루어졌는가?	
	- 모의실시 결과 문제점은 없었는가?	
	- 교직원은 모두 소화기를 조작할 수 있는가?	
	- 모의실시 결과 개선되어야 할 사항은 없었는가?	
문제사항		
변경된 사항		

○○어린이집

〈표 7-10〉 월별 안전점검 체크리스트

어린이집 안전점검 체크리스트(월별)

20 년 월 점검자: ____________

(점검상태: 양호○, 보통△, 불량×)

결 재	담당	원장

구분	점검항목	점검결과 월	조치사항
안전관리	– 안전관리의 책임 및 위기관리 체계가 적합한가?		
	– 일별 안전점검 체크리스트에 의해 관리되고 있는가?		
	– 응급전화번호 및 비상연락망 등이 잘 관리되고 있는가?		
실외환경	– 어린이집 주변에 감전 위험은 없는가?		
	– 위험한 적치물, 축대 붕괴, 맨호 등에 대한 위험은 없는가?		
실내환경	– 모든 설비는 움직이거나 떨어지지 않도록 바닥과 벽면에 단단히 고정되어 있는가?		
	– 창문, 방충망의 상태는 안전한가?		
현관 · 통로 · 계단 · 비상구	– 출입문, 현관문 등의 안전장치는 정상 작동하는가?		
	– 계단, 통로 부분에 미끄럼 방지처리가 되어 있는가?		
	– 계단의 안전 상태는 양호한가?		
화장실 · 세면대	– 화장실 내 전기 콘센트 등 전기용품은 안전한가?		
	– 세면대의 고정 상태는 안전한가?		
실내외 놀이기구 및 공간	– 모든 놀이기가 바닥에 안전하게 고정되어 있는가?		
	– 놀이 시설물의 상태(틈새나 간격)가 영유아의 몸에 끼이지 않는 넓이인가?		
	– 기초대, 지지대 등 매설 부분이 노출되지 않았는가?		
	– 모든 놀이기구 아래와 주위(안전지대)의 충격흡수재 성능은 양호한가?		
	– 보수가 필요한 놀잇감 및 놀이기구가 방치되어 있는가?		
	– 놀이기구의 높이가 영유아에게 적합한가?		
	– 어린이제품안전특별법, 품질경영 및 공산품 안전관리법 등에 의한 안전검사(KC 인증 등)를 필한 제품인가?		

구분	점검항목	점검결과 월	조치사항
전기 · 가스 · 위험물 안전관리	– 전선, 콘센트, 플러그 등 손상된 부분은 없는가?		
	– 한 개의 콘센트에 용량을 초과해 사용하고 있지 않은가?		
	– 분배전반 및 각종 전기기구의 노후 및 파손된 것은 없는가?		
	– 가스경보기의 설치 상태가 양호한가?		
소방시설 관리	– 대피를 위한 대피도가 잘 관리되어 있는가?		
	– 소화기, 스프링쿨러 등 소화장비의 작동 및 관리 상태는 양호한가?		
	– 자동화재 탐지설비의 설치 상태가 양호한가?		
	– 옥내소화전의 관리 및 작동이 양호한가?		
비상대피 시설관리	–비상계단 및 미끄럼대 등이 화재 등 유사시 사용이 가능한가?		
	– 피난유도등 유도표지 등이 잘 갖추어져 있고 정상 작동하는가?		
	– 건물 내 대피경로에 장애가 되는 요소는 없는가?		

출처: 2021 보육사업안내

〈표 7-11〉 급식관리 체크리스트

급식관리 점검표(일별)

결 재	담당	원장

점검자: ____________ (점검상태: 양호○, 보통△, 불량×)

구분	점 검 항 목	점검결과						조치사항
		/	/	/	/	/	/	
		월	화	수	목	금	토	
위생관리 및 식재료 관리	– 작업 전 건강 상태를 확인한다(감기, 설사, 손 상처자 등 조리금지).							
	– 위생복, 위생화, 앞치마, 위생모를 착용하고, 배식 시에는 배식 전용기구, 마스크, 위생장갑을 사용하고 있다.							
	– 유통기간 확인 및 선입선출을 준수하고 있다.							
	– 식재료 보관실은 항상 청결을 유지하고 있다.							
	– 보존식 보존 및 관리기준을 준수하고 있다(배식 직전 소독된 전용용기에 100g 이상 채취하여 144시간 냉동보관)**							
	– 어류 · 육류 · 채소류를 취급하는 칼 · 도마는 각각 구분하여 사용하고 있다.							
	– 식기류 및 조리기구의 세척, 소독을 철저히 하고 있다.							
	– 세제, 소독제, 살충제에 라벨을 부착하고 분리 보관하고 방충, 방서 등을 위한 정기적인 방역 소독필증을 보관하고 있다.							
	– 식재료의 입고날짜를 기록한 라벨을 부착하여 관리하고 있다.							
	– 식재료 검수일지를 작성하고 보관하고 있다.**							
작업관리	– 조리 후 2시간 이내 배식하고 있다.							
	– 영양사가 작성한 식단을 사용하고 있다.							
	– 농수산물 및 그 가공품(소고기 등 16종)을 조리하여 제공하는 경우 식단표에 그 원산지를 기재하여 공개하고 있다.**							
	– 영양사나 교사는 검식 후 검식일지 작성 및 배식점검을 하고 있다.							
시설설비 관리	– 조리장 바닥과 배수로에 물고임 및 냄새 역류가 없도록 관리하고 있다.							
	– 후드, 환충기를 청결하게 관리하고 있다.							

※**가 표시된 점검사항은 집단급식소 미신고 대상시설에서 반드시 준수할 사항은 아님

출처: 2021 보육사업안내

제8장

어린이집의 재무회계관리

어린이집 재무회계관리는 국가에서 정한 〈어린이집 재무회계 규칙〉에 따라 정해진 서식을 잘 활용하여 원칙과 세법을 준수하면서 공정하고 투명하게 이루어져야 한다. 투명하고 적절한 재무회계 관리는 영유아, 학부모, 교사, 원장, 지역사회 모두에게 만족스러운 운영의 든든한 바탕이 될 것이다. 본 장에서는 〈2012 어린이집 재무회계 규칙〉과 〈2014 보육사업안내〉에 근거하여 관련 서식 및 기본적인 재무회계 관리방법을 살펴보기로 한다.

1 평가인증 및 지도점검에 필요한 재무회계 관련 서류

재무회계관리는 평가인증에서 중요한 요소이다. 또한 주기적으로 시·군·구에서는 지도점검을 실시하는데 역시 재무회계관리가 투명하고 엄격하게 이루어지고 있는가에 초점을 두고 있다. 이에 따라 평가인증과 지도점검에서 요구하는 재무회계 관련 서류를 다음에 제시한다.

1) 평가인증과 지도점검에서 모두 필수적으로 요구하는 서류 목록

(1) 세입예산서
(2) 세출예산서
(3) 추가경정세입예산서
(4) 추가경정세출예산서
(5) 세입·세출결산 총괄 설명
(6) 세입결산서
(7) 세출결산서
(8) 위임장

2) 평가인증에서 기본항목으로, 지도점검에서는 필수적으로 요구하는 서류 목록

(1) 현금출납부
(2) 총계정원장
(3) 봉급대장
(4) 보육료대장
(5) 비품대장
(6) 수입결의서
(7) 지출결의서
(8) 반납결의서
(9) 예비비사용조서
(10) 과목전용조서
(11) 정부보조금명세서
(12) 보육료납입증명서

2 재무회계 기본 원칙

1) 어린이집 재무회계 규칙은 모든 유형의 어린이집(국공립, 민간, 법인, 가정, 직장 등)에 적용되며, 수입 · 지출 항목별 총계금액 및 장부를 어린이집지원시스템(CIS)에 입력하여야 한다.

(예외) 직장어린이집의 경우에는 어린이집이 소속된 기업회계기준이나 어린이집 자체회계기준에 따라야 하는 경우가 많으므로 수입·지출 항목별 총계금액을 시스템상에 입력하되 어린이집 재무회계 규칙을 사용하지 않는 것이 가능하다.

2) 어린이집의 회계 연도는 정부의 회계 연도 규정에 따라 해당 년도 1월에서 12월까지로 정해 운영하며, 한해 회계 연도에 속하는 어린이집의 세입 · 세출의 출납에 관한 실제 사무 및 현금관리는 회계 연도 종료 후 2개월이 되는 날까지 완료해야 한다. 예를 들어, 2014년 12월까지 회계 연도가 끝나는 세입 · 세출 출납은 2015년 2월까지 영수증 처리 등의 실제 업무를 반드시 마쳐야 한다.

3) 어린이집의 모든 수입은 아주 사소한 내용이더라도 세입 · 세출 예산에 편입하여야 한다. 세입에 올리지 않은 상태로 직접 사용하는 것은 금지되었고, 지도점검 등에서 발견되었을 때 유용이나 횡령 등의 의심을 받을 수 있다.

3 예산서류 작성 원리

1) 예산편성

① 예산편성 담당자는 소속 어린이집을 담당하고 관할하는 자치구의 구청장이 회계 연도 개시 1개월 전에 통보한 예산편성 지침을 참고로 하여 한 해 회계 연도에서 들어올 수 있는 모든 수입을 예상하여 세입으로 잡고, 모든 지출을 세출로 잡아 편성한다. 다시 말해, 예산서에는 예상되는 모든 세입과 모든 세출을 세입세출예산과목 구분에 따라 편성하여야 한다.

② 편성된 예산안은 어린이집 운영위원회와 법인일 경우 사회복지법인 이사회의 자체 승인을 얻어 담당 시장, 군수, 구청장에게 제출한다.

③ 확정된 예산은 어린이집 게시판이나 홈페이지에 20일 이상 반드시 공고해야 한다(공고했다는 사실을 사진이나 문서로 남겨두어야 평가인증 시 인정됨).

④ 예산에는 다음의 서류가 첨부된다.

- 예산총칙 또는 사업계획서
- 세입세출예산서

2) 준예산

회계 연도가 이미 시작되었거나 개시 전까지 어린이집 예산이 수립되지 않았을 때에라도 어린이집의 운영을 위하여 다음의 세 가지 경우에만 전년도 예산에 준하여 우선 집행할 수 있다.

① 보육교직원의 보수

② 어린이집 운영에 직접 사용되는 필수적인 경비

③ 법령상 지급의무가 있는 경비

3) 추가경정예산

① 예산을 수립하고, 심의과정을 거쳐 확정된 경우에라도 불가피하게 생긴 사유로 인하여 예산을 변경하는 것을 추가경정예산이라고 한다.

② 추가경정예산 서식을 이용하여 작성한다.

③ 추가경정예산이 확정되면 7일 이내에 어린이집이 소속된 시장, 군수, 구청장에게 반드시 제출해야 한다.

4) 예비비

① 예산은 사용하기 전 일 년의 계획을 미리 세우는 것이기에 갑작스러운 일들을 맞이하게 될 수 있다. 이런 경우에 예산 이외의 지출 또는 초과지출을 대비하기 위하여 예비비를 예산에 편성한다.

② 예비비는 전체 예산의 2% 범위 내에서 편성한다. 예를 들어, 전체 예산이 5억 원이면, 예비비는 1천만 원 이내에서 세출로 편성할 수 있다.
③ 예상치 못한 경우에라도 업무추진비에는 예비비를 사용할 수 없다.
④ 예비비를 사용할 경우에는 예비비사용조서를 작성하여야 한다.

4 결산서류 작성 원리

1) 결산의 심의 및 제출

① 어린이집의 원장 및 예·결산 담당자는 세입세출결산보고서를 작성하여 다음 연도 3월 31일까지 시장, 군수, 구청장에게 제출해야 하며, 이 결산안을 위원회에 상정하여 보고하여야 한다.
② 위원회를 통하여 확정된 결산안을 회계 연도 종료 후 3월 말일까지 관할 시장, 군수, 구청장에게 제출한다. 예를 들어, 1월에서 12월까지 회계 연도가 끝나면 각종 실제 업무를 2월 말까지 마치는 것으로 결산처리를 하고, 보고서를 작성하여 3월 31일까지 시·군·구에 제출한다.
③ 확정된 결산은 해당 어린이집의 게시판이나 홈페이지에 20일 이상 공고하여야 한다.
④ 어린이집 회계의 세출 예산 가운데 불가피하게 해당 회계 연도 안에 지출을 마치지 못한 경비는 다음 연도에 이월하여 사용할 수 있으며, 다음 회계 연도 수입에 이월금으로 책정한다.
⑤ 결산보고서에 첨부하는 서류는 다음과 같다.
  - 세입·세출 결산 총괄 설명
  - 세입·세출 결산서
  - 연도 말 잔액증명서(주거래은행에서 발행한 서류)

- 결산서 보조서류
- 퇴직적립금 통장사본, 퇴직적립금 예금잔액증명서

5 어린이집 회계의 기본 원리

1) 수입 관리 원칙

① 어린이집 원장은 어린이집의 수입과 관련된 사무를 총괄하여 관리하고, 관리에 대한 책임이 있다.

② 회계에 대한 사무를 어린이집의 보육교직원에게 위임할 수 있으나, 위임할 경우에는 반드시 위임장을 작성하여야 한다.

③ 어린이집에 관련된 모든 수입금의 수납은 금융기관에서 취급하는 경우를 제외하고는 담당 직원이나 원장이 직접 수납하여야 한다. 담임교사 등을 통한 수납은 원칙적으로는 허용하지 않는다.

④ 수납 담당자가 수납한 수입금은 7일 이내에 반드시 금융기관에 예치하여야 한다.

⑤ 수입발생 시에는 관련 서류에 따라 수입결의서를 작성한 후, 현금출납부, 총계정원장에 기록하고, 어린이집지원시스템에 입력한다.

⑥ 지난해에서 이월된 수입과 현년 기타 예산외의 잡수입도 세입에 명시되어 있어야 한다.

⑦ 지출된 금액 중 반납금이 발생할 경우에도 해당 연도 세입으로 넣는다. 반납금이 있을 경우에는 반납결의서를 작성한다.

⑧ 과납이나 오납된 수입금은 수입한 세입에서 직접 반환한다. 예를 들어, 25만 원 보육비를 30만 원으로 잘못 납입한 경우에 세입에 25만 원으로 잡고, 5만 원은 바로 반납처리한다.

⑨ 해당 회계 연도에서 세입으로 잡았는데 수납하지 못한 보육비 등의 수납액은

다음 회계 연도로 넘겨 세입의 징수결정액으로 이월한다.

⑩ 일반기업체 등에서는 물건 구입 등에서 품의서를 작성하나, 어린이집 예산 집행 시에는 집행품의서는 생략할 수 있다. 꼭 필요한 경우에는 내부품의서로 대신하고, 감사나 평가 등에는 반영하지 않는다.

2) 지출 관리 원칙

① 어린이집의 모든 지출은 소액지출을 제외하고는 원칙적으로 예금통장이나 어린이집 전용 신용카드(체크카드)만을 사용할 수 있다.

② 지출담당 교직원은 소액 경비지출을 위하여 원내에 50만 원 이하의 현금을 보관할 수 있다.

③ 지출 시에는 지출결의서를 작성하여 현금출납부, 총계정원장, 어린이집지원시스템에 기록한다.

3) 회계장부

어린이집에 비치하여야 할 회계장부는 다음과 같다. 단, 전자시스템의 장부를 사용하는 경우에는 그 출력물을 보관하는 것으로 각종 장부의 비치를 대신한다.

① 현금출납부　② 총계정원장

③ 봉급대장　④ 보육료대장

⑤ 비품대장

4) 증빙서류

어린이집에서 비치하여야 할 수입과 지출에 관련된 증빙서류는 다음과 같다.

① 계좌입금에 의한 증빙서류(카드전표, 현금영수증, 계좌입금증, 세금계산서, 계산서)

② 수입결의서　　③ 지출결의서
④ 반납결의서　　⑤ 예비비사용조서
⑥ 과목전용조서　　⑦ 정부보조금명세서

5) 회계장부 보존기간

① 어린이집의 회계와 관련한 장부 및 증빙서류 보존기간은 5년이다.
② 어린이집의 각종 공사와 관련된 장부 및 증빙서류의 보존기간은 10년이다.

6 세입·세출 예산서 작성 상세 내역

1) 필요경비

입학준비금, 현장학습비 등 보호자가 부담하는 어린이집 프로그램 운영에 필요한 경비로 기타필요경비와 보호자가 부담하는 특별활동 비용으로 나누어 작성한다. 특별활동 비용은 각 시·군·구에서 지정한 금액을 초과할 수 없다.

2) 과년도 수입

전년도에 세입으로 들어올 예정이었으나, 조정된 수입으로서 금년도에 수입으로 확정된 경우이다.

3) 잡수입

이자수입, 후원금수입, 기타 잡수입으로 나뉘며, 기본재산예금 이외의 예금이자 수입과 개인 및 단체 등으로부터 받은 각종 기부금, 후원금, 찬조금이 있다. 기타 잡수입은 보육교사 실습비, 물품의 매각수입, 변상금 및 위약금 수입, 보험 만기 시 수령액 등을 포함한다.

4) 보육료 수입

학부모 및 보호자로부터 수납한 보육료와 국가로부터 지원되는 각종 보육료 및 카드 수수료 환급금 등을 포함한다.

5) 보조금 수입

처우개선비를 포함하여 국가와 각 시·군·구로부터 받은 인건비 보조금, 정부가 어린이집 보육비용의 일정부분을 지원하는 기본보육료, 각 시·군·구 및 국가로부터 지원받은 급·간식비, 냉난방비, 공공형 어린이집 운영비 등을 포함하는 기타 지원금 등으로 나누어 적는다. 또한 어린이집 건물과 관련하여 국가 및 시·군·구로부터 지원받은 신축비, 증축비, 개보수비, 장비비 등은 자본보조금에 포함한다.

6) 전입금

전입금과 차입금으로 나누어 법인, 단체, 운영자로부터의 운영지원금인 전입금, 운영상 일시적으로 차입한 차입금 등으로 나눈다.

7) 이월금

이월금은 전년도에 사용하지 못하고 남긴 전년도이월금과 전년도에 계획한 사업이 마무리되지 못하고 넘어온 이월사업비가 있다.

8) 인건비

교직원과 관련한 비용으로 상여금을 포함한 기본봉급인 기본급, 단기간 채용하는 임시직에 지불되는 일용잡급, 각종 수당, 퇴직금 및 퇴직적립금, 사회보험 부담비용, 건강진단, 연수비, 급식비, 피복비 등의 복리후생비 등이 포함된다.

9) 업무추진비

어린이집 운영 및 관계 기관과의 업무협의 등에 소요되는 기관운영비, 원장이나 원감의 직책수행을 위하여 정기적으로 지급하는 직책급, 운영위원회, 부모회의 등 각종 회의비로 나뉜다.

10) 관리운영비

교직원의 출장 시 필요한 여비, 사무용품 인쇄 등 소모되고 없어지는 물품과 도서구입, 우편요금, 각종 공공요금 및 수수료 등을 포함한 수용비, 어린이집 통학용 차량으로 등록된 유류비, 차량유지비와 보일러 난방 및 취사에 사용되는 연료비 등이 있다. 또한 건물과 관련된 부분은 기타운영비로 포함한다.

11) 사업비

아동 및 교직원의 주·부식비 및 간식비, 교재·교구 구입 및 제작비, 연간 계획에 따른 행사경비, 현장학습비, 특별활동비 등이다.

12) 재산조성비(시설비)

시설 신·증축비 및 부대경비와 개보수비용, 시설운영에 필요한 비품 및 토지 건물 구입비, 건축설비 및 대규모 수리수선비 등을 포함한다.

13) 전출금

법인회계로의 전출금, 일시적으로 운영한 차입금 상환, 받은 정부보조금에서 반환해야 할 경우, 보육료와 필요경비 등 학부모에게 반환해야 하는 금액 등을 포함한다.

14) 과년도 지출

지난해 지불하지 못한 금액 및 사업비 지출을 포함한다.

15) 잡지출

어린이집이 지출하는 보상금, 사례금, 소송경비 및 원 단위 절사금을 포함한다.

16) 예비비

예상하지 못한 어쩔 수 없는 지출을 포함한다.

7 세입항목 회계에서의 일반적인 유의점

1) 기타필요경비

입학준비금, 현장학습비 등 보호자가 보육료 이외에 별도로 부담하는 경비로, 시도지사가 정한 수납한도액을 준수하여야 한다. 입학준비금은 상해 보험료와 체육복, 가방, 수첩, 명찰 등을 구입하는 데 사용한다.

2) 특별활동비

어린이집 원장과 보육교사 등 보육교직원이 아닌 외부강사에 의해 어린이집 내외에서 이루어지는 프로그램활동에 따른 수익자가 별도로 부담하는 경비로 시도지사가 정한 월별 수납한도액을 준수하여 수납하여야 한다.

3) 보육료 수입

보육료 수납은 신용카드, 무통장입금 또는 자동이체, 계좌이체, 지로, 스쿨뱅킹 등을 통하여 납부하도록 하여야 하나 불가피하게 현금으로 수납할 경우에는 아동명의로 개인별 무통장입금을 원칙으로 한다.

4) 전입금

어린이집 운영의 건전성을 보장하기 위해 필요한 경비 일부를 법인, 관련단체, 대표자(원장)가 추가로 지원하는 비용으로 전입금의 사용목적이 명확해야 하며, 반드시 시설 운영을 위하여 쓰여야 한다. 전입금은 상환을 목적으로 하지 않는다는 점에서 차입금과는 다른 성격을 갖고 있다.

5) 차입금

금융기관 등으로부터 어린이집 운영에 필요한 비용을 일시적으로 차입한 단기차입금으로 인건비 지급 등등의 사용할 곳이 분명해야 한다.

일시운영차입금의 경우 금융기관으로부터 조달하는 것을 원칙으로 하되 금융기관으로부터 조달이 어려운 경우 금융기관이 아닌 개인으로부터도 차입이 가능하다. 다만, 지자체의 담당자와 협의 하에 이루어져야 한다.

8 세출항목 회계에서의 일반적인 유의점

① 인건비는 매해 〈보육교직원 인건비 지급기준〉을 참고하여 어린이집 재정형편에 따라 집행한다. 보수를 상향 집행할 수 있으나 총 잉여금의 50%를 초과할 수 없으며, 보육교직원의 보수를 심히 불리하게 책정해서도 안 된다. 어린이집 대표자의 경우는 보육교직원이 아니므로 급여를 지급할 수 없다.

② 업무추진비는 유흥 및 개인적 용도로 사용할 수 없으며 어린이집 운영상 필요가 분명한 경우에는 적극적으로 사용하도록 인정한다.

직책수당은 급여의 성격이 있으므로 별도의 영수증 처리는 필요하지 않으나, 각종 제 수당은 보육교직원들에게 우선적으로 사용하도록 하며, 원장도 대상으로 인정한다. 회의비 및 기관운영비 역시 개인적 용도로 사용할 수 없으며, 용도가 분명한 곳에 사용 후 증빙자료를 남겨야 한다.

③ 여비는 보육교직원의 국내외 출장여비로 가족 및 이전비로 사용할 수 없으며, 지자제에서 별도규정이 없을 경우 공무원 보수지침 등에 준하여 사용한다.

④ 수용비 수수료 및 공공요금 중 휴대폰은 어린이집 또는 원장 명의의 1대에 한하여 월 10만 원 이내로 지출 가능하며, 지도점검 시 어린이집 업무와 직접 관련된 이용 내역을 확인할 수 있다.

⑤ 기타운영비 항목으로 건물임대료, 감가상각비, 건물융자금의 이자, 차량할부금 등을 지출할 수 있으나, 그 규모가 너무 과도할 경우에는 입소 중인 보육아동에 대한 서비스의 질이 현저히 낮아질 수 있으므로 보육료 수입의 일정 범위 내에서 기본 보육료 지출범위를 지켜가면서 지출하도록 한다.

대규모 예산이 수반되는 시설 개보수나 차량 구입 등을 위하여 별도의 통장에 정기적금을 만드는 등의 적립금이 가능하다.

〈표 8-1〉 세입 · 세출 결산 총괄 설명

세입 · 세출 결산 총괄 설명

○ 세입 예산 원에 대하여
수납액은 원이며

○ 세출 예산 원에 대하여
지출액은 원이며

○ 그 차인잔액은 원으로서
보조금집행잔액 원이 포함되어 있으며
이를 공제한 순이월금은 원이다.

○ 세입 · 세출 결산 총괄

수 납 액	
지 출 액	
차인잔액	

출처: 보건복지부(2012)

〈표 8-2〉 세입예산서 양식

세입예산서

(단위: 천 원)

과 목						예산액	전년도 예산액	증감	산출기초
관		항		목					
01	필요경비 수입	11	필요경비 수입	111	기타필요 경비				
				112	특별 활동비				
02	과년도 수입	21	과년도 수입	211	과년도 수입				
03	잡수입	31	잡수입	311	이자 수입				
				312	후원금 수입				
				313	기타 잡수입				
04	보육료 수입	41	보육료 수 입	411	보육료 수입				
05	보조금 수입	51	경상 보조금 수입	511	인건비 보조금				
				512	기본 보육료				
				513	기타 지원금				
		52	자본 보조금 수입	521	자본 보조금				
06	전입금	61	전입금	611	전입금				
				612	차입금				
07	이월금	71	이월금	711	전년도 이월금				
				712	전년도 이월 사업비				

출처: 보건복지부(2012)

〈표 8-3〉 세출예산서 양식

세출예산서

(단위: 천 원)

과목						예산액	전년도 예산액	증감	산출 기초
관		항		목					
100	어린이집 운영비	110	인건비	111	기본급				
				112	일용잡급				
				113	제수당				
				114	퇴직금 및 퇴직적립금				
				115	사회보험 부담비용				
				116	기타 후생경비				
		120	업무 추진비	121	기관운영비				
				122	직책급				
				123	회의비				
		130	관리 운영비	131	여비				
				132	수용비 · 수수료 및 공공요금				
				133	차량비				
				134	연료비				
				135	기타 운영비				
200	사업비	210	사업 운영비	211	급간식비				
				212	교재교구비				
				213	행사비				
				214	기타필요경비지출				
				215	특별활동비지출				
300	재산 조성비	310	시설비	311	시설비				
				312	자산취득비				
				313	시설장비유지비				
400	전출금	410	전출금	411	법인회계전출금				
				412	차입금 상환				
				413	보조금반환금				
				414	보호자반환금				
500	과년도지출	510	과년도지출	511	과년도지출				
600	잡지출	610	잡지출	611	잡지출				
700	예비비	710	예비비	711	예비비				

출처: 보건복지부(2012)

〈표 8-4〉 세입결산서 양식

세입결산서

(단위: 천 원)

과목						예산액	수납액	미수납액	비고
관		항		목					
01	필요경비 수입	11	필요경비 수입	111	기타필요 경비				
				112	특별 활동비				
02	과년도 수입	21	과년도 수입	211	과년도 수입				
03	잡수입	31	잡수입	311	이자 수입				
				312	후원금 수입				
				313	기타 잡수입				
04	보육료 수입	41	보육료 수입	411	보육료 수입				
05	보조금 수입	51	경상 보조금 수입	511	인건비 보조금				
				512	기본 보육료				
				513	기타 지원금				
		52	자본 보조금 수입	521	자본 보조금				
06	전입금	61	전입금	611	전입금				
				612	차입금				
07	이월금	71	이월금	711	전년도 이월금				
				712	전년도 이월 사업비				

출처: 보건복지부(2012)

〈표 8-5〉 세출결산서 양식

세출결산서

(단위: 천 원)

과목						예산액	예산 현액	지출액	잔액	비고
관		항		목						
100	어린이집 운영비	110	인건비	111	기본급					
				112	일용잡급					
				113	제수당					
				114	퇴직금 및 퇴직적립금					
				115	사회보험 부담비용					
				116	기타 후생경비					
		120	업무 추진비	121	기관운영비					
				122	직책급					
				123	회의비					
		130	관리 운영비	131	여비					
				132	수용비 · 수수료 및 공공요금					
				133	차량비					
				134	연료비					
				135	기타 운영비					
200	사업비	210	사업 운영비	211	급간식비					
				212	교재교구비					
				213	행사비					
				214	기타필요경비지출					
				215	특별활동비지출					
300	재산 조성비	310	시설비	311	시설비					
				312	자산취득비					
				313	시설장비유지비					
400	전출금	410	전출금	411	법인회계전출금					
				412	차입금 상환					
				413	보조금반환금					
				414	보호자반환금					
500	과년도지출	510	과년도지출	511	과년도지출					
600	잡지출	610	잡지출	611	잡지출					
700	예비비	710	예비비	711	예비비					

출처: 보건복지부(2012)

〈표 8-6〉 현금출납부 양식

현금출납부

(단위: 원)

월/일	적요	목	증빙서 번호	수입금액	지출금액	잔액

출처: 보건복지부(2012)

〈표 8-7〉 총계정원장 양식

총계정원장

(단위: 원)

월/일	적요	증빙서 번호	예산	수입금액	지출금액	잔액

출처: 보건복지부(2012)

〈표 8-8〉 수입결의서 양식

수입결의서

증빙서번호	20 년도 수입 아래와 같이 수입함.		결재	담 당	어린이집 원장
관		발의		20 . . .	
항		현금출납부등재		20 . . .	
목		총계정원장등재		20 . . .	
금 원정 (₩)					
적 요					
비 고					

출처: 보건복지부(2012)

〈표 8-9〉 지출결의서 양식

지출결의서

증빙서번호	20 년도 지출 아래와 같이 지출함.		결재	담 당	어린이집 원장
관		발 의		20 . . .	
항		현금출납부 등재		20 . . .	
		총계정원장 등재		20 . . .	
목		물품대장등재 (공사대장, 봉급대장)		20 . . .	
금 원정 (₩)					
적 요					
비 고					

출처: 보건복지부(2012)

〈표 8-10〉 예비비사용조사서 양식

예비비사용조사서

(단위: 원)

사 용 일 자	금액	사유	사용내역

출처: 보건복지부(2012)

〈표 8-11〉 과목전용조서양식

과목전용조서

(단위: 원)

관	항	목	전용 년월일	예산액 (1)	전용액 (2)	현액 (1) + (2)	전용 사유	내역	비고

출처: 보건복지부(2012)

제9장

어린이집의 설치

어린이집을 설치하고자 할 때는 관련법에 근거하여 인가관련 사항들을 확인하고 사전에 여러 조건들을 고려하여야 한다. 이에 본 장에서는 어린이집을 설치하고 운영하고자 할 때 그 근거가 되는 관련법령을 중심으로 어린이집의 설치기준과 인가절차 및 유의사항에 관하여 살펴보고자 한다.

1 어린이집의 유형에 따른 인가절차

1) 국공립어린이집

(1) 정의

국가 또는 지방자치단체가 설치·운영(위탁운영 포함)하는 시설 중에서 직장어린이집을 제외한 시설을 말한다(「영유아보육법」 제10조).

(2) 규모 및 명칭

상시 영유아 11인 이상을 보육할 수 있는 시설로서 명칭은 ○○어린이집으로 한다.

(3) 설치기준 및 절차

1 영유아보육법상 설치기준을 모두 갖추어야 한다(「영유아보육법」 제15조).
2 산업단지에 있는 지식산업센터 건물에 어린이집 설치 시 안전사고 및 재난에 대비한 시설을 갖추어 5층까지 보육실을 설치할 수 있다.
3 국가 및 지방자치단체의 장이 인가절차 없이 직접 설치하되, 어린이집 수급계획 등을 포함한 보육계획을 사전에 수립하여 수급계획이 반영될 수 있도록 한다.
4 지방자치단체의 경우 설치 시 지방보육정책위원회의 심의를 거쳐야 한다.

(4) 배치기준

저소득층 밀집지역, 농어촌 지역 등 취약지역과 어린이집이 부족한 지역에 우선 설치하는 등 지역별로 균형 있게 배치하여야 한다.

2) 국공립어린이집의 위탁운영

(1) 주요목적

보육에 관한 전문적인 지식과 경험을 가진 위탁체를 선정하여 안정적이고 효율적인 시설 운영으로 보육사업의 전문성을 제고한다.

(2) 기본방향

① 합리적인 선정기준 및 선정과정의 객관적 절차 운영으로 최적의 운영체를 선정한다.

② 위탁기준과 절차 및 심의 결과의 공개로 공정성 및 투명성을 제고한다.

③ 운영체 및 원장 등의 전문성 및 시설 운영능력은 면접실시로 심층적으로 검증한다.

(3) 기본원칙

① 적용대상

국가 및 지방자치단체에서 설치 운영 중이거나, 신규로 설립예정인 어린이집 중 민간위탁을 하고자 하는 국공립어린이집으로 한다.

② 선정시기

신축시설의 신규위탁인 경우 개원 예정일 6개월 이전, 재위탁의 경우 계약만료일 3개월 이전 심사결정, 변경위탁은 2개월 이전에 선정을 완료한다.

- 신규위탁 – 어린이집 최초의 공개경쟁으로 선정하는 경우를 말한다.
- 재위탁 – 위탁기간이 만료되어 계약기간을 갱신함에 있어 위탁기간 만료전의 수탁자에게 보육정책위원회의 심사에 따라 위탁하는 경우를 말한다.
- 변경위탁 – 재위탁 심사에서 부적격 및 재위탁 대상자가 없는 경우 수탁자를 공개경쟁으로 선정하는 경우를 말한다.

③ 선정방법 및 결과공개

- 신규위탁 및 변경위탁은 반드시 공개경쟁으로 하고 재위탁은 보육정책위원회의 심사를 거쳐 결정한다.
- 위탁관련 일체의 절차 및 방법은 공개한다.

- 위탁 업무의 공정성, 투명성을 위해 심의결과는 공개한다.

(4) 위탁기간

위탁기간은 어린이집의 일관되고 안정적인 운영을 위하여 5년으로 한다. 다만, 원장의 잔여임기가 5년 미만인 경우 등 조례로 정하는 사유에 해당하는 경우에는 3년 이상 5년 이내의 범위에서 위탁기간을 조정할 수 있다.

(5) 운영체 신청자격

사회복지 법인, 단체 또는 개인으로 운영체의 원장은 「영유아보육법」 제21조 제1항 및 「영유아보육법」 시행령 제21조 규정에 따른 원장 자격이 있는 자로 한다.

3) 사회복지법인어린이집, 법인·단체 등 어린이집, 민간어린이집

(1) 정의(「영유아보육법」 제10조)

① 사회복지법인어린이집

「사회복지사업법」에 의한 사회복지법인이 설치·운영하는 어린이집을 말한다.

② 법인·단체 등 어린이집

각종법인(사회복지법인을 제외한 비영리법인)이나 단체 등이 설치·운영하는 어린이집을 말한다.

③ 민간어린이집

국공립·사회복지법인·법인단체 등·직장·가정·협동어린이집이 아닌 어린이집을 말한다.

(2) 규모 및 명칭

① 상시 영유아 21인 이상을 보육할 수 있는 시설을 갖추어야 한다(시행규칙 제9조).

② 어린이집의 명칭은 "○○어린이집"으로 하여야 하며, 명칭 사용에 유치원, 학원 등 유사기관으로 오인할 수 있는 명칭은 사용할 수 없다(시행규칙 제23조).

③ ○○유치원 부설, ○○미술, ○○영어 어린이집 등 사설학원으로 오인할 수 있는 표기는 사용할 수 없으며, 동일 간판 또는 상하좌우에 붙어 있는 간판에 유치원 명칭을 사용할 수 없다.

(3) 설치기준 및 절차

① 영유아보육법상의 설치기준을 모두 갖추어야 한다(「영유아보육법」 제15조).

② 산업단지에 있는 지식산업센터 건물에 어린이집 설치 시 안전사고 및 재난에 대비한 시설을 갖추어 5층까지 보육실을 설치할 수 있다.

③ 관할 시장·군수 또는 구청장에게 사전에 인가 신청을 하여야 한다(「영유아보육법」 제13조).

(4) 배치기준

지역 보육수요와 어린이집의 공급 현황 등을 고려하여 지역별로 균형 있게 배치되도록 하여야 한다.

4) 직장어린이집

(1) 정의

① 사업주가 사업장의 근로자를 위하여 설치·운영하는 어린이집(국가 또는 지방자치단체의 장이 소속 공무원을 위하여 설치·운영하는 어린이집 포함)을 말한다.

② 고용보험기금의 지원을 받는 사업장의 경우, 매월 말일을 기준으로 직장어린이집을 설치·운영하는 사업장 소속의 피보험자의 자녀 수가 전체 보육아동 수의

1/3 이상이거나, 1/4 이상이면서 피보험자 자녀의 수가 1/2 이상이어야 한다.

(2) 규모 및 명칭

상시 영유아 5인 이상을 보육할 수 있는 어린이집(시행규칙 제9조)으로, 어린이집의 명칭은 "○○어린이집"으로 한다(시행규칙 제23조).

(3) 설치기준 및 절차

1. 직장어린이집은 영유아보육법상의 설치기준을 모두 갖추어야 하며, 사업주가 직장어린이집을 설치할 경우에는 안전사고 및 재난에 대비한 시설을 갖추어 건물 내 5층까지 보육실을 설치할 수 있다.
2. 산업단지관리공단·입주기업협의체·한국산업단지공단이 산업단지 내 해당 기관 및 산업단지 입주기업체·지원기관의 근로자를 위해 공동직장어린이집을 설치·운영할 경우 산업단지에 있는 건물의 5층까지 설치가 가능하다.
3. 상시 영유아 20인 이하를 보육하는 직장어린이집은 가정어린이집을 설치할 수 있는 곳에도 설치할 수 있다.
4. 직장어린이집을 설치하고자 하는 자는 관할 시장·군수 또는 구청장에게 사전에 인가를 신청하여야 한다(「영유아보육법」 제13조).
5. 직장어린이집은 사업주가 소속 근로자의 자녀 양육지원을 목적으로 설치·운영하는 시설이므로 지역 보육수요로 제한할 수 없다.

(4) 직장어린이집 설치 의무 및 의무 미이행 시 제재

1. 「영유아보육법」 제14조, 제14조의 2, 제28조제2항 및 제39조, 시행령 제20조 및 제25조, 시행규칙 제6조 내지 제8조에 의하여 "상시 여성 근로자 300인 이상 또는 근로자 500인 이상을 고용하고 있는 사업장"의 사업주는 직장어린이집을 설치하여야 한다.
2. 의무사업장의 사업주가 직장어린이집을 단독으로 설치하기 어려운 경우에는 사업주 공동으로 직장어린이집을 설치·운영하거나, 지역의 어린이집과 위탁

계약을 체결하여 근로자 자녀의 보육을 지원하거나, 근로자에게 보육수당을 지급하여야 한다.

③ 보건복지부장관은 직장어린이집 설치, 위탁보육, 보육수당 지급 등의 의무를 이행하지 아니한 사업장의 명단을 공표할 수 있다.

④ 사업주 단독 또는 공동으로 직장어린이집을 설치하거나, 지역의 어린이집과 위탁계약을 체결한 경우, 사업주는 직장어린이집의 운영 및 수탁 보육 중인 영유아의 보육에 필요한 비용의 100분의 50 이상을 보조하여야 한다.

⑤ 의무사업장 여부를 판단하기 위한 상시 근로자의 수 산정은 전체 기업규모가 아닌 단위사업장을 기준으로 하며, 이 경우 '사업장'은 사업이 행해지고 있는 인적·물적 시설이 존재하는 장소적 범위를 중심으로 보는 개념으로서 동일 장소에 소재하여야 한다. 또한 '상시근로자'는 임시직, 정규직, 일용직 등을 총 망라하여 평균적으로 사용하는 근로자를 말한다.

⑥ 직장어린이집 설치 의무는 국가 및 지자체에도 적용한다.

(5) 보육수당

① 직장어린이집을 설치할 수 없는 사업주는 영유아의 보호자인 근로자에게 어린이집 이용 여부 또는 정부 보육료 지원 여부와 관계없이 보육수당을 지급하여야 하며, 이 경우 연령별 정부 보육료 지원단가의 100분의 50 이상을 지급하여야 한다.

② 보육수당을 지급하도록 한 취지는 사업주가 영유아의 보호자인 근로자에게 직장어린이집을 이용하도록 하여야 함에도 불구하고 이를 설치하지 못하는 부득이한 경우에 근로자가 입게 되는 시간적·경제적 비용을 지원하기 위한 것이다.

③ 아동 1인에 대하여 보육수당을 중복하여 지원받을 수 없다.

(6) 설치 권장 및 행정지도

① 기업의 직장어린이집 설치

- 직장어린이집 설치 의무사업장에 대하여 조속히 시설을 설치하도록 시·도지사가 지도하여야 한다.
- 의무사업장의 사업주가 직장어린이집을 단독으로 설치하기 어려운 경우에는 사업주 공동으로 직장어린이집을 설치·운영하거나 지역의 어린이집과 위탁계약을 체결하여 근로자 자녀의 보육을 지원하거나 또는 근로자에게 보육수당을 지급하도록 지도하여야 한다.
- 필요한 경우 「남녀고용평등과 일·가정 양립지원에 관한 법」 제21조에 따라 관할 구역 내 지방노동청장 또는 지방노동지청장과 협조하여 근로감독차원의 행정지도를 병행한다.
- 의무사업장 이외의 사업장에 대해 고용노동부의 지원(고용보험기금에서 설치·운영비 지원 등) 계획을 안내하여 직장어린이집 설치를 적극적으로 유도하고, 사내 근로복지기금에서 설치·운영비 등을 지원하도록 권장·지도해야 한다.

② 공공기관의 직장어린이집 설치

- 시·도지사는 관내 시·도, 시·군·구청 내 유휴공간(또는 별도 신축)을 활용하여 직원 자녀를 위한 직장어린이집을 설치하여야 한다.
- 직장어린이집은 근로자의 자녀양육지원 환경을 조성하는 데 그 목적이 있으므로 공공기관의 경우 우선적으로 직장어린이집을 설치·운영하여야 하며, 보육수당 지급으로 직장어린이집 설치를 대체하는 것은 부득이한 경우(사업장 내 또는 인근에 영유아의 안전을 위협하는 위험시설이 있거나 보육수요가 부족한 경우)에 한한다.
- 상시 여성근로자 300인 이상 또는 근로자 500인 이상을 고용하고 있는 정부(재)투자기관, 정부출연기관 등에 대하여도 단독 또는 공동으로 직장어린이집을 설치·운영하도록 적극적으로 지도한다.

5) 가정어린이집

(1) 정의

개인이 가정 또는 그에 준하는 곳에 설치·운영하는 어린이집을 말한다(「영유아보육법」 제10조).

(2) 규모 및 명칭

① 상시 영유아 5인 이상 20인 이하를 보육할 수 있는 어린이집(시행규칙 제9조)으로, 어린이집의 명칭은 "○○어린이집"으로 하며, 명칭 사용에 유치원, 학원 등 유사기관으로 오인할 수 있는 명칭은 사용할 수 없다.

② 기존의 가정어린이집이 "○○어린이집"으로 명칭을 변경할 경우, 동일 시·군·구내 다른 어린이집과 동일한 명칭을 사용할 수 없다.

(3) 설치절차

① 영유아보육법상의 설치기준을 모두 갖추어야 한다(「영유아보육법」 제15조).

② 관할 시장·군수 또는 구청장에게 사전에 인가신청을 하여야 한다(「영유아보육법」 제13조).

③ 「건축법 시행령」 별표 1의 제2호에 따라 가정어린이집이 공동주택에 포함되므로, 임대아파트 단지 내 가정어린이집 설치는 소재지 관할 지자체의 인가를 득한 경우에 설치가 가능하다.

④ 상가 등을 주택으로 용도변경하고 가정어린이집으로 인가 신청하는 경우, 내부 구조가 가정 또는 이에 준하는 곳으로 인정되는 경우에 인가가 가능하다.

(4) 배치기준

지역 보육수요와 어린이집의 공급현황 등을 고려하여 지역별로 균형 있게 배치되도록 한다.

6) 협동어린이집

(1) 정의

보호자 또는 보호자와 보육교직원이 조합(영리를 목적으로 하지 아니하는 조합에 한정한다)을 결성하여 설치·운영하는 어린이집을 말한다.

(2) 규모 및 명칭

상시 영유아 11인 이상을 보육할 수 있는 어린이집(시행규칙 제9조)으로, 어린이집의 명칭은 "○○어린이집"으로 하며, 명칭 사용에 유치원, 학원 등 유사기관으로 오인할 수 있는 명칭은 사용할 수 없다(시행규칙 제23조).

(3) 설치절차

1. 관할 시장·군수 또는 구청장에게 사전에 인가신청을 하여야 한다.
2. 상시 영유아 20인 이하를 보육하는 협동어린이집은 가정어린이집을 설치할 수 있는 곳에도 설치할 수 있다.

(4) 설치 및 운영방식

1. 보육아동을 둔 보호자 또는 보육교직원 11인 이상이 상호 출자하여 공동으로 어린이집을 설치·운영할 것을 약정함으로써 그 효력이 발생한다.
2. 출자는 조합원의 약정에 따라 금전, 기타 재산 또는 노무로 할 수 있다.
3. 조합원은 아동보육의 필요성이 없게 되거나 기타 조합계약으로 정하는 시기에 탈퇴할 수 있으며, 출자금은 탈퇴 당시 조합의 재산 상태 및 지분에 의한다.
4. 부득이한 사유 없이 조합의 불리한 시기에 탈퇴하지 못한다.
5. 조합의 업무집행자는 조합계약 또는 조합원의 3분의 2 이상의 찬성으로 선임한다.
6. 어린이집 대표자는 조합원 중에서 선임하고, 시설 운영에 관한 통상 사무는 원장이 전임하며, 주요사항은 조합원 과반수 이상의 찬성으로 결정한다.

⑦ 조합원이 최대한 보육과정 및 의사결정에 참여하며 소기의 설립목적을 달성하도록 노력하여야 한다.

기타 사항은 「민법」 제703조 내지 제724조를 적용한다.

7) 특수어린이집

① 장애아전담어린이집

장애아전담어린이집으로 지정받고자 하는 사람은 사업계획을 수립하여 관할 시·군·구청에 제출해야 하며, 시·군·구청장은 접수된 사업계획서의 내용검토 및 시설현지 확인 후 검토의견서를 작성하여 시·도지사에 제출하고 시·도지사는 관할 시·군·구에서 제출한 사업계획서를 종합 검토하여 지정결과를 해당 시·군·구에 통보하는 절차를 거친다.

장애아전담어린이집은 종일제 보육기준으로 장애아만을 20인 이상 보육하는 시설로서 [「영유아보육법」 시행규칙 별표 1]에 의한 시설과 [장애인·노인·임산부 등의 편의증진보장에 관한 법률]에서 정한 시설 및 설비를 갖추어야 한다. 보육교사 배치는 장애아 3인당 1인, 3인을 초과할 때마다 1인씩 증원해야 하며, 장애아 9인당 특수교사 자격을 가진 자가 1인씩 배치되어야 한다. 이외에도 장애인복지법이 정하는 장애인 재활시설의 시설별 직원기준을 갖추어야 한다. 물리치료사, 작업치료사, 언어치료사 등 장애유형에 따라 필요한 직원을 두는 경우에는 보육교사 정원의 1/4 범위 안에서 물리치료사 등에 해당하는 보육교사를 따로 두지 아니할 수 있다. 장애의 종류 및 정도에 따라 편성 운영하고, 12세까지 입소할 수 있다.

② 영아전담어린이집

영아전담어린이집으로 지정받고자 하는 사람은 사업계획을 수립하여 관할 시·군·구청에 제출해야 하며, 시·군·구청장은 접수된 사업계획서의 내용검토 및 시설현지 확인 후 검토의견서를 작성하여 시·도지사에 제출하고 시·도지사는 관할 시·군·구에서 제출한 사업계획서를 종합 검토하여 지정결과를 해당 시·군·구에 통보하는 절차를 거친다.

영아전담어린이집은 종일제 12시간 보육기준으로 상시 영아를 전담하여 보육하여야 하나 예외적으로 정원 범위 내 40%까지 유아를 보육할 수 있다. 유아를 보육하는 경우에는 유아보육현원이 10명 미만이라면 연령구분 없이 2세반과 혼합보육할 수 있으며 교사 대 아동비율은 2세반 기준으로 적용한다. [영유아보육법 시행규칙 별표 1]에 의한 시설 기준 외에 바닥난방시설, 냉온수 샤워시설, 영아용 침대(반당 2개 이상), 우유병 소독기, 소화기(반당 1개), 비상약품, 영아용 보육용품 및 기타 영아보육에 필요한 시설을 갖추어야 한다. 보육정원을 기준으로 가능한 2세 미만 반이 2세반보다 많도록 편성해야 하며, 만 2세 이상 반만으로 보육정원을 책정할 수 없다(보건복지부, 2012).

③ 시간 연장 및 24시간 어린이집

시간 연장 및 24시간 어린이집은 영유아의 건전한 보육과 보호자의 경제·사회적 활동의 지원을 통하여 가정 복지 증진을 도모하고, 기준 보육시간 내 귀가할 수 없는 영유아를 위한 기관이다. 보육시간을 야간까지 연장 또는 24시간 보육할 수 있도록 지원함으로써 부모가 안정적으로 사회활동을 할 수 있도록 지원한다.

이러한 어린이집은 맞벌이 가정 및 저소득층 아동을 우선 입소시켜야 하고, 부모와의 연락체계가 항상 유지되어야 하며, 시장·군수·구청장은 아동 입소관리를 통해 아동이 장기간 방치되는 사례가 없도록 지도하여야 한다. 이 기관에서는 조·석식을 포함한 급·간식을 제공해야 하고 자체 야간보육프로그램을 구비하여야 한다. 보육교사 배치기준은 영유아 5명당 보육교사 1인이다.

④ 방과 후 어린이집

방과 후 어린이집의 목적은 맞벌이 부부의 자녀 등 방과 후 보호가 필요한 초등학교 아동을 중심으로 보육서비스를 제공하여, 여성의 사회참여를 지원하고자 함이다. 보육내용은 학습지도, 인성교육, 특기교육 등을 할 수 있다. 운영시간은 6시간 기준을 원칙으로 하되 보육서비스 제공시간은 4시간 이상이어야 한다.

2 인가 신청 및 유의사항

어린이집을 설치하고자 하는 자는 보육 수요 등 지역여건 및 어린이집 설치 기준에 관하여 관할 시장·군수 또는 구청장에게 사전에 설치 전 상담을 요청할 수 있다. 국공립어린이집 외의 어린이집을 설치하고자 하는 자는 시설의 소재지를 관할하는 시장, 군수, 또는 구청장에게 어린이집 인가신청서를 제출하여야 한다.

1) 인가신청 시 구비서류

어린이집 인가신청서에 첨부하여야 할 서류는 「영유아보육법」 시행규칙 제5조 제1항에 따른다.

① 법인의 정관 및 출연금 등에 관한 서류(법인인 경우에만 해당)
② 단체의 회칙 또는 규약(단체인 경우에만 해당)
③ 임대차계약서(부동산을 임차하는 경우에만 해당)
④ 시설의 구조별 면적이 표시된 평면도와 시설 및 설비 목록
⑤ 어린이집 원장의 자격을 증명하는 서류
⑥ 보육교직원 채용계획서
⑦ 어린이집 운영계획서(운영경비와 유지방법을 포함)
⑧ 설립자가 개인인 경우 경비의 지급 및 변제 능력에 관한 서류
⑨ 인근 놀이터 이용계획서(영유아 50인 이상의 어린이집으로서 옥외놀이터나 옥내놀이터를 설치하지 아니하는 경우에 한함)
⑩ 「전기사업법 시행규칙」 제38조에 따른 전기안전점검확인서 및 「도시가스사업법 시행규칙」 제25조 및 「액화석유가스의 안전관리 및 사업법 시행규칙」 제29조에 따른 정기검사증명서
⑪ 「소방용 기계·기구의 형식승인 등에 관한 규칙」 제5조에 따른 현장 방염처리 물품의 방염성능검사 성적서 및 방염성능검사확인표시

2) 어린이집 설치 결격사유

「영유아보육법」 제16조에 다음 각 사항 중 어느 하나에 해당하는 자는 어린이집을 설치·운영할 수 없다고 규정하고 있다.

① 미성년자, 금치산자 또는 한정치산자
② 정신질환자
③ 마약·대마 또는 향정신성의약품 중독자
④ 파산선고를 받고 복권되지 아니한 자
⑤ 금고 이상의 실형을 선고받고 그 집행이 종료(집행이 종료된 것으로 보는 경우를 포함)되거나 집행이 면제된 날로부터 3년이 경과하지 아니한 자
⑥ 금고 이상 형의 집행유예 선고를 받고 그 유예기간 중에 있는 자
⑦ 「영유아보육법」 제45조의 규정에 의하여 어린이집의 폐쇄명령을 받고 1년이 경과되지 아니한 자

3) 인가절차

어린이집 설치를 원하는 자가 인가신청서를 작성하고 구비서류를 첨부하여 시·군·구에 제출하면 처리기관인 시·군·구는 접수한 후 검토 및 현장 확인과 결재과정을 거쳐 인가증을 작성하여 교부한다.

4) 어린이집 설립 전 준비사항

(1) 관계공무원과의 면담

어린이집을 설치하고자 할 때 지방자치단체의 담당 공무원에게 사전에 상담을 요청하여 관할 지역의 현황과 보육수요, 기관 설립과 운영에 관련된 각종 법규, 규정, 설치기준과 시·군·구의 어린이집 신축계획 등 다양한 자료를 검토하고 어린이집의 종류와 규모 등을 결정하는 데 필요한 정보를 수집한다.

(2) 장소선정

어린이집을 안정적으로 운영하기 위해서는 보육수요와 입지조건 등을 고려하여 장소를 선정하여야 한다.

1. 어린이집을 설치하고자 하는 지역사회의 유치원이나 어린이집의 수준이나 거리를 알아보고 취학 전 영유아 중 현재 어린이집을 이용하는 영유아와 앞으로 어린이집을 이용할 것으로 예상되는 영유아의 수를 파악하여 어린이집 간에 과잉경쟁을 하지 않고 원아모집에 지장이 없는 곳으로 선정한다.
2. 주택단지와 인접하고 주변 환경이 안전하며 교통이 편리하여 등·하원에 어려움이 없는 곳에 설치하는 것이 바람직하다.
3. 법에서 규정하고 있는 어린이집의 입지조건을 면밀하게 검토하여 경사지나 저지대 등 자연재해 우려가 있거나 공해, 소음, 위험시설 등 교육적으로 유해하다고 판단되는 지역을 피해야 한다.
4. 꽃이나 나무, 연못, 숲 등이 있는 공원, 광장 등 녹지대가 있는 곳으로 공기가 쾌적하고 보건, 위생 등에 문제가 없어야 하며, 급수, 안전, 교통 등을 충분히 고려하여 영유아의 보육에 적절한 환경을 갖춘 장소를 선정하여야 한다.
5. 영유아들에게 견학 등을 통해 학습의 기회를 증가시킬 수 있는 박물관, 미술관, 공연장 및 병원, 소방서 등의 공공시설과 같이 지역사회 자원을 활용할 수 있는 곳에 설치하는 것이 바람직하다.

(3) 운영계획 수립

다양한 정보를 참고로 하여 지역사회의 특성과 요구를 분석하였으면 어떤 형태의 어린이집을 설립할 것인지 운영계획을 수립하여야 한다. 운영철학을 바탕으로 기관운영의 기본적 성격과 방향을 결정하고 재정 상태와 입지조건 등을 고려하여 어린이집의 운영계획을 수립한다.

1. 어린이집의 1인당 면적 기준은 4.29㎡ 범위 내에서 보육정원을 책정하게 되어 있고 보육실 면적은 영유아 1인당 2.64㎡를 확보하게 되어 있으므로 이러한 기준의 면적을 확보할 수 있는지 여부를 확인하여야 한다.
2. 영유아들과 교직원들에게 기본적으로 필요한 시설인 보육실, 실내놀이실, 실외놀이터, 식당과 조리실, 교사실, 원장실, 자료실 등의 중요성을 고려하여 공간을 계획하여야 한다.
3. 어린이집에 대한 운영계획 초안을 작성하여 전문가나 다른 원장들의 경험담이나 조언을 들어 반영하며, 어린이집 설치에 필요한 비용을 산정하여 효율적으로 활용할 수 있도록 예산을 세워야 한다.
4. 특수어린이집(장애아전담, 장애아통합, 시간연장형, 휴일, 방과 후, 영아전담 등)으로 지정을 받으려면 특수어린이집 지정신청서를 제출하여야 한다.
5. 어린이집의 적절한 개원시기 결정은 원아모집 등에 매우 중요하다. 어린이집은 2월에 졸업을 하고 3월에 학기가 시작되므로 3월 1일 입학을 전제로 개원 일정을 준비하는 것이 좋다.

〈표 9-1〉 어린이집 인가신청서 양식

어린이집 인가신청서

처리기간
14 일

구분	항목	내용	항목	내용
신청인	① 성명(법인 · 단체는 대표자)		② 법인 · 단체명	
	③ 주소	(전화:)		
	④ 주민등록번호			

구분	항목	내용	항목	내용	항목	내용
시설개요	⑤ 명칭		⑥ 시설 종별		⑦ 개설예정 연월일	
	⑧ 소재지	(전화:)				
	⑨ 어린이집의 장의 성명		⑩ 주민등록번호			

구분	총인원	1세 미만	1~2세 미만	2세	3세	4~5세	방과 후
⑪ 보육 정원	명	명	명	명	명	명	명

구분	항목	면적	항목	면적	항목	면적
⑫ 시설 설비	보육실	㎡	조리실	㎡	목욕실	㎡
	화장실	㎡	놀이터	㎡	사무실	㎡
	양호실	㎡	대지	㎡	기타	㎡

구분	총인원	보육교사	간호사	영양사	조리원	기타
⑬ 종사자	명	명	명	명	명	명

구분	수입액	지출액	비고
예산	원	원	

「영유아보육법」제13조제1항 · 제14조제1항 및「영유아보육법 시행규칙」제5조 제1항에 따라 어린이집 설치인가를 신청합니다.

년 월 일

신청인 (서명 또는 인)

시장 · 군수 · 구청장 귀하

구비서류: 뒤쪽확인	수수료
	없음

〈표 9-2〉 특수어린이집 지정 신청서

(장애아통합, 시간연장, 휴일보육 어린이집) 지정 신청서

구분	항목	내용	항목	내용	항목	내용
신청인	① 성명(대표자 또는 설치자)		② 법인·단체명			
	③ 주 소	(전화 :)				
시설개요	④ 명 칭		⑤시설종별			
	⑥ 소재지	(전화 :)				
	⑦ 원장 성명		⑧주민등록번호	–		
	⑨ 보육정원					
⑪ 시설설비	보육실	m²	양호실	m²	대 지	m²
	놀이터	m²	조리실	m²	기 타	
	사무실	m²	목욕실	m²		
⑫종사자	총 인 원		보육 교사		비 고	
	명		명			
⑬예 산	수 입 액		지 출 액		비 고	
	원		원			

위와 같이(장애아통합, 시간연장, 휴일) 어린이집 지정을 신청합니다.

년 월 일

신고인 (서명 또는 인)

시 · 군 · 구청장 귀하

수수료
없 음

※ 구비서류
1. 법인의 정관 및 등기부등본(법인인 경우에 한합니다)
2. 건축물관리대장등본과 시설 및 설비목록(부동산을 임차한 경우에는 임대차계약서를 포함합니다)
3. 시설의 구조별 면적이 표시된 평면도
4. 운영계획서(시설 · 종사자현황, 교육계획안, 예산서)

※ 구비서류중 건축물관리대장 또는 시설의 구조별 면적이 표시된 평면도를 신청 관청에서 확인할 수 있는 경우에는 해당 서류의 제출을 생략할 수 있습니다.

제10장

어린이집의 시설과 설비관리

어린이집의 물리적 환경은 영유아들의 다양한 놀이활동과 학습을 위한 중요한 요소이며, 전반적인 보육의 질을 결정하는 데 영향을 미친다고 할 수 있다. 이에 본 장에서는 어린이집의 물리적 환경의 중요성을 살펴보고 어린이집에서 갖추어야 할 시설과 설비의 기준 및 실내외의 환경구성에 대하여 알아보고자 한다.

1 물리적 환경의 중요성

인간은 환경의 영향을 받고 또한 그 환경에 영향을 미치면서 살아간다. 영유아기는 그들을 둘러싸고 있는 환경과 직접적인 관계를 맺고 이에 반응하면서 성장과 발달이 비약적으로 증가하는 시기이다. 따라서 영유아들이 생활하는 어린이집의 환경은 영유아의 전인적인 발달을 위하여 탐색 및 놀이활동을 촉진하고 생활 경험을 풍부하게 해줄 수 있도록 이루어져야 한다. 영유아에게 영향을 미치는 환경에는 부모, 가족, 교사, 또래 등의 인적 환경과 건물, 각종 설비, 교재·교구 등 물리적 환경으로 구분하여 볼 수 있다. 일반적으로 부모의 역할, 교사의 전문성, 또래와의 상호작용 등이 영유아의 발달에 영향을 미친다는 점에서 인적환경도 중요하다고 할 수 있다. 하지만 영유아의 바람직한 발달을 위해서는 발달에 적합하고 안전하며 심미감, 융통성, 효율성 등을 고려한 시설과 설비 및 다양하고 풍부한 교재·교구 등의 제공이 필요하다. 안전하고 쾌적한 시설은 영유아의 신체 및 사회·정서 발달에 긍정적인 영향을 미치게 되고, 다양한 놀잇감은 영유아가 흥미와 호기심을 가지고 적극적으로 활동에 참여하게 함으로써 자연스럽게 발달을 이루어준다. 영유아는 물리적 환경을 통해 자극을 받아 다양하게 상호작용하고 활동함으로써 바람직한 발달이 이루어지기 때문에 질 높은 보호 및 교육을 위해서는 인적환경은 물론 영유아에게 적합한 물리적 환경이 제공될 때 가능하게 된다. 그러므로 영유아의 행동과 발달에 많은 영향을 미치게 되는 어린이집의 시설과 설비, 공간 구성과 배치 등의 보육환경은 보육의 질을 결정하는 핵심적인 요인이라고 볼 수 있다. 영유아시기의 발달은 성인이 되기까지 지속적으로 영향을 미치고 있고 어린이집은 영유아가 장시간 생활하는 장소라는 점에서 영유아의 바람직한 발달을 위해 어린이집의 환경은 매우 중요하다고 할 수 있다.

어린이집의 물리적 환경이 영유아의 발달에 미치는 영향을 살펴보면 다음과 같다.

(1) 보육실에 다양하고 연령에 적합한 교구가 갖추어져 있으면 영유아는 교재 · 교구와의 상호작용을 통해 인지발달이 일어나고 문제해결 기술과 언어발달을 가져올 수 있다. 교재 · 교구나 놀잇감이 부족하면 영유아의 경험이 제한되고

욕구불만과 같은 공격적 행동이 나타날 수 있다.

(2) 잘 정비된 넓은 실외환경은 대근육과 소근육의 운동기술을 향상시킬 수 있으며, 영유아의 활동을 활성화시키고 다른 영유아들과의 상호작용이 활발하게 일어나 사회성이 발달하게 된다.

(3) 안전하고 질 높은 물리적 환경이 제공되는 곳에서 영유아들은 안정감을 느끼고 놀이와 활동에 집중할 수 있으며 다양한 놀이와 학습활동을 통하여 신체, 인지, 언어 및 사회 · 정서 발달 등 전인적인 발달을 도모할 수 있다.

이와 같이 어린이집의 물리적 환경은 영유아의 발달에 결정적인 영향을 미친다. 그러므로 효율적인 보육을 위해서는 보육환경이 영유아보육에 적합하도록 마련되어야 하며, 어린이집은 물리적 환경의 기본 개념을 적용하여 안전하고 교육적인 시설과 설비를 갖추고 보육활동을 지원하여야 한다.

2 시설·설비 기준

영유아기는 모든 발달의 기초가 형성되는 시기이므로 영유아의 발달수준을 고려하여 어린이집의 시설·설비를 적절하게 갖추어 놓아야 할 것이다. 어린이집의 시설이란 기관의 목적을 실천하기 위하여 활용되는 전반적인 물리적 환경을 의미하며 실외놀이터나 텃밭, 보육실, 실내놀이터, 조리실, 현관, 울타리 등을 말한다. 설비는 시설을 구성하는 부분으로 조명, 냉·난방, 급수 및 배수, 소방시설 등 보육의 목적을 위해 필요한 물리적 요소를 의미한다. 이러한 시설·설비는 영유아의 보육활동을 지원하는 가장 기본적인 것으로 보육의 질을 결정하는 중요한 요소이며, 효율적인 보육을 위해서는 영유아들을 편안하게 잘 보육할 수 있도록 기본적인 시설과 설비가 잘 갖추어져야 한다. 또한 어린이집은 영유아뿐만 아니라 원장, 교사, 조리원 등의 보육교직원과 부모들이 함께 생활하는 공간이다. 그러므로 영유아들은 물론 영유아를 돌보는 교사와 부모들을 위한 공간구성 및 이에 적합한 시설·설비를 갖추어야 한다.

보육사업안내(보건복지부, 2014)에서 제시하는 어린이집의 설치를 위한 시설· 설비기준(「영유아보육법」 시행규칙 별표1)은 다음과 같다.

1) 어린이집의 입지조건

(1) 지방자치단체의 장은 "어린이집은 보육수요 · 보건 · 위생 · 급수 · 안전 · 교통 · 환경 및 교통편의 등을 충분히 고려하여 쾌적한 환경의 부지를 선정"하여야 하므로 영유아의 신체적 · 사회적 안전에 위험하다고 판단되는 시설(폐기물 처리시설, 유흥업소, 전염병원 등) 인근에 어린이집이 입지하지 않도록 인가를 제한할 수 있으며, 위험시설 또한 어린이집 인근에 입지하지 않도록 하여야 한다.

(2) 어린이집은 「주택건설기준 등에 관한 규정」 제9조제3항에서 규정하고 있는 위험시설로부터 수평거리 50m 이상 떨어진 곳에 배치하여야 한다.

(3) 지방자치단체의 장은 보육부서와 건축 및 기타부서 간 긴밀한 협조체계를 구축하여, 어린이집의 인가 또는 위험시설의 신축을 위한 건축 허가 시 어린이집 입지조건을 충분히 고려하도록 조치하여야 한다.

2) 어린이집의 구조 및 일반기준

(1) 어린이집의 건물구조 및 보육실 · 화장실 · 놀이기구 등이 영유아의 안전과 이용에 편리하도록 설계 · 시공되어 있는지 확인하여야 한다.

(2) 어린이집은 다음의 설비를 하여야 한다. 이 경우 보육실을 포함한 시설 면적(놀이터 면적은 제외)은 1명당 4.29㎡ 이상으로 한다.

① 보육실

보육실은 건축물의 1층에 설치하며, 해당 어린이집이 1층에 해당하는지 여부는 건축법상의 층수와 관계없이 실제의 층수를 기준으로 한다. 다만, 보육실이 위치한 해당 층 4면의 50/100 이상 80/100 미만이 지상에 노출되고, 해당 층 주 출입구의 하단이 지표면으로부터 1미터 이내이며, 지방보육정책심의위원회의 심의를 거쳐 채광, 환기, 습도, 침수 등 영유아의 건강과 안전에 문제가 없는 것으로 확인된 해당 층에 어린이집을 설치하는 경우 예외적으로 인정한다. 건물전체가 어린이집인 경우 및 사업장(사옥) 내 직장어린이집을 설치하는 경우, 1층부터 5층까지 보육실을 설치할 수 있다. 건물 전체를 어린이집으로 사용하는 경우, 건물 전체(지하층 포함)가 건축법상 노유자 시설(어린이집)로 용도가 지정되어 어린이집으로 전용되어야 한다. 그 밖에 불가피한 사유가 있다고 보건복지부장관이 인정하는 경우, 2층 및 3층까지 보육실을 설치할 수 있다. 보육실은 거실, 포복실 및 유희실을 포함하여 영유아 1명당 2.64㎡ 이상으로 한다. 보육실에는 침구, 놀이기구 및 쌓기놀이활동, 소꿉놀이활동, 미술활동, 언어활동, 수·과학활동, 음률활동 등에 필요한 교재·교구를 갖추어야 한다. 어린이집은 환기·채광·조명·온도 및 습도가 적절히 유지·관리되도록 하여야 한다. 보육실은 바닥 난방시설을 갖추어야 한다.

② 조리실

조리실은 1층 이상에 설치하는 것을 원칙으로 하며, 채광이 잘 되도록 하고 기계환기시설을 하여 청정한 실내환경을 유지하도록 하며, 창문에는 방충망을 설치하여야 한다. 식기를 소독하고 위생적으로 취사 및 조리할 수 있는 설비를 갖추어야 한다. 유치원과 같은 건물에 설치된 어린이집은 유치원의 조리실을 함께 사용할 수 있다. 사업주가 직장어린이집을 설치한 경우 직장어린이집이 설치된 건물에 집단급식소를 운영하는 경우에는 조리실을 별도로 설치하지 아니할 수 있다. 이 경우 영유아를 위한 음식의 조리공간은 분리(벽이나 층으로 구분) 또는 구획(칸막이, 커튼 등) 되어 있어야 한다.

③ 목욕실

목욕실은 난방을 하여야 하며, 바닥은 미끄럼 방지장치를 하여야 한다. 샤워설비,

세면설비 및 냉온수 공급을 위한 설비를 갖추어야 하며, 수도꼭지는 온수 사용 시 화상을 입지 아니하도록 온도를 조정 및 고정할 수 있어야 한다. 목욕실은 보육실과 인접한 공간에 위치하여야 한다.

④ 화장실

화장실 바닥은 미끄럼 방지장치를 하여야 하며, 세정장치와 수도꼭지 등은 냉온수의 온도를 조절 및 고정할 수 있어야 한다. 화장실은 수세식 유아용 변기를 설치하고 보육실과 동일한 층의 인접한 공간에 설치하며(층간 설치 지양), 목욕실은 건물 외부 설치가 불가하며 보육실과 인접한 공간에 설치한다.

⑤ 시설규모에 따라 사무실, 양호실, 식당, 자료실, 상담실, 강당, 놀이터, 보육교직원 휴게실 등 설치가 가능하다.

3) 놀이터 및 놀이기구 설치기준

(1) 정원 50인 이상의 어린이집은 영유아 1인당 3.5㎡ 이상 규모의 옥외놀이터 설치를 원칙으로 하되, 정원 규모별 면적기준은 달리 적용할 수 있다.
(2) 실내놀이터를 제외하고 놀이터의 바닥은 모래밭, 천연 및 인공 잔디, 고무 매트, 폐타이어 블록으로 설치하여야 한다.
(3) 업무용 밀집지역 등 일정 지역 전체가 옥외놀이터 부지 확보가 어려운 특수성이 인정되는 경우에 한하여 제한적으로 옥내놀이터 및 인근놀이터를 대체놀이터로 허용한다.
(4) 어린이집의 놀이기구 및 어린이용품은 「영유아보육법」 및 「어린이놀이시설 안전관리법」, 「품질경영 및 공산품 안전관리법」, 「환경보건법」에서 정한 기준에 적합한 놀이기구를 설치하여야 하며, 놀이기구는 영아용과 유아용 또는 대상 연령별로 설치하여야 한다.
(5) 놀이터에 대근육활동 놀이기구 1종 이상 포함, 최소 3종 이상의 놀이기구를

설치한 경우에 인가한다.

4) 급배수시설

(1) 상수도 또는 간이상수도에 의하여 먹는 물을 공급하는 경우에는 저수조를 경유하지 아니하고 직접 수도꼭지에 연결하여 공급하여야 한다. 다만, 직접 수도꼭지에 연결하기 곤란한 경우는 제외한다.

(2) 어린이집에서 지하수를 음용수로 사용할 경우에는 저수조 등의 시설을 경유하여야 한다.

(3) 더러운 물, 빗물 등이 잘 처리되도록 배수설비를 하여야 한다.

5) 비상재해대비시설 설치기준

(1) 어린이집이 1층인 경우에 비상시 양방향 대피가 가능하여야 하며, 양방향 대피를 위하여 주 출입구 외에 안전한 지상과 바로 연결되는 비상구 또는 출구를 설치하여야 한다.

(2) 어린이집이 2층과 3층인 경우에는 비상시 층별로 양방향 대피가 가능하여야 하며, 양방향 대피를 위하여 주 계단 외에 층별로 건물 내부를 경유하지 않고 직접 지상으로 바로 연결되는 비상계단 또는 미끄럼대를 해당 건물의 외부에 설치하여야 한다.

① 건물 전체를 어린이집으로 사용하는 건물에서 내부 직통 계단을 2개 이상 설치하거나, 주 계단 외에 피난층 또는 지상으로 통하는 직통 계단을 설치한 경우 비상계단을 설치한 것으로 인정한다.

② 「소방시설설치유지 및 안전관리에 관한 법률 시행령」에서 규정하는 스프링클러가 건물 전체에 걸쳐 유효하게 설치되고, 피난기구의 화재안전기준(NFSC)에서 정한 피난기구를 설치한 경우, 비상계단 및 미끄럼대를 설치하지 않을 수 있다.

(3) 어린이집이 4층과 5층인 경우에는 아래의 기준을 모두 준수하여야 한다.

① 「소방시설설치유지 및 안전관리에 관한 법률 시행령」에 따른 스프링클러 설비 및 자동화재탐지 설비를 건물 전체에 설치하여야 한다.

② 건물 내 양방향 대피가 가능한 2개소 이상의 직통계단을 설치하여야 한다.

③ 보육실의 주 출입구는 직통 계단 또는 비상계단까지의 보행거리가 30미터 이내가 되도록 설치하여야 한다.

④ 건물의 천장·바닥과 벽체 등의 내부 마감재는 불연재로 설치해야 하고, 벽체 등에는 가연성 장식물을 부착하지 아니해야 한다.

⑤ 조리실은 내화구조로 된 바닥, 벽 및 「건축법 시행령」 제64조에 따른 방화문으로 외부와 구획되어야 한다.

⑥ 「소방시설설치유지 및 안전관리에 관한 법률 시행규칙」 제7조에 따른 연소우려가 있는 건물의 구조가 아니어야 한다.

⑦ 2급 이상의 방화관리자를 고용(직원 중 방화관리자 자격증을 가진 자가 있을 경우에는 제외)하여 방화관리를 해야 한다.

6) 기타 실내 설비

(1) 영유아가 접근할 수 없는 안전한 장소에 응급조치를 위한 비상약품 및 간이 의료기구 등을 갖춰 두어야 한다.

(2) 비상구를 제외한 모든 출입문 및 창문은 안쪽에서 잠길 우려가 없어야 하고, 밖에서 쉽게 열 수 있어야 하며, 출입문 및 창문의 가장자리에는 영유아의 손이 끼지 아니하도록 손끼임 방지 고무패킹이나 완충장치를 설치하여야 한다.

(3) 돌출형 방열기(라디에이터)는 영유아의 신체가 직접 닿지 아니하도록 울타리를 설치하여야 하며, 이와 유사한 온열기를 사용하는 경우에는 영유아가 직접 온열기에 닿지 아니하도록 적절한 보호장치를 설치하여야 한다.

(4) 책상, 의자 등 가구의 모서리는 둥글고 표면이 매끄럽게 처리된 것이나, 고무 등으로 모서리에 보호장치를 설치하여야 한다.

(5) 보육실에 설치된 교구장, 수납장 등은 안전을 위하여 아래 부분에 무거운 비품을 보관하여야 하고, 선반을 설치하는 경우에는 물건이 떨어지지 아니하도록 지지대를 설치하여야 하며, 무거운 물건은 너무 많이 쌓아 놓아서는 안 된다.

(6) 보일러 설비, 퓨즈박스(두꺼비집), 화기, 소독수, 살충제, 조리실의 칼·가위·포크·랩 등은 영유아의 손이 닿지 아니하는 위치에 배치되어야 한다.

(7) 어린이집 내부(벽, 천장 등)의 마감재료는 「건축법 시행령」 제2조에 따른 불연재료, 준불연재료 또는 난연재료를 사용하여야 하며, 보육실은 「환경보건법 시행령」에 따른 환경안전관리기준을 준수하여 설치하여야 한다. 실내장식물과 창문에 설치하는 커튼류 및 카펫 등 방염대상물품은 소방시설 설치 유지 및 안전관리에 관한 법령에 따른 방염 성능이 있는 것으로 설치하여야 한다.

7) 장애아전담어린이집

장애아만을 20명 이상 보육하는 장애아전담어린이집을 설치하는 경우에는 다음의 시설 및 설비를 갖추어야 한다.

(1) 장애아가 활동하기에 충분하도록 어린이집은 장애아 1명당 7.83㎡ 이상, 보육실(교실, 거실, 포복실, 유희실, 치료교실, 집단활동실을 포함)은 장애아 1명당 6.6㎡ 이상의 면적을 확보하여야 한다.

(2) 집단활동실(강당, 놀이실)은 문턱 없이 접근이 가능한 통로에 연결되어야 하고 휠체어, 보행기 등의 출입에 장애가 없어야 한다.

(3) 출입구는 비상재해 시 대피하기 쉽도록 복도 또는 넓은 공간에 직접 연결되게 설계되어야 하며, 시각장애아를 위한 점자블록이나 유도장치를 갖추어야 한다.

(4) 옥외 피난계단의 유효폭은 0.9m 이상이어야 한다.

(5) 회전문과 자재문(문턱이 없어 양방향으로 열리는 문)은 금하며 자동문 설치 시 문의 개폐시간은 3초 이상을 확보하여야 한다(휠체어에 앉은 영유아가 문의 손잡이를 잡을 수 있어야 한다).

(6) 계단 외에 엘리베이터 또는 기울기 1/12 이하의 경사로를 설치하여야 한다.

8) 장애아통합어린이집

장애아 3명 이상을 보육하는 장애아통합어린이집은 다음과 같은 설비를 갖추도록 노력하여야 한다.

(1) 2층 이상의 시설에는 엘리베이터를 설치하거나 적어도 한 곳 이상에 기울기 1/12 이하의 경사로를 설치하여야 한다.
(2) 출입구는 비상재해 시 대피하기 쉽도록 복도 또는 넓은 공간에 직접 연결되도록 하고, 시각장애아를 위한 점자블록이나 유도장치를 설치하여야 한다.
(3) 복도, 문, 화장실은 휠체어의 출입에 장애가 없어야 한다.
(4) 옥외 피난계단의 유효폭은 0.9m 이상이어야 한다.

3 시설·설비의 계획 시 고려사항

어린이집의 시설·설비는 영유아의 발달적 특성을 고려하여 발육과 학습을 도울 수 있어야 하며, 영유아들이 사용하기 편리하도록 설계하여야 한다. 그러므로 시설·설비를 계획할 때는 다음과 같은 점을 고려하여야 한다.

1) 발달수준의 적합성

영유아기는 성인기와 달리 빠르게 변화하는 시기다. 그러므로 발달특성을 고려한 환경을 제공함으로써 영유아가 심리적으로 안정감을 느끼면서 자신의 능력을 향상시키고 성취감을 가질 수 있도록 영유아의 신체크기와 능력에 적합한 환경을 제공해 주어야 한다. 영아는 양육과 관련된 개별적인 욕구를 반영하도록 하고 유아는 교육적 욕구를 충족하도록 흥미영역으로 세분화 하여야 한다.

2) 건강 및 안전

어린이집은 신체적으로 면역력이 약한 많은 영유아가 장시간 생활하기 때문에 청결 및 위생관리가 중요하다. 또한 영유아는 스스로 안전에 대해 통제할 수 있는 신체조절능력이 불완전하므로 사고나 위험으로부터 보호할 수 있도록 최대한 안전을 고려하여 시설을 설비하고 배치하여야 한다.

3) 정서적 안정감

영유아는 편안함과 안정감을 느낄 수 있을 때 교구와 놀이에 반응을 보인다. 시설·설비는 영유아의 정서적인 면에 영향을 미치는 조명과 색감 등을 고려하여 심미적이어야 하며, 균형 있고 부드러운 느낌을 주어야 한다. 쾌적하고 안락한 환경을 조성하여 영유아의 발달을 적극적으로 지원하며 휴식하고 재충전할 수 있도록 하여야 한다.

4) 보호와 교육

어린이집은 보호와 교육이 함께 이루어지는 공간이므로 영유아의 건강, 영양, 안전 등의 보호는 물론 교육도 중요하다. 보호와 교육을 불편함이 없이 효율적으로 수행할 수 있도록 시설을 배치하여 조화롭게 연계할 수 있어야 한다. 영아는 수유, 기저귀 갈기 등의 일상적인 양육활동에 대한 배려가 더 필요하고 유아는 놀이와 학습을 위한 풍부한 놀잇감을 제공해 주어 다양한 경험과 학습이 일어날 수 있도록 하여야 한다. 흥미영역 간의 공간구성과 융통성 있는 교구의 배치 등 적절한 환경구성을 통해 놀이와 학습이 자연스럽고 효율적으로 이루어지도록 해야 한다. 특히 영유아기에는 운동능력이 향상되면서 움직임과 이동의 욕구가 많아지게 되므로 이러한 영유아의 욕구를 적극적으로 수용하고 신체와 사물의 조절능력을 증진시킬 수 있도록 자극하고 지원해 주어야 한다.

5) 융통성

어린이집은 영유아의 다양한 요구와 변화를 반영할 수 있도록 융통성이 있어야 하고 공간을 낭비 없이 효율적으로 활용하여야 한다. 영유아들이 출입하고 활동하는 데 불편함이 없도록 건물의 층수는 최대 3층을 초과하지 않도록 하고, 이동이 불편한 장애아들의 이용을 고려하여야 한다. 효율적인 공간 활용을 위해 획일적인 직사각형보다는 입체적인 구조로 단조로운 것을 피하고, 내부구조는 필요에 따라 시설의 일부를 변경하거나 다른 용도로 사용할 수 있도록 하여 공간의 활용도를 높일 수 있도록 하여야 한다. 어린이집은 유희실이나 강당을 부모나 지역주민들이 이용할 수 있도록 하는 등 지역사회를 위해 서비스를 제공하고 지역사회와 교류할 수 있는 개방된 공간으로 활용할 수 있어야 한다.

6) 경제성

시설·설비의 계획은 재정적 조건을 고려하여 비용에 낭비가 없도록 하며, 한곳으로 너무 집중되지 않도록 적절하게 배분하여야 한다. 장기적인 안목에서 시설의 활용, 관리 및 유지가 효율적으로 이루어질 수 있도록 현명하고 신중하게 계획하여야 한다.

4 어린이집의 실내 공간 구성

어린이집의 실내공간은 영유아의 보육관련 업무와 사무 행정을 위한 행정관리 공간, 영유아의 활동을 지원하는 서비스 공간, 영유아의 놀이 및 학습이 이루어지는 보육공간으로 구분할 수 있다. 이러한 어린이집의 공간들을 구체적으로 살펴보면 다음과 같다.

1) 행정관리 공간

(1) 원장실

원장실은 원장이 어린이집의 운영 및 관리를 위한 사무를 보는 공간이며, 교사회의나 부모상담을 위한 장소로 활용된다. 학부모에게 어린이집을 소개하고 상담과 접수 등 어린이집 운영에 필요한 업무를 보는 장소이므로 방문객들을 편안하게 맞이할 수 있는 곳에 위치하도록 하며, 어린이집에 대한 정보제공 및 행정업무를 용이하게 처리할 수 있어야 한다. 교사들과의 상호작용이 원활하여 보육환경 전반을 파악할 수 있도록 영유아에 대한 보호와 감독에 적절하고 실내외활동을 쉽게 볼 수 있도록 공간 배치가 이루어져야 한다. 어린이집을 찾는 학부모와 방문객에게 신뢰감과 좋은 인상을 줄 수 있도록 편안하고 안정된 분위기를 느낄 수 있도록 공간을 구성하여야 한다. 원장실 옆에 업무를 보조하는 사무실을 별도로 두는 것이 좋으나 공간이 협소한 경우에는 원장실과 사무실을 함께 사용한다.

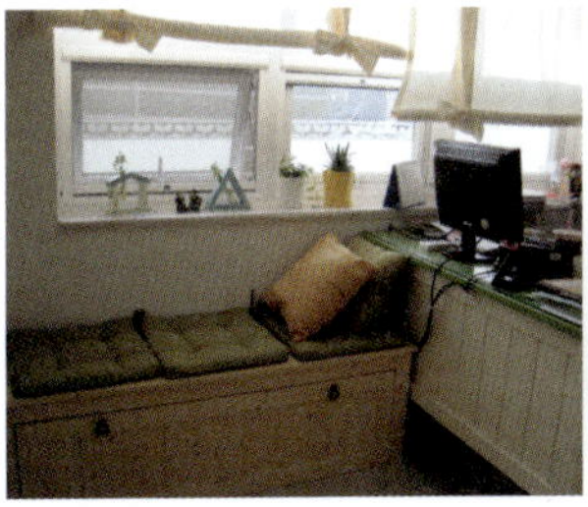

(2) 교사실

교사실은 교사들이 학습자료를 제작하고 보육을 위한 활동을 계획하기 위한 회의를 하며 휴식을 취할 수 있는 공간이다. 교사가 보육의 질에 미치는 영향을 고려할 때 교사를 위한 공간의 제공은 교사의 보육활동 및 업무의 효율성을 높이는 데 도움을 줄 수 있다. 그러므로 교사실에는 컴퓨터, 사무용품, 작업대, 회의용 탁자, 교사용 참고도서 등이 비치되어 있어야 하며, 보육실이나 교재교구 및 자료실 등과의 접근이 용이한 곳이어야 한다. 교사들을 위한 개인 사물함과 옷장, 휴식을 위한 편안한 소파, 차를 마실 수 있는 공간 등을 배치하여 교사가 충분히 휴식하고 업무에 집중할 수 있도록 하여야 한다.

(3) 자료실

어린이집은 교육활동에 필요한 교재·교구가 계속해서 만들어지게 되므로 영유아의 교재·교구 및 학습 자료를 보관하는 것은 매우 중요하다. 다양한 학습자료의 크기나 모양에 따라 수납을 위한 가구를 구입하거나 제작하고 폭과 높이를 조절할 수 있는 것으로 준비하여 정리한다. 자료를 특성에 따라 주제, 영역, 재료, 계절, 연령, 사용빈도 등에 따라 체계적으로 정리하여 효율적으로 사용할 수 있도록 하여야 하며, 교재·교구대장과 목록을 만들어 체계적으로 관리해야 사용하기가 편리하다. 자료실은 교사들이 가장 많이 활용하므로 교사실과 인접한 곳에 위치하는 것이 바람직하며 교재·교구를 꺼내서 수업활용도를 탐색해 볼 수 있는 공간이 있는 것이 좋다.

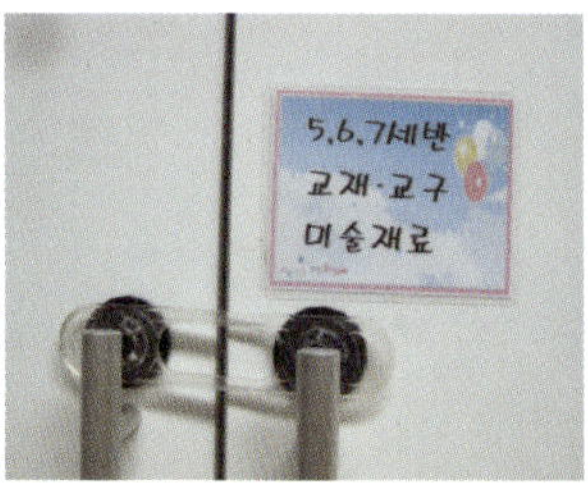

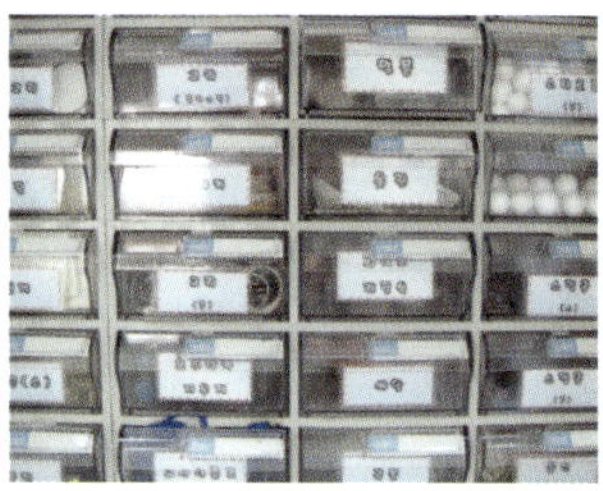

2) 서비스 공간

(1) 출입구 및 현관

출입구 및 현관은 어린이집을 방문하는 사람들이 처음으로 기관의 첫인상을 갖게 되는 곳이므로 편안하고 안정된 분위기를 느낄 수 있어야 한다. 또한 영유아가 부모와 헤어지거나 만나는 장소이므로 영유아가 심리적으로 안정감을 느낄 수 있도록 집과 같이 편안하고 친숙한 분위기를 만들어야 한다. 현관에는 신발장과 실내화 등을 준비하고 보호자가 현관에서 자녀를 보살피거나 기다릴 수 있는 공간을 마련하며, 처음 방문하는 사람들이 기관의 현황을 알 수 있도록 보육방침, 보육목표, 교직원의 명단과 사진, 주요 행사사진 등을 게시하는 것이 좋다. 부모 대기실을 별도로 마련하기 어려운 경우 부모를 위한 의자와 부모용 도서 등을 마련해 준다. 비 오는 날을 대비하여 우산꽂이 등을 비치하거나 신체장애아도 출입이 용이하도록 해야 하며, 현관의 문과 바닥은 안전을 고려하여 사고를 예방할 수 있도록 해야 한다.

(2) 화장실

화장실은 배변과 씻기를 하는 공간이기 때문에 청결하고 안전하여야 한다. 통풍과 채광이 잘되어야 하고 밝은 색상, 조명 등을 고려하여 화장실 분위기를 쾌적하게 하여야 하며, 화장실 바닥은 물기가 있는 곳이므로 미끄럼 방지시설을 하여야 한다. 화장실의 변기는 유아용으로 설치하며 화장실의 칸막이는 유아의 프라이버시를 존중해 주는 동시에 교사의 관찰이 가능하도록 낮은 칸막이를 해주는 것이 좋다. 변기의 수는 여아용은 8~10명당 1개, 남아용은 10~15명당 대변기, 소변기 각 1개씩을 설치한다. 세면대는 유아의 키를 고려하여 유아가 서서 편안히 씻을 수 있을 정도로 설치해야 하며, 유아의 팔이 닿을 수 있는 범위 안에 수도꼭지가 있어야 한다. 유아 10명당 수도꼭지 1개를 설치하며 냉수와 온수사용이 가능하도록 하고 온수 조절장치 등을 설치하여야 한다. 세면대 외에도 유아가 몸을 씻을 수 있는 시설로 샤워기 장치가 있어야 하며 수건, 비누, 휴지걸이 등은 유아의 키를 고려하여 설치하여야 한다.

(3) 양호실

아픈 영유아에게는 보호자가 올 때까지 돌보아 주고 안정을 취할 수 있는 공간이 필요하므로 양호실은 조용하고 휴식을 취할 수 있는 공간으로 마련되어야 하며, 별도의 격리된 곳이 아닌 교사의 보호가 가능한 곳이어야 한다. 양호실이 없을 때는 교사실이나 원장실 등에 가리개를 이용하여 공간을 만들어 줄 수 있다. 양호실에는 침대와 간단한 구급약품이 비치되어 있어야 하며, 약품장은 영유아의 손이 닿지 않게 위치하도록 하여야 한다. 아픈 영유아가 부모를 기다리는 동안 이용할 수 있도록 인형이나 영유아용 도서 등을 준비해 둔다.

(4) 부모 · 방문객을 위한 공간

기관을 방문하는 학부모와 지역사회 인사 등 방문객이 잠시 기다리는 동안 편안하게 머무를 수 있는 공간을 마련하여야 한다. 이 공간은 사무실이나 교사실과 연결되도록 하는 것이 좋으며, 부모들이 쉽게 이용할 수 있도록 개방되어야 한다. 다른 영유아의 부모와 서로 만나 영유아의 성장과 발달에 관련된 이야기를 편안하게 나눌 수 있도록 편안한 의자를 마련하고 간단하게 차나 음료를 마실 수 있도록 준비하는 것이 바람직하다. 또한 어린이집 안내 자료나 영유아들의 활동사진 등을 게시하여 기관에 대한 이해를 돕고 정보를 공유할 수 있도록 하며, 부모교육 및 자녀교육과 관련된 다양한 책을 비치해 두어 활용할 수 있도록 한다.

(5) 조리실

조리실은 영유아들의 식사 및 간식을 준비하여 영유아의 건강과 영양을 공급해 주는 곳이므로 환기가 잘되며 청결하고 위생적이어야 한다. 출입구와 창문에 해충 및 쥐의 침입을 막을 수 있도록 방충망을 설치하고, 조리실의 벽, 바닥 및 천장은 내화성, 내수성, 내구성이 있는 재질로 청소와 소독이 쉽고 화재예방이 가능하도록 하여야 한다. 영유아의 안전을 위해 놀이 영역과는 떨어져 있어야 하며, 조리에 필요한 시설·설비를 갖추어야 한다. 기본적으로 갖추어야 될 시설·설비에는 싱크대, 조리대, 조리기구, 식기류, 전열기, 냉장고, 소독기, 환기장치, 식품보관실 등이 있다. 효율적인 조리작업을 위해 개수대와 조리대, 배식구를 인접하여 배치하고 위생상 개방된 구조가 바람직하다.

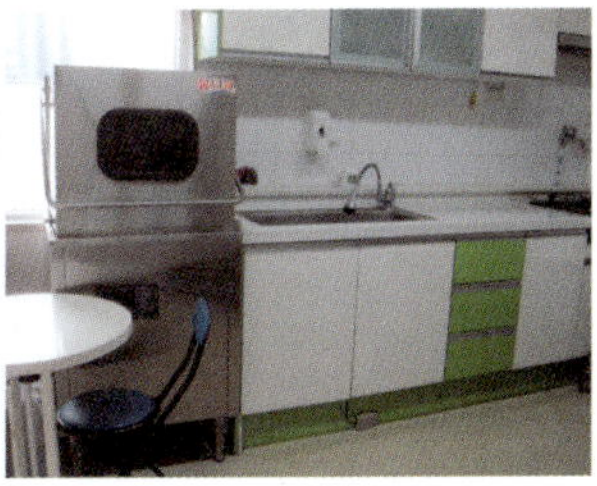

3) 보육 공간

보육실은 영유아들이 대부분의 시간을 보내며 활동하는 곳이므로 가장 중요한 공간이다. 그러므로 영유아의 건강과 긍정적인 정서발달을 위하여 보육 공간의 환경구성 및 시설·설비의 설치에 있어 영유아의 발달적 특성 및 환기, 조명, 채광, 소음, 청결, 위생, 안전 등을 고려하여야 한다.

(1) 보육실 환경구성

① 영유아들이 소그룹활동이나 개별적인 놀이 등 다양한 놀이활동을 통해 성장과 발달을 이룰 수 있도록 물의 사용 여부 및 동적인 활동과 정적인 활동에 따라 구분하여 배치하고 활동내용에 따라 흥미영역별로 구성한다. 흥미영역의 놀이활동 공간은 영유아들이 자유롭고 편안하게 학습하고 탐색할 수 있도록 활동에 서로 방해가 되지 않도록 충분한 공간이 있어야 하며, 시각적으로 분리되도록 낮은 교구장, 칸막이 등으로 구분하여 구성한다.

② 영유아들의 흥미를 불러일으킬 수 있도록 발달 특성에 따라 학습하고 탐색할 수 있는 다양한 교재·교구를 준비해 주어야 하며, 영유아들이 성인의 도움 없이 쉽게 꺼내서 활동할 수 있도록 낮은 선반에 정돈하여 제시해야 한다. 가구나 비품이 보육실 바닥 면적의 1/2~2/3 정도가 되도록 하며, 깨끗하고 잘 정돈되도록 한다.

③ 조화로운 음향은 영유아의 청각 및 언어발달에 도움이 되지만 지나친 소음은 영유아의 청각손상은 물론 건강에도 영향을 주게 된다. 그러므로 소음을 제거하거나 흡수할 수 있도록 소음을 적게 해야 하는 곳은 카펫으로 처리하며, 활동적인 영역의 천장은 높이고 정적인 영역의 천장은 낮추는 등 심미적인 즐거움을 주고 소음을 줄여서 안정되고 편안한 환경을 만들어야 한다.

④ 색은 보육실의 분위기에 영향을 주어 영유아를 흥분시키기도 하고 평화로움을 느끼게 하기도 한다. 채도가 높은 원색 등 밝은 색이 너무 많을 경우 영유아가 한 가지 일에 집중하지 못하고 흥분하거나 지나치게 활동적이 되는 등 악영향을 가져올 수 있다. 그러므로 보육실은 가정과 같이 따뜻하고 안정된 분위기를 느낄 수 있도록 자연의 색과 가까운 파스텔톤의 부드러운 색으로 꾸미는 것이 좋다.

⑤ 자연채광과 조명은 영유아의 시력 및 혈압과 맥박 등 신체에 영향을 주고 사물의 관찰을 통한 학습의 중요한 조건이 되므로 햇빛이 실내에 골고루 비추도록 창을 설치하여 자연채광만으로도 보육실의 밝기가 충분하여야 한다. 창문에 과도하게 썬팅지를 부착하거나 하루 종일 커튼(블라인드)을 치는 등 햇빛을 가리는 일이 없도록 주의하며, 전등의 수가 부족하거나 조명의 조도가 낮아 활동에 방해되지 않도록 적절한 밝기를 유지한다.

⑥ 창문은 채광, 환기, 방음, 온도조절 등의 역할을 가지고 있으며, 햇빛과 신선한 공기가 자연스럽게 보육실에 들어오게 하고 밖의 아름다운 풍경을 볼 수 있게 해야 하므로 창문이 없을 경우 답답함을 느끼게 된다. 그러므로 장시간 영유아가 머무르는 보육실에는 반드시 창문이 있어야 한다. 영유아가 바깥을 볼 수 있도록 창은 영유아의 신체 크기에 맞도록 낮게 설치해야 하며 창문의 안전관

리를 고려하여 영유아가 가깝게 다가갈 수 있는 곳은 안전유리를 사용한다.

⑦ 보육실의 바닥은 영유아의 위생과 안전을 고려하여 탄력성이 좋은 바닥재 등으로 넘어져도 안전하게 되어 있어야 하고 활동 영역에 따라 적절한 자재를 사용하여야 한다. 바퀴 달린 장난감으로 놀 수 있는 곳은 비닐, 리놀륨, 나무 등 부드러우면서도 단단한 것으로 설치하며 소음이 많이 나는 영역에는 방음을 위해 카펫 등을 깔아놓는 것이 바람직하다. 화장실이나 물을 사용하는 영역 등은 바닥이 젖었을 때 미끄럽지 않고 쉽게 닦을 수 있도록 타일, 리놀륨 바닥이 좋다.

⑧ 낮은 천장은 친밀감을 주므로 친밀감을 가지고 사회적 상호작용을 하는 공간은 천장을 낮게 하는 등 영유아들이 다양하게 경험할 수 있도록 각 영역마다 천장의 높이를 다양하게 하는 것이 좋다. 천장에 모빌이나 장식을 용이하게 할 수 있는 장치를 설치하면 보육실을 더욱 아름답게 꾸밀 수 있다.

⑨ 벽은 방음과 단열이 잘되도록 하고 장소에 따라 나무, 벽돌, 타일이나 벽지 등을 적절하게 사용한다. 벽은 안내문을 게시하거나 영유아의 작품 및 다양한 자료 등을 전시하는 역할을 하기도 하므로 다른 자료를 쉽게 붙일 수 있는 공간을 고려한다.

〈창문〉

〈벽〉

⑩ 환절기, 여름철, 겨울철 등에도 실내 적정 온도(20~22℃)와 습도(50~55%)가 유지되도록 하며, 창문을 열고 환기를 시켜 보육실 내에 항상 신선한 공기가 유입될 수 있도록 한다.

〈창문〉

〈모빌〉

(2) 연령별 환경구성

영유아들의 발달에 적합한 환경구성을 위해서는 연령별로 발달 특성을 고려해야 하며, 연령별 보육과정을 효과적으로 운영하기 위해 흥미영역의 수나 제공되는 교재·교구를 다르게 제시하여야 한다.

1 영아반(만 0~1세)을 위한 환경구성

① 영아들을 위한 환경구성은 영아들이 집과 같이 따뜻하고 편안함을 느낄 수 있도록 하며, 신체적으로 미숙한 영아가 자유롭게 움직이며 탐색할 수 있도록 충분한 공간을 마련하여야 한다.

② 영아들을 위한 공간은 기저귀 갈기, 낮잠 자기, 식사 공간 등 일상생활영역과 신체, 언어, 탐색활동 등 놀이 영역으로 위생을 고려해 서로 분리하여 배치하고 조용하게 쉴 수 있는 휴식 공간을 확보하여야 한다.

③ 보육실의 시설과 설비가 영아의 신체크기 및 발달에 적합해야 하며, 영아는 감각(시각, 청각, 촉각, 미각, 후각)을 통하여 환경을 탐색하므로 영아의 감각을 자극할 수 있는 다양한 환경을 제공하여야 한다.

• 기저귀 갈이 영역

기저귀 갈이 공간은 영아를 씻어주거나 교사가 손을 씻을 수 있는 세면대와 가까운 곳에 있어야 하며 식사하는 공간과는 떨어져 있는 것이 좋다. 기저귀 가는 일이 손쉽게 이루어질 수 있도록 기저귀 갈이 용품(기저귀, 로션, 수건, 파우더, 물휴지 등)을 비치하고 영아의 흥미를 위해 작은 인형이나 모빌 등을 설치한다.

• 수유 및 이유 영역

수유 및 이유 등의 음식을 먹는 공간은 뒷정리가 용이하도록 싱크대 가까이 배치하고 교사가 수유하기에 편한 흔들의자나 소파를 마련하고 영아의 신체 크기에 맞는 낮은 식탁이나 의자를 준비한다.

• 낮잠 및 휴식 영역

낮잠 및 휴식 영역은 영아들이 편안하게 낮잠이나 휴식을 취할 수 있도록 놀이공간과 분리하여 소음이 나지 않는 곳이어야 한다. 휴식 영역은 영아들이 혼자 쉬거나 놀 수 있는 장소로 조용히 안정과 휴식을 취할 수 있도록 소파나 쿠션 등을 준비해 주고 자연채광을 충분히 받을 수 있도록 하면서 커튼이나 블라인드로 빛을 조절할 수 있도록 한다. 영아가 편안하게 누워서 볼 수 있는 모빌이나 발로 차고 손으로 잡아당길 수 있는 놀잇감을 설치하여 준다.

- 신체 영역

영아기는 신체 및 운동 기술 능력이 급속히 발달되는 시기이므로 대근육 발달을 위해 넓고 안전한 공간을 충분히 마련해 주어야 한다. 영아가 넘어졌을 때 발생할 수 있는 안전사고를 예방하기 위해 바닥에는 충격을 흡수하는 카펫이나 매트리스를 깔아준다. 보행기, 밀고 다니는 장난감 등 대근육활동을 위한 다양한 놀잇감을 준비해 준다.

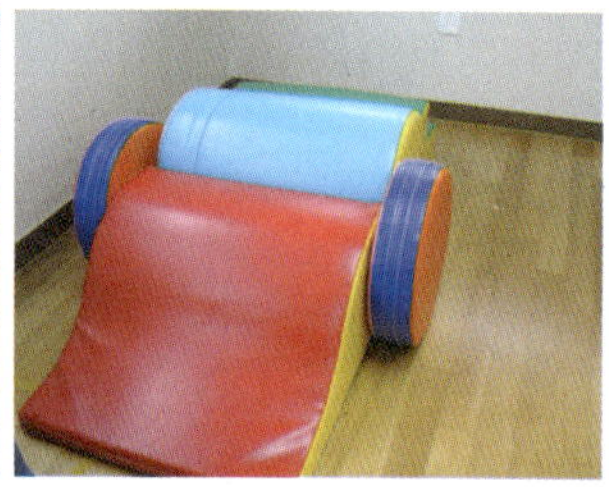

- 탐색 영역

영아들이 직접 탐색을 하면서 다양한 감각적 경험을 통해 소근육 발달을 할 수 있도록 영아의 손이 닿는 표면에 다양한 질감을 제공하며, 부드러운 요소와 딱딱한 요소가 골고루 포함되도록 다양한 모양, 크기, 색, 질감을 느낄 수 있는 교구를 마련해 준다. 놀잇감은 영아들이 가지고 놀면서 자주 입으로 가져가므로 안전하고 위생적으로 제공될 수 있도록 독성이 없고 씻을 수 있는 것이어야 하며, 영아가 삼키지 않도록 충분히 큰 것이어야 한다.

- 언어 영역

언어 영역은 소음이 나지 않는 곳에 영아와 교사가 함께 편안하게 앉을 수 있는 안락한 의자나 쿠션 등을 마련하는 것이 좋다. 책은 잘 찢어지지 않는 재질로 다양한 촉감을 느낄 수 있는 책이나 영아가 흥미로워하는 동물이나 자동차 등의 그림책을 준비하며 그림책의 경우 표지가 보이도록 제시한다. 가족사진이나 영아가 자신을 관찰할 수 있는 안전거울 등 영아가 다양한 방법으로 언어적 경험을 할 수 있도록 영아의 흥미를 고려한 다양한 것들이 제공되어야 한다.

⑵ 영아반(만 2세)을 위한 환경구성

① 영아들을 위한 공간은 기저귀 갈기, 낮잠 자기, 식사 하기, 휴식 공간과 대·소근육활동, 창의적 활동 및 사회성 발달의 기회가 제공되도록 신체, 언어, 탐색, 음률, 미술, 역할 및 쌓기놀이 등의 흥미영역으로 구성한다.

② 활동 공간은 각 흥미영역 사이에 옮겨 다니는 통로를 고려하여 영역을 구분하고, 영아와 교사가 안전하고 편안하게 접촉하고 움직이면서 탐색할 수 있도록 충분한 공간을 확보하고 자극적인 환경이 되도록 한다. 보육실에서 통로나 외부를 볼 수 있도록 영아 눈높이에 창문을 설치해 준다.

③ 대소변 가리기를 지도할 수 있도록 이동식 변기를 준비하고 실수하는 경우 몸을 씻을 수 있는 시설을 마련한다. 화장실은 활동실과 접해 있어 쉽게 드나들 수 있도록 하고 유아의 개별 공간 확보와 성인의 감독이 가능하도록 대변기 사이에 낮은 칸막이를 해놓는 것이 좋다.

- 신체 영역

신체 및 운동기술의 발달을 위해 걷기, 달리기, 오르기 등을 할 수 있는 대근육 활동 공간을 마련하고 오를 수 있는 층계를 구성하거나, 끌차나 유모차 등 이동하면서 끌고 다닐 수 있는 것으로 영유아의 흥미를 끌 수 있도록 색채가 풍부한 놀잇감을 제공해 준다.

- 언어 영역

언어 영역은 밝고 조용한 곳에 구성하며 소파나 카펫, 부드러운 쿠션 등으로 편안하고 안락하게 만들어 준다. 그림이 많고 글자가 적은 책, 손인형, 막대인형, 녹음기, 테이프 등과 쓰기활동을 위한 색연필과 종이 등을 비치한다.

- 탐색 영역

탐색 영역에는 영아의 관심과 흥미에 따라 분류하고 모을 수 있는 퍼즐, 모양 찾기, 색깔 맞추기 등의 놀잇감을 제공해 준다. 놀잇감은 종류별로 사진이나 이름을 적어 영아 스스로 바구니 등에 담아 정리할 수 있도록 해준다. 호기심이 많은 영아가 주변의 물체를 관찰하고 탐색할 수 있도록 보고 만지고 느낄 수 있는 환경과 동·식물을 기를 수 있는 공간을 마련해 준다.

• 음률 영역

음률 영역은 영아가 음악에 맞춰 몸을 흔들고 움직이면서 표현하는 데 불편함이 없도록 충분한 공간을 마련하여 구성한다. 다양한 악기와 소리를 경험하고 표현할 수 있도록 리듬악기, 타악기, 리본막대 등을 준비하고 다양한 소리가 녹음된 테이프와 녹음기 등을 비치한다.

• 미술 영역

미술 영역은 물을 사용하기 편리하도록 싱크대 주변에 구성하고 책상에는 쉽게 닦을 수 있도록 비닐 등을 깔아준다. 영아들이 자유롭게 탐색하며 다양한 활동을 할 수 있도록 다양한 미술재료들을 준비해 주도록 하며, 옷이 더러워지는 것을 방지하기 위해 앞치마나 작업복을 준비해 주고 작품을 전시할 수 있는 공간을 마련한다.

- 역할놀이 영역

역할놀이 영역에는 영아들이 어린이집이나 가정에서 경험해 본 활동을 해보거나 상상놀이를 할 수 있도록 식탁, 부엌기구, 음식모형 및 인형 등 다양한 소품들을 준비해주고 충분한 공간을 마련해 준다.

- 쌓기놀이 영역

쌓기놀이 영역에는 소음방지를 위해 카펫을 깔아주고 블록은 영아들의 손에 잘 잡힐 수 있는 크기의 것으로 우레탄블록이나 종이블록이 좋으며 사람, 동물, 자동차 등의 소품을 함께 준비해 주는 것이 좋다.

③ 유아반(만 3~5세)을 위한 환경구성

① 흥미영역은 언어, 수·과학, 음률, 미술, 역할놀이, 쌓기놀이 영역으로 구성하며, 활동 영역은 영역별활동을 방해하지 않고 이동할 수 있는 통로를 고려하여 융통성이 있으면서도 영역 간 독립성이 부여될 수 있는 느낌을 주

도록 한다.

② 흥미영역에서 책을 읽거나 놀이활동을 할 때에 불편함이 생기지 않도록 적절한 밝기를 유지한다.

③ 환기를 위하여 교실 크기에 비례하여 창문을 설치하고 창문 높이는 유아가 서서 밖을 내다보기 편한 높이에 설치하도록 하며 안전사고가 발생하지 않도록 창문에 안전망을 설치하거나 창문 가까이에 교구장이나 식물재배영역을 마련한다.

④ 바닥재는 탄력성이 있고 미끄러지지 않는 재질로 안전하고 청소하기 쉬우며, 출입문은 문턱이 없고 유아가 혼자 열고 닫을 수 있도록 가벼워야 한다.

⑤ 벽에는 유아의 작품을 게시하거나 생활주제와 관련된 교육자료를 게시할 수 있도록 하며, 게시판은 유아의 키 높이에 맞추어 유아가 전시물을 볼 수 있고 자신이 만든 것을 게시하기 쉽도록 한다. 하지만 너무 많거나 복잡한 전시는 안정감 있고 편안한 분위기에 방해될 수 있으므로 벽면구성을 지나치게 복잡하게 하지 말고 적절한 공간이 있도록 하여야 한다.

⑥ 활동 내용에 따라 흥미영역별로 여러 가지 교구 및 비품이 제공되어야 하며, 유아 스스로 교구나 학습자료를 사용하고 정리할 수 있도록 선반이나 교구장을 적절히 배열하고 다양성과 융통성을 위해 이동식 가구를 사용한다.

⑦ 놀잇감은 유아가 스스로 선택하여 놀 수 있도록 개방된 낮은 선반 위에 비치하며, 교구장에는 유아가 스스로 정리정돈 할 수 있도록 교구의 사진이나 그림으로 표시해 준다.

• 언어 영역

언어 영역은 유아들이 말하기, 듣기, 읽기, 쓰기의 언어활동을 집중하여 할 수 있도록 햇빛이 잘 들고 소음이 적은 조용한 곳에 구성한다. 바닥에는 카펫을 깔고 낮은 책상과 쿠션 등을 준비해 주며, 책꽂이나 낮은 칸막이로 공간을 분리하여 편안하고 아늑한 분위기를 조성한다. 언어 영역에는 다양한 동화와 그림책, 녹음자료, 필기도구 등을 비치한다.

- **수·과학 영역**

수·과학 영역은 유아들이 다양한 자연물이나 물체를 실험하고 탐색할 수 있도록 조용한 곳에 구성한다. 1:1 대응, 분류, 서열, 비교, 측정 등의 활동을 할 수 있도록 구슬, 숫자판, 수 막대, 패턴카드 등의 자료와 평형저울, 온도계 등 다양한 측정도구를 비치한다. 곤충 표본이나 과학도서 등을 제시하고 유아들이 산책 등을 통해 수집해온 자연물 등을 전시할 공간을 마련한다.

- **음률 영역**

음률 영역은 유아가 음악을 감상하거나 다양한 악기를 연주하고 노래를 부르면서 음악 및 동작활동을 할 수 있도록 충분한 공간을 마련하여 구성하고 안전과 소음을 고려하여 바닥에 카펫을 깔아준다. 벽면에는 전신 거울 등을 설치하여 신체의 움직임을 관찰할 수 있도록 하는 것이 바람직하다. 음률 영역에는 타악기, 리듬악기, 건반악기, 국악기 등과 녹음기, 음악테이프, 리본막대, 스카프 등을 비치한다.

- **미술 영역**

미술 영역은 물을 사용하기 편리하도록 싱크대 옆에 위치하도록 하고 음률 영역 등 동적인 영역과 분리하여 조용한 곳에 구성한다. 조형활동을 할 수 있는 작업대나 이젤 등을 마련하고 책상용 비닐을 준비하여 깨끗하게 닦을 수 있도록 한다. 물감, 크레파스, 점토 및 다양한 종류의 종이나 폐품 등을 제공해 준다.

- **역할놀이 영역**

역할놀이 영역은 유아들이 다양한 역할놀이와 협동놀이 등 움직임이 많고 활동적인 놀이를 하므로 동적인 영역에 배치하여 구성한다. 역할놀이와 쌓기놀이는 함께 이루어지는 경우도 있으므로 놀이의 활성화를 위하여 쌓기 영역과 인접하여 배치하는 것도 바람직하다. 유아의 상상력, 사회성, 문제해결력, 언어기술 및 인지발달을 촉진시킬 수 있도록 소꿉놀이, 병원놀이, 가게놀이 등 다양한 역할놀이 소품들을 비치한다.

• 쌓기놀이 영역

쌓기놀이 영역은 영유아들이 다양한 블록을 가지고 활동적으로 놀이하는 공간이므로 사람들의 통행이 잦지 않은 곳에 유아 수에 따라 편안하게 놀이할 수 있는 충분한 공간을 마련하여 구성한다. 동적이고 시끄러운 영역이므로 바닥에는 카펫을 깔아 소음을 방지하고 다른 영역에 방해되지 않도록 교구장 등으로 구분해 주어야 한다. 놀이의 다양성과 활성화를 위하여 역할놀이 영역과 인접하여 배치하는 것도 바람직하다. 쌓기놀이 영역에는 유닛블록, 종이블록, 우레탄블록 등 다양한 모양과 크기의 블록과 사람, 동물, 자동차 등의 다양한 소품을 제공해 준다.

(3) 실내놀이실

실내놀이실은 주로 날씨나 계절에 따라 실외놀이를 할 수 없을 때 이용하기도 하므로 실외놀이터를 대신할 수 있도록 기본적으로 미끄럼틀, 덤블링, 매트, 유아용 농구골대 등의 대근육활동을 할 수 있는 체육시설을 갖추어야 한다. 무대를 만들어

율동이나 인형극 등의 공연장으로 사용하는 등 동적인 놀이나 대집단활동에 활용되는 공간이므로 환기와 채광이 잘 되어야 한다. 바닥재는 유아들이 뛰고 구르며 활동적인 놀이를 할 수 있도록 탄력성이 좋고 소리가 작게 나는 것이 좋으며 적절한 보온을 유지하고 미끄럽지 않아야 한다. 수납장을 만들어 체육 설비와 교구를 정리 할 수 있는 공간을 만들어주는 것이 좋다.

5 실외 공간 구성

실외 공간은 실내에서 할 수 없는 신체움직임이 큰 활동이나 자연환경과의 상호작용을 경험할 수 있는 공간으로 실외놀이터, 운동장, 동물사육장, 식물재배지 등 원사를 제외한 대지 부분을 말한다.

1) 실외 공간의 중요성

영유아들에게는 신체를 움직이고 에너지를 발산할 수 있는 넓은 공간이 필요하다. 보육실 및 실내놀이실 등 실내에서도 신체를 움직이는 대근육활동이 제공되기는 하지만 좀 더 자유롭게 활동할 수 있는 개방된 공간을 제공해 주는 것이 좋다. 실외 공간은 영유아들이 신선한 공기와 햇빛을 즐기면서 넓고 개방된 공간에서 마음껏 움직일 수 있고 여러 가지 신체활동을 자유롭게 해볼 수 있는 장소로서 영유아의 발달에 긍정적인 영향을 미친다고 볼 수 있다.

실외놀이활동이 영유아의 발달에 미치는 영향을 살펴보면 다음과 같다.

(1) 영유아들은 실외에 설치된 설비와 구조물 등에서 달리기, 오르기, 공던지기 등과 같은 신체활동을 통해 자신들의 능력에 도전하면서 대소근육을 발달시킬 수 있다.
(2) 실외 공간의 다양한 시설과 자연물을 활용하여 실내에서 할 수 없었던 좀 더 확장된 놀이를 경험하게 된다. 대소집단으로 모여 소꿉놀이, 극놀이, 이야기 나누기 등의 다양한 활동을 하면서 친구들과 사회적 관계를 형성할 수 있다.
(3) 개방된 실외 공간에서 해, 구름, 바람 등 자연현상에 관심을 가지고 학습할 수 있으며 동물사육장이나 식물재배지 등에서는 동·식물을 키우며 생명체를 돌보고 책임지는 태도를 갖게 한다. 주변에 있는 다양한 꽃과 나무, 곤충 등을 관찰하면서 자연을 직접 경험하고 자연의 아름다움을 느끼며 정서적인 발달을 이룰 수 있다.
(4) 물놀이와 모래놀이를 하며 다양하고 풍부한 감각경험을 할 수 있고 구성놀이, 목공 등 창의적인 활동을 통해 자유롭게 탐색하고 도전해 보면서 즐거움을 느낄 수 있다.

이와 같이 실외 공간은 영유아의 전인적인 성장과 발달을 위해 중요한 곳이라고 할 수 있다.

2) 실외 공간의 구성

실외놀이를 위한 공간 구성이 어떻게 되어 있느냐에 따라 영유아의 놀이활동 및 발달은 영향을 받게 된다. 그러므로 영유아들이 다양한 활동을 통해 전인적인 발달을 이룰 수 있도록 하기 위해서는 실외놀이 공간을 영유아들이 즐겁게 탐색하고 도전할 수 있도록 적절하고 안전하게 구성해야 한다.

실외놀이 공간의 구성 시 고려해야 할 점을 살펴보면 다음과 같다.

(1) 실외활동을 위한 공간은 햇빛이 잘 들도록 가능하면 건물의 남쪽에 위치하는 것이 바람직하다. 영아와 유아를 위한 공간을 분리하는 것이 좋으며 실내시설과 거리가 가깝고 연결되어 영유아들이 쉽게 나가고 들어올 수 있어야 한다.

(2) 영유아들이 안전하고 활발하게 활동할 수 있는 최소한의 실외놀이 공간 면적이 확보되어야 한다. 「영유아보육법 시행규칙」 제7조와 관련한 별표2에 의하면, 어린이집의 실외 공간 기준면적은 영유아 1인당 2.5㎡ 이상이며 모래밭 및 놀이시설 3종 이상을 설치해야 한다고 되어 있다.

(3) 실외 공간도 실내공간과 같이 활동의 성격에 따라 흥미영역으로 구성해 주어야 한다. 정적인 활동과 동적인 활동에 따라 흥미영역으로 구성하며 실외 공간 중 1/3은 조용한 활동공간으로 활용하고 나머지 2/3는 활동적인 놀이공간으로 활용하는 것이 좋다.

(4) 실외 공간에서 활동을 통해 감성적이고 창의적인 학습경험이 일어날 수 있도록 다양한 유형의 놀이활동을 제공해야 한다. 대근육 발달을 도와줄 수 있는 신체활동 및 물·모래 놀이, 목공놀이, 동식물 기르기 영역과 조용하게 쉬면서 이야기를 나누거나 책을 읽을 수 있는 휴식 영역 등으로 구성할 수 있다. 정적 활동 영역과 동적 활동 영역은 거리를 두고 배치하여 활동이 방해되지 않도록 한다.

(5) 영유아들이 함께 놀이할 때 부딪치거나 갈등이 일어나지 않도록 놀이시설 사이에 적절한 공간을 확보해 주고 놀이활동이 자연스럽게 이어질 수 있도록 구성한다.

(6) 실외 공간의 구성 및 설비는 영유아의 정서적 안정감을 위해 편안한 자연색을 사용하며 영유아의 안전한 활동을 위해 교사가 항상 관찰할 수 있도록 구성되어야 한다.

(7) 영유아들의 흥미와 호기심을 자극하고 창의적인 탐색을 할 수 있도록 다양한 크기와 모양의 나무, 꽃, 작은 언덕, 연못 등을 혼합하여 구성하며, 햇빛이 드는 곳과 그늘이 지는 곳, 바람이 잘 통하는 곳과 바람을 막아주는 곳, 습한 곳과 건조한 곳 등으로 다양하게 구성한다.

(8) 햇빛, 바람, 눈, 비 및 소음 등으로부터 보호받을 수 있도록 오두막이나 지붕이 있는 장소 등을 마련하고, 화장실과 세면대를 실외에 설치하여 쉽게 접근하여 사용할 수 있도록 한다.

(9) 영아와 유아의 놀이공간을 분리하고 영아를 위한 공간은 영아의 신체크기와 발달단계에 따라 제공해야 한다. 기어다니는 영아, 걸음마기 영아를 위해 기어다닐 수 있는 부드러운 바닥, 낮은 그네 등 별도의 설비를 하여야 한다.

(10) 영유아들을 위한 놀이공간은 안전이 가장 큰 고려사항이지만 실외놀이 공간은 영유아들이 자신의 능력을 시험해 볼 수 있도록 모험과 도전을 경험하고 흥미와 자신감을 가질 수 있도록 구성하여야 한다.

(11) 영유아의 안전은 놀이에 영향을 미치므로 외부의 위험으로부터 보호할 수 있도록 적절한 높이의 울타리를 설치하고 날카로운 돌, 유리 등 위험 요소를 제거하여야 하며, 놀이시설 주변은 모래나 쿠션이 있는 재질로 설치하고 적절한 배수로를 확보해야 한다.

(12) 놀이의 다양성을 위해 자전거길이나 통로를 위한 딱딱한 지면과 꽃이나 나무, 채소 등을 심을 수 있는 흙바닥, 모래밭, 잔디, 보도블록 등 다양한 재질로 하는 것이 좋다.

3) 실외 공간의 설비

실외 공간의 활동 영역에 따라 설치하는 놀이시설 및 설비는 영유아의 놀이를 촉진하고 발달을 도울 수 있어야 하며 안전해야 한다. 실외에 설치하는 놀이시설 및 설비를 살펴보면 다음과 같다.

(1) 신체적 활동 영역

- **복합놀이기구**

복합놀이기구는 영유아가 미끄럼타기, 기어오르기, 매달리기 등 여러 가지 운동

을 할 수 있도록 제작된 복합기능을 가진 놀이기구를 말한다. 복합놀이기구는 공간이 협소한 경우에 여러 기능이 복합된 놀이기구를 설치하면 공간을 효율적으로 이용할 수 있다는 장점이 있다. 복합놀이기구는 유원장의 면적과 영유아의 연령을 고려하여 설치하여야 하며, 영유아가 한 놀이기구에서 다른 놀이기구로 안전하고 편리하게 이동할 수 있도록 연결되어야 하고 영유아가 놀이기구에 올라갔을 때 지면에서의 최대 높이는 1.5m가 넘지 않아야 한다.

- 그네

그네의 설치 장소는 안전을 위해 영유아들이 왕래하는 곳을 피하고, 그네가 흔들리는 범위에 경계를 설치하여 그네를 타는 영유아와 주변의 영유아 간에 충돌하지 않도록 충분한 간격을 두고 설치해야 한다. 영유아의 연령에 따라 그네의 높이와 줄의 길이를 조절하여 영유아에게 적절하도록 하며 진폭이 크지 않고 너무 높이 올라가지 않는 것이 좋다. 그네와 그네 사이의 간격은 최소한 70㎝ 이상이 되도록 하고, 그네 줄의 쇠사슬 구멍 크기는 영유아의 손가락이 끼지 않도록 8㎜ 이하로 하여야 한다. 그네의 주변에는 모래나 쿠션이 있는 재질을 깔아 떨어졌을 때 충격을 흡수할 수 있도록 하여 영유아가 다치는 것을 예방해야 한다.

- 시소

시소는 영유아가 양쪽에 앉아서 올라가고 내려오는 움직임을 반복하는 놀이기구로 2인용 시소와 다인용 시소가 있다. 시소는 손잡이가 영유아가 안전하게 붙잡고 탈 수 있어야 하며, 땅에 닿는 부분에는 탄력이 있는 타이어나 모래를 깔아서 영유아에게 충격이 가지

않도록 하여야 한다. 시소의 크기는 영유아의 연령에 적합하고 영유아들이 쉽게 오르내릴 수 있어야 하며, 시소의 기울기는 30°이내로 하여야 한다.

- 미끄럼틀

미끄럼틀은 안전을 위하여 영유아들이 많이 지나다니는 곳을 피하고 영유아들의 연령에 적합하게 높이와 경사도 및 형태를 조정해야 한다. 미끄럼판의 경사도는 30~40°가 적당하며 높이는 2.5m 이하가 적절하다. 미끄럼틀의 꼭대기 연단에는 보호벽을 만들어 영유아가 떨어지지 않고 안전하게 미끄럼을 탈 수 있도록 해야 한다.

(2) 물 · 모래놀이 영역

물놀이 영역은 급·배수 시설이 잘되는 곳이어야 하며 바닥은 미끄럼 장치가 되어 있어야 한다. 물이 새지 않도록 벽과 바닥에 방수 처리를 하고 물놀이용 소품과 비닐 앞치마, 수건 등을 정리하고 보관할 수 있는 수납장이 있어야 한다. 모래놀이터의 형태는 사각형, 타원형 등 다양하게 만들 수 있으며, 타이어, 통나무 등으로 테두리를 만들어 영역표시를 해준다. 모래놀이터는 영유아들이 물과 모래를 사용하여 수로 만들기, 소꿉놀이 등 다양한 놀이를 하게 되므로 물놀이와 적절한 연계와 분리가 가능하도록 물놀이 시설과 가까운 곳에 설치하고 다양한 용기와 도구 등의 놀잇감을 준비해 주는 것이 좋다. 습기가 차지 않도록 배수가 잘되고 햇볕이 잘 드는 곳에 설치하는 것이 적절하며, 햇볕을 가릴 수 있는 파라솔이나 차양 등 그늘을 만들어 주는 것이 좋다. 모래의 깊이는 20~25cm 이상이 되도록 하고 뚜껑을 만들어 먼지나 더러운 것이 들어가는 것을 방지하는 것이 좋으며, 모래놀이터의 모래는 1년에 한 번씩 갈아주거나 소독하여 이물질이 들어가지 않도록 위생적으로 관리해 주어야 한다.

(3) 목공놀이 영역

영유아들이 작업을 통해 대·소근육과 창의력을 발달시킬 수 있도록 영유아들이 사용하기에 적절한 크기와 무게의 다양한 나무들과 망치, 톱, 못, 나사 등 연장들을 비치하고 완성된 작품을 진열할 수 있는 공간을 마련한다. 목공놀이는 위험한 연장을 사용하므로 교사가 관찰하고 감독할 수 있는 가운데 놀이가 이루어지도록 하고 영유아들의 안전을 위해 도구와 재료를 넣어 두는 공간을 마련하여 마음대로 도구를 사용하지 못하도록 안전장치를 해두는 것이 좋다.

(4) 동물사육장 및 식물재배지 영역

영유아들이 동물을 가까이에서 관찰하면서 먹이를 주고, 식물의 성장하는 과정을 지켜봄으로써 동·식물을 사랑하는 마음을 가질 수 있도록 다양한 곤충이나 토끼, 닭 등 동물을 관찰할 수 있게 만들어 주며, 상추, 토마토, 감자, 고구마 등을 심어 영유아들과 함께 재배할 수 있도록 한다. 동물사육장은 파리, 모기와 같은 해충이 생기지 않도록 자주 청소를 해주어야 한다.

(5) 휴식 영역

영유아들이 실외에서 활동하다가 휴식할 수 있는 공간으로 나무 그늘이나 지붕이 있는 정자와 같은 것을 만들어 쉴 수 있는 공간을 마련한다. 휴식 공간에는 영유아들이 휴식하며 친구들과 이야기를 나누거나 책을 읽거나 그림을 그릴 수 있도록 한다.

(6) 창고

실외 공간은 자전거를 비롯한 놀이기구 및 모래놀이 용품 등 비품들을 보관하는 공간이 필요하다. 놀이기구를 창고에 보관함으로써 놀이기구의 수명을 연장할 수 있고 영유아들에게 정리 정돈하는 습관을 가지도록 하는 데 효과적이다. 창고의 크기는 실외설비 및 비품들에 따라 정하고 창고의 내부에는 영유아가 놀이활동이 끝난 후 교구나 놀잇감을 스스로 정리 정돈할 수 있도록 영유아의 신체크기에 맞추어 선반을 설치하며 다양한 크기와 모양의 놀이기구를 효율적으로 정리할 수 있도록 하여야 한다. 창고

는 놀이기구를 효과적으로 운반할 수 있도록 유원장과 인접한 곳이 좋으며, 물이 고이지 않는 곳에 설치하여야 한다.

(7) 울타리

울타리는 외부와의 경계를 나타내며 영유아들을 안전하게 보호할 수 있도록 한다. 어린이집의 울타리는 내부가 전혀 보이지 않도록 너무 높게 설치하는 것은 바람직하지 않다. 낮은 울타리는 영유아들이 외부와 단절된 느낌 없이 개방적인 분위기에서 외부의 환경이나 움직임을 관찰할 수 있고, 지역주민들이 영유아들의 놀이하는 모습을 봄으로써 기관에 대한 이해와 신뢰를 가질 수 있다. 다양하고 아름다운 형태의 울타리는 영유아들에게 따뜻하고 안정감 있는 분위기와 흥미있고 매력적인 경험을 제공할 수 있으므로 울타리 주변에 꽃이나 나무, 낮은 벽 등으로 안전하고 심미적이며 이웃환경과도 조화를 이룰 수 있도록 꾸미게끔 한다.

6 시설·설비의 관리

건축과 시설·설비에 있어 이상적인 물리적 환경을 갖춘 어린이집일지라도 물리적 환경의 중요성을 인식하고 시설을 최대한 효과적으로 활용할 수 있도록 공간구성 및 자원에 대한 계획을 세우고 실천하여야 하며, 물리적 환경이 영유아 발달에 주는 영향력 및 효율성을 평가하여 개선하고 보완하는 노력을 기울여야 한다.

어린이집의 시설·설비의 관리에 대하여 살펴보면 다음과 같다(권기옥, 2006).

1) 시설·설비의 특성

(1) 시설·설비는 어린이집의 자산이지만 영유아들에게 질 높은 보육을 제공하겠다는 관심의 정도를 반영한다. 건물, 대지, 설비 등을 원래의 상태대로 유지하고 체계적으로 보수하고 개선하여 보육의 목적을 성취하는 데 효율적으로 사용될 수 있어야 한다.

(2) 시설·설비의 수명을 연장시키고 수용능력을 개선하며 설비 및 구조물의 운영이 중단되거나 파손되지 않도록 하여야 한다. 어린이집의 생산성을 증대시키고 과업의 수행방법과 절차를 개선하며, 화재와 같이 안전을 위협하는 요소를 제거하거나 감소시키며 시설의 미적인 질을 제고한다.

(3) 시설·설비의 운영과 관리 기능을 분석하고 평가하며 에너지를 절약하기 위한 프로그램을 운영하고 필요 시 유용하게 활용할 수 있도록 하는 것을 목적으로 한다.

(4) 시설·설비의 효과적인 관리는 재산을 보호하고 세심한 관리를 통해 보다 오랫동안 투자의 대가를 회수할 수 있도록 한다.

2) 시설·설비의 관리 유형

어린이집의 시설·설비는 주기적으로 점검하고 활용의 효율성을 확인하고 개선하여야 한다. 어린이집의 시설설비를 안전하게 관리하는 방법은 안전점검의 실시와 시설·설비의 교체 및 보수로 구분할 수 있다.

(1) 안전점검

① 일상점검

시설·설비를 유지하고 관리하는 책임자에 의하여 매일 일상적으로 수행되는 점검이다. 점검자는 시설 전반에 걸쳐 세심하게 관찰한다. 심각한 손상이나 결함 등의 이상이 발견되면 즉시 보고하고 시설·설비의 정리정돈과 위험요소의 제거 등을 통하여 안전한 환경을 유지하여야 한다.

② 정기점검

시설·설비의 현재 상태를 정확하게 판단하고 이전에 기록된 상태로부터 변화를 확인하며 면밀한 육안점검과 간단한 측정기구에 의한 검사를 실시한다. 정기안전점검은 영유아가 사용하는 시설·설비, 장소, 용구 등에 대하여 매월 또는 매 학기 1회 이상 점검을 계획하고 실시해야 한다.

③ 정밀안전점검

기술과 경험을 갖춘 책임기술자의 지위에 의해 시설·설비의 상태를 종합적으로 진단하여 개축, 보수, 보강 등의 방안을 제시한다.

(2) 교체 및 보수

① 예방적 관리

시설·설비 등의 파손을 사전에 방지하고 주기적인 검사 및 분석 등을 수행한다. 파손의 위험이 있는 부분을 사전에 수리하여 수명을 연장시키는 행위가 이에 해당된다. 예방적 관리를 위해 연, 월, 주, 일별로 목록화하고 과업별로 책임자를 배정해야 한다.

② 보수적 관리

교체적 관리라고도 하며 시설·설비 등이 낡으면 교체하는 경우이다. 시설·설비를 주기적으로 점검하여 수명의 종료 여부를 파악하고 파손되어 못쓰게 되기 이전에 교체한다. 파손된 이후에 교체하면 비용이 더 많이 소요될 수 있다. 보수적 관리를 위해서는 낡아 주기적으로 교체할 필요가 있는 요소별로 품명과 수명을 작성하여 비치하고 필요할 때 교체하여야 한다.

③ 긴급관리

활동을 방해하는 요소를 제거하고 기능을 회복하기 위해 조처를 하는 비계획적인 관리이다. 예방적 관리 및 보수적 관리는 긴급관리를 예방하기 위한 것이며, 시설·설비가 언제든지 사용될 수 있도록 보수한다.

3) 시설·설비의 관리방법

시설·설비를 청결하게 잘 관리 하면 교직원의 과업 성취 노력을 극대화 할 수 있고 영유아에게 최적의 보육환경을 제공하여 목적의 성취를 극대화 할 수 있다. 시설·설비의 일반적인 관리 방법은 다음과 같다.

(1) 전기, 수도, 전화, 온·냉방 장치 등의 위치를 나타내는 조감도를 만들어 보관하고 이들의 변경과 개선의 결과도 조감도에 기록한다.

(2) 시설·설비의 긴급조치에 관련된 계획을 수립하여 운영한다. 긴급한 상황이 발생할 경우를 대비하여 서비스를 제공받기 위하여 연락할 곳과 연락하는 방법을 이해해야 한다.

(3) 시설·설비 등에 관련된 관리사항에 대하여 철저한 기록을 유지한다. 기록에 적절한 양식을 데이터베이스로 구축하면 관리 프로그램의 효율성을 높일 수 있다. 시설·설비의 적절한 관리기록은 관리에 소요되는 경비를 타당하게 예측하고 시설·설비의 상태를 정확하게 파악할 수 있게 한다.

(4) 시설·설비의 관리, 수리, 개선, 활용 및 설비의 재배치 등을 위한 예산을 편성하는 데 유용한 시설설비에 관련된 정보를 관리하여야 한다. 공간의 요구와 실태가 기관의 예산과 현재 및 미래의 간접경비 등에 영향을 미치기 때문에 시설·설비에 관련된 정확한 정보가 확보되어야 한다.

(5) 시설 목록은 건물에 관련된 정보와 건물 내 공간에 관련된 정보를 포함한다. 시설의 이름, 위치, 건설연도, 상태, 건축의 형태 및 공간의 면적, 유형, 기능 등이며 모든 시설에는 고유번호를 붙여야 한다.

(6) 시설 공간의 목록과 공간별 관리활동에 대해 기록한다. 시설 공간의 목록은 주기적으로 쇄신한다. 목록에는 시설의 역사, 수행하는 과업, 공간의 종류, 운영 매뉴얼, 관리기록 등을 포함한다.

(7) 모든 시설·설비에 대하여 관리상의 요구와 안전상의 위험요소 등을 주기적으로 확인한다. 시설·설비별로 일상적인 관리 서비스, 예방적 관리 서비스, 운영지원 서비스, 사용자가 요구한 내용의 수정 및 개선 등을 기록한다.

이와 같이 어린이집의 환경을 청결하고 안전하게 유지하기 위해서는 시설·설비를 정기적으로 보수하고 관리하여야 한다. 실내시설은 매일 정리와 청소를 실시하고 청결, 위생, 안전과 관련된 점검(건축물, 전기, 소방, 냉난방 설비 등)을 하여 보수를 하거나 정기적으로 대청소를 실시하여야 한다. 시설·설비의 유지 및 보수를 위해서는 건물 내부와 외부의 청소를 하거나 칠을 하고 벽지를 교체하는 등 비용과 시간이 필요하므로 사전에 계획을 세워서 예산을 확보하여야 한다.

어린이집 운영관리

제11장

어린이집의 비품 및 교재 · 교구관리

비품 및 교재 · 교구는 영유아들의 호기심과 흥미를 유발하여 적극적으로 학습에 참여하게 하며, 교수-학습활동을 지원해 주어 학습의 효과를 높여주고 질적으로 우수한 교육이 가능하게 하므로 매우 중요하다. 이에 본 장에서는 어린이집에서 기본적으로 갖추어야 할 비품 및 교재 · 교구에 대해서 알아보고 효율적인 관리방법에 대하여 살펴보고자 한다.

1 비품 및 교재·교구의 개념

어린이집의 보육 목표를 달성하기 위해서는 교사 및 영유아들의 어린이집 생활을 도와주고 교사들이 효율적으로 교수-학습활동을 할 수 있도록 도와줄 수 있는 비품 및 교재·교구들이 필요하다. 또한 영유아는 구체적인 사물을 스스로 보고, 만지고, 느끼며 놀이를 통해 새로운 지식을 습득하므로 영유아의 흥미나 연령, 발달수준에 적합한 활동 자료를 다양하게 마련하고 충분하게 제공해 주어야 한다. 비품은 교수-학습활동에 도움을 주는 보조적인 것들로 어린이집 생활의 편의를 위해 사용되는 비품을 구체적으로 분류해 보면, 보육교직원들에게 업무상 필요한 비품인 사무용품, 영유아의 급·간식 준비를 위한 주방용품, 영유아들의 학습을 위한 시청각 자료, 영유아의 생활에 도움을 주는 영유아용 비품 및 청소기, 세탁기, 에어컨 등 전자제품들로 나누어 볼 수 있다. 교재와 교구는 같은 의미로 사용되기도 하지만 교재는 인쇄물, 사진, 그림, 영상물, 녹음자료 등과 같이 교육목표 달성을 위해 교수-학습활동에 직접적으로 사용되는 자료이고 교구는 빔프로젝터, TV, 비디오, 게시판, 인형극 틀 등 교재의 학습내용을 학습활동과 효율적으로 연결시키기 위해 사용되는 도구라고 볼 수 있다.

2 비품 및 교재·교구의 선정기준

어린이집에서 구비하고 있는 비품 및 교재·교구는 보육의 목적을 달성하기 위한 것이며 유아의 발달에 적합하지 않은 비품 및 교재·교구는 교수-학습활동에 불편함을 초래하게 된다. 따라서 비품 및 교재·교구는 사용하는 사람의 특성과 요구를 반영하여 기능적인 면과 교육적인 면에서 잘 살펴보고 선정하는 것이 필요하다.

어린이집에서 비품 및 교재·교구를 구입하거나 제작할 경우에는 다음과 같은 점을 고려해야 한다(Decker & Decker, 2001).

(1) 영유아가 사용하기 용이하고 조작이 가능하도록 발달수준, 능력, 연령 등 발달의 적합성을 고려하여야 한다.
(2) 영유아의 놀이나 활동이 추구하는 교육목적에 적합하며 매력적이고 심미적이어야 한다.
(3) 영유아들에게 지적, 신체적, 사회·정서적인 측면에서 성장을 자극할 수 있는 것이어야 한다.
(4) 다양한 장소에서 다양한 방법으로 활용될 수 있도록 개방적이어야 한다.
(5) 영유아들이 가지고 놀면서 다치는 일이 없도록 위험요소를 살펴보고 법적 안전기준에 합격한 제품인지를 확인해야 한다.
(6) 오래 사용하여도 쉽게 변형되거나 고장 나지 않고 견딜 수 있도록 견고하며 가격에 비해 활용도가 높아야 한다.
(7) 소요경비와 구입절차를 점검하고 우선순위를 정하여 구입해야 한다.
(8) 보관 및 관리하기에 용이한지를 고려하고 제품의 사후 수리에 대해서도 확인해야 한다.

3 비품 및 교재·교구의 종류

1) 비품의 종류

어린이집에서 갖추어야 할 비품 및 교재·교구는 일반적으로 사무용품, 주방용품, 영유아용 비품, 시청각 자료 및 전자제품 등으로 구분할 수 있다.

(1) 사무용품

어린이집의 보육교직원들에게 업무상 필요한 비품과 학부모들을 위한 비품으로 교직원의 업무용 책상과 의자, 회의용 탁자 및 의자, 전화기, 팩스, 컴퓨터, 프린터, 스캐너, 복사기, 코팅기, 학부모를 위한 탁자 및 의자, 휴식 공간을 위한 소파 등과 서류, 비품, 교재·교구, 약품 및 개인물품 등을 정리할 수 있는 서류정리장, 교재·교구 정리장, 도서 정리장, 시청각 자료 정리장, 악기 정리장, 약품정리장, 개인물품 정리장 등이 있다.

(2) 주방용품

영유아의 간식과 점심을 준비하는 데 필요한 비품으로 싱크대, 냉장고, 온장고, 정수기, 가스레인지, 전자레인지, 식기소독기, 식기세척기, 밥솥, 국솥, 찬장, 식판 및 식기류, 기타 조리도구 등이 있다.

(3) 영유아용 비품

영유아들이 편안하고 안전하게 생활할 수 있도록 도움을 주는 비품으로는 책상, 의자, 기저귀갈이대, 이동식 변기, 유모차, 보행기, 안전거울, 책꽂이, 모형 싱크대, 화장대, 시계, 카세트, 카펫, 이젤, 소파, 침대, 신장계, 체중계, 좌변기, 칫솔소독기, 신발장, 영유아용 침대, 이불장, 교구정리장, 개인사물함 등이 있다. 책상과 교구장은 연령별 특성에 따라 만 0~1세는 책상 높이 25~28㎝, 교구장 높이 50㎝, 만 2세는 책상 높이 약 28㎝, 교구장 높이 50~60㎝, 만 3~5세는 책상 높이 42~54㎝, 교구장 높이 60~75㎝인 것으로 준비하여야 한다.

(4) 시청각 자료

영유아들의 흥미 있는 학습을 위하여 활용하고 영유아의 활동 모습을 촬영할 수 있는 시청각 비품으로는 프로젝터와 필름 스트립, 스크린, TV, 비디오, 카세트 녹음기, 사진기, 비디오테이프, 교육용 컴퓨터, 피아노, 캠코더, 실물화상기, 방송시설 등이 있다.

(5) 기타 전자제품

전자제품 중 사무용품 및 주방용품 외에 실내 온도를 조절하는 데 활용하거나 세탁이나 청소를 위한 전자제품으로 청소기, 세탁기, 선풍기, 에어컨, 온풍기 등이 있다.

2) 연령별 교재·교구의 종류

영유아에게 제공되는 교재·교구는 영유아의 발달적 특성에 따라 영유아의 욕구와 흥미를 충족시킬 수 있도록 연령과 발달에 적합한 교재·교구를 제공해야 한다. 영유아를 위한 영역별 환경구성에 따라 구비해야 할 교재·교구를 살펴보면 다음과 같다.

(1) 만 0~1세 영아를 위한 교재 · 교구

① 언어활동 자료

영아가 입으로 물거나 던져도 좋을 만큼 안전하고 견고한 재질과 형태의 그림책과 영아에게 친숙한 인물이나 동·식물 등의 다양한 그림이나 사진자료 등이 있다.

- 헝겊책, 촉감책, 비닐책, 스펀지책, 소리나는 책, 인형, 굵은 크레용, 색연필, 전지, 전화기, 노래테이프, 그림자료, 사진자료

입체 동화

촉감책

동물 머리띠

② 신체활동 자료

손이나 발동작으로 효과를 낼 수 있는 놀이기구나 단순하고 손에 쥘 수 있을 만한 크기의 놀잇감, 부드러운 솜이나 스펀지를 넣은 것 등이 있다.

- 대근육활동 자료: 끌고 다닐 수 있는 자동차, 여러 가지 촉감 공, 낮은 미끄럼틀, 자동차, 스펀지 블록, 종이블록, 낮은 기어오르기대
- 소근육활동 자료: 딸랑이, 오뚝이, 까꿍놀잇감, 간단한 퍼즐, 끼워넣는 상자세트

공 던지기

스폰지 블록

인형 끌차

③ 탐색활동 자료

영아가 보고, 듣고, 만지고, 냄새 맡고, 맛보는 등의 오감각을 통해 사물을 경험할 수 있도록 하는 것이 있다.

- 소리 나는 상자, 촉감상자, 음악상자, 누르면 튀어 오르는 놀잇감, 밀고 당기는 놀잇감, 빨거나 씹거나 무는 놀잇감, 방울달린 팔찌, 고무나 플라스틱으로 된 고리 끼우기, 천으로 만든 공, 인형, 모양 찾아 맞추기, 색깔 맞추기

감각기차놀이

뽕뽕자동차

딸랑이

④ 예술활동 자료

다양한 소리를 탐색하고 경험할 수 있는 악기와 자유롭게 표현할 수 있는 미술재료로 영아가 입에 넣어도 해가 없는 무독성으로 쉽게 파손되지 않는 놀잇감이 좋다.

- 음악 및 동작활동 자료: 악기류(딸랑이, 방울, 마라카스, 탬버린 등), 카세트 테이프와 CD, 카세트 녹음기
- 미술활동 자료: 밀가루 점토, 전지, 무독성 크레파스, 색연필, 스티커, 여러 가지 모양의 도장, 다양한 종이

⑤ 역할놀이 자료

영아가 자신의 경험을 재현해 볼 수 있는 놀잇감으로 안전하고 세탁이 용이한 재료로 만들어진 것이 좋다.

- 다양한 크기와 촉감의 인형(가족인형, 소리 나는 인형, 동물인형), 자동차류, 가방, 모형음식, 접시, 그릇, 싱크대, 전화기, 포대기

⑥ 쌓기놀이 자료

영아와 교사가 함께 상호작용하면서 놀이할 수 있는 것으로 영아가 활동하기에 너무 작지 않은 크기의 것이 좋다.

- 우레탄 블록, 스펀지 블록, 종이 벽돌 블록

(2) 만 2세 영아를 위한 교재 · 교구

① 언어활동 자료

영아에게 친숙한 일상생활과 관련된 그림이나 사진자료, 글자 수가 많지 않은 다양한 주제의 그림책, 재질과 형태가 다양한 것들이 있다.

- 손인형, 막대인형, 헝겊인형, 카세트, 이야기와 음악테이프, 촉감책, 퍼즐책, 소리 나는 책, 융판동화, 막대동화, 사진자료, 그림자료

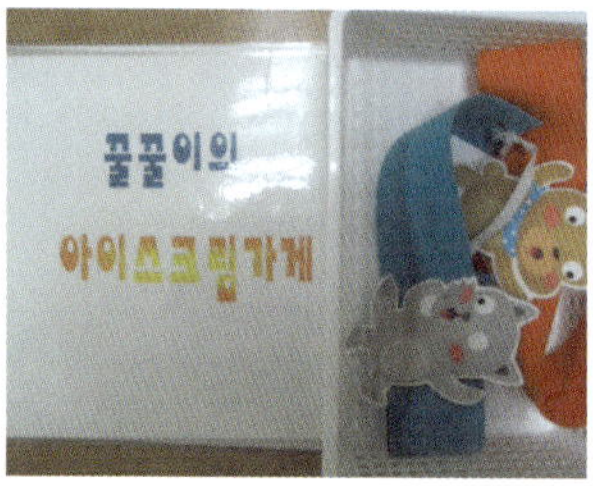

동극 놀이

이름카드

동물 모자

② 신체활동 자료

밀고 끌 수 있는 바퀴 달린 놀잇감이나 던지고 받기, 오르고 내리기, 눈과 손의 협응력 등 다양한 대·소근육활동을 할 수 있는 놀잇감들이 있다.

- 대근육활동 자료: 여러 종류의 공, 고리 던지기, 미끄럼틀, 점핑바운서, 종합놀이대, 볼풀 놀이대, 평균대, 자동차, 끌차, 낮은 탈것, 물놀이 기구와 물놀이대, 모래놀이 기구와 모래놀이대
- 소근육활동 자료: 밀가루반죽, 촉감판, 감각놀이대, 고리 끼우기, 크기순서대로 끼워 넣는 상자세트, 퍼즐, 큰 나무구슬 꿰기, 큰 플라스틱 구슬 꿰기

다양한 공

고리 끼우기

인형 유모차

③ 탐색활동 자료

영아가 직접 조작하고 탐색해 볼 수 있는 놀잇감으로 조작이 간단한 것이 좋다.

- 큰 조각 퍼즐, 모양 찾아 맞추기, 색깔 맞추기, 돋보기, 자석, 자연물(낙엽, 꽃, 열매, 조개껍데기 등), 촉감상자, 소리상자, 수족관

퍼즐 맞추기

컵 쌓기

모양 찾아 맞추기

④ 예술활동 자료

음악 듣기, 노래 부르기 등의 활동을 할 수 있는 교구, 흔들고 두드릴 수 있는 단순한 리듬악기, 동작표현을 돕는 소품, 창의적인 미술활동을 할 수 있는 다양한 미술재료가 있다.

- 음악 및 동작활동 자료: 리듬악기(리듬막대, 마라카스, 탬버린 등), 멜로디악기(실로폰, 벨 등), 녹음기, 음악테이프 및 CD(동물소리, 자연의 소리, 생활주변의 소리, 다양한 음악), 색보자기, 스카프, 리본막대
- 미술활동 자료: 색연필, 크레파스, 안전가위, 풀, 스티커, 모양도장, 잡지책, 다양한 종이류, 자연물, 점토, 각종 폐품

음률 영역

동물 마라카스

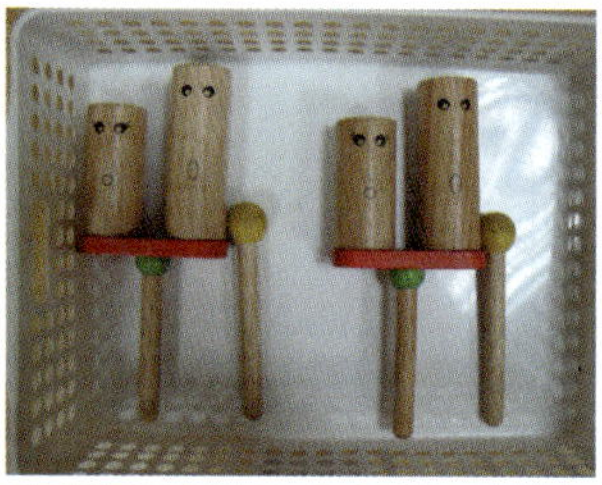

투톤 우드블록

병아리 북

미술 영역

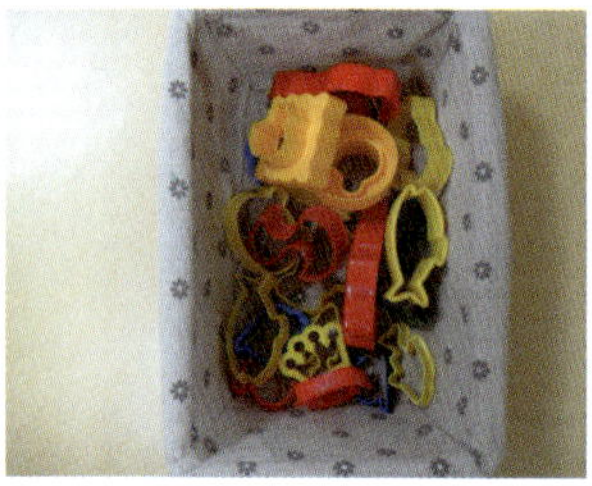

점토 찍기 틀

가위와 풀

모양 도장 찍기

⑤ 역할놀이 자료

영아들이 일상생활에서 부모를 통해 경험한 역할놀이를 할 수 있는 것이 있다.

- 다양한 모양의 그릇, 전화기, 인형, 가방, 모자, 스카프, 옷, 냉장고, 싱크대, 음식모형, 거울, 전화기, 카메라, 자동차, 동물, 사람, 유모차

⑥ 쌓기놀이 자료

영아들이 간단하게 구성물을 만들 수 있도록 블록은 재질이 부드러우며 너무 작지 않은 것이 좋다.

- 나무블록, 종이 벽돌 블록, 우레탄 블록, 스펀지 블록, 와플 블록, 다양한 인형, 다양한 자동차

인형과 포대기

적목(꽃, 자동차)

종이벽돌

(3) 3 · 4 · 5세 유아를 위한 교재 · 교구

① 언어활동 자료

듣기, 말하기, 읽기, 쓰기 등으로 세분화하여 교재·교구를 준비하여야 하며, 유아가 스스로 이야기를 꾸밀 수 있도록 촉진하는 소품, 언어놀이를 할 수 있는 게임자료 및 다양한 쓰기 도구가 있다.

- 듣기: 녹음기, 다양한 주제의 테이프와 CD, 이어폰
- 말하기: 막대인형, 테이블인형, 융판인형, 자석인형, 손인형, 손가락인형, 인형극틀, 수수께끼상자, 마이크, 그림카드

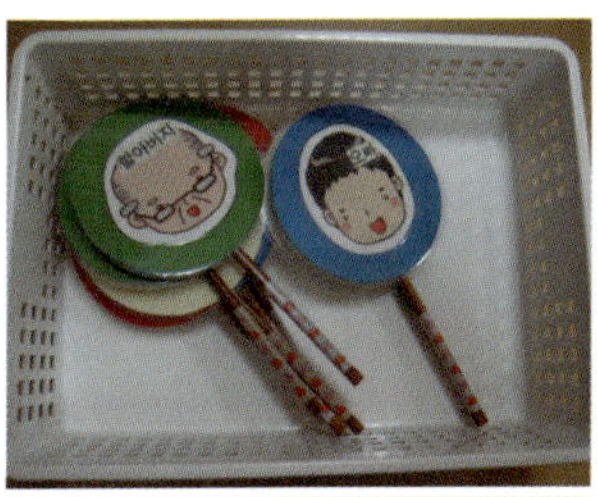
가족 역할 인형

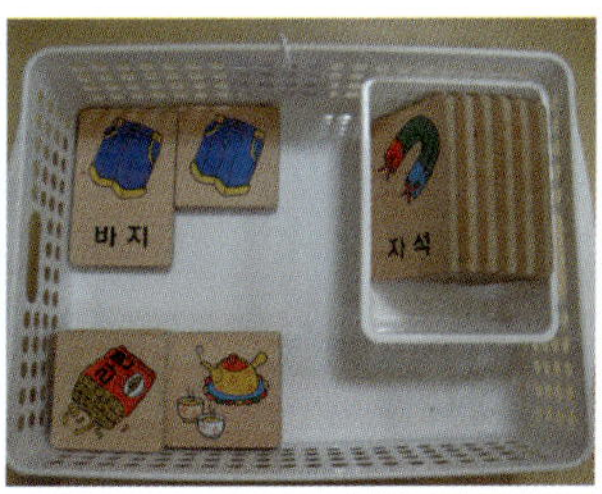

낱말 카드

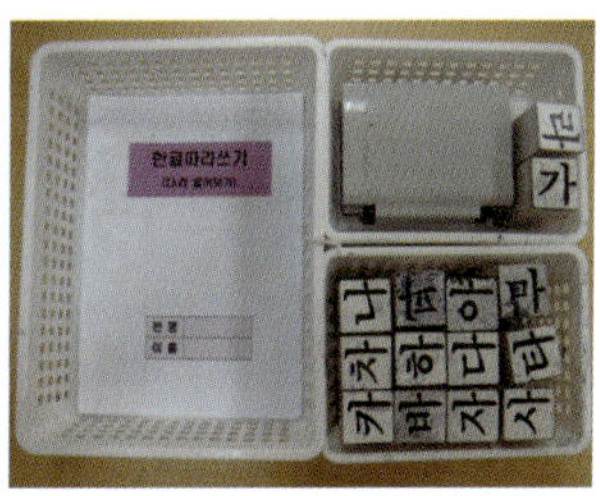
한글 도장 찍기

- 읽기: 다양한 주제의 그림책, 글 없는 그림책, 동요, 동시집, 사진첩, 이야기 꾸미기 자료, 글자 카드, 글자 퍼즐, 수수께끼 그림 카드, 광고 및 포스터 등 인쇄물
- 쓰기: 다양한 크기와 모양의 종이, 다양한 필기도구(색연필, 연필, 사인펜, 매직펜 등), 화이트보드, 단어카드, 글자도장, 글자상자

② 신체활동 자료

다양한 크기의 블록과 소품을 활용하여 놀이가 활성화될 수 있도록 하고, 눈과 손의 협응력과 집중력을 기를 수 있도록 끼우고 맞추는 등의 조작적 놀잇감 등이 있다.

- 대근육활동 자료: 그네, 미끄럼틀, 낮은 철봉, 시소, 점핑바운서, 평균대, 구르기용 매트, 자전거, 농구대, 다양한 블록, 다양한 크기와 종류의 공, 줄넘기, 훌라후프, 고리던지기, 몰놀이 및 모래놀이 도구, 바퀴 달린 놀이기구
- 소근육활동 자료: 퍼즐, 끈 끼우기, 단추 끼우기, 지퍼 올리기, 바느질 자료, 볼트·너트 맞추기, 열쇠·자물쇠 맞추기, 뚜껑 맞추기, 옮겨 담기

③ 자연탐구활동 자료

유아들이 일대일 대응, 분류, 비교, 순서짓기, 부분과 전체, 측정, 공간과 도형, 규칙성 등의 개념을 발달시키는 데 도움이 되는 자료와 관찰하고 실험해 볼 수 있는 것으로 유아의 생활주변과 연관된 자료가 있다.

- 수활동 자료: 다양한 크기와 모양의 단추, 다양한 모양의 도형, 패턴블록, 도미노, 모양 분류카드, 크기가 다른 상자, 겹끼우기 상자, 수막대, 병과 병뚜껑, 숫자카드, 수세기 자석판, 수세기판, 양팔저울, 시계, 달력, 숫자 퍼즐, 도형 퍼즐, 주사위게임, 윷놀이, 칠교놀이, 패턴카드, 계량컵, 계량스푼, 체중계, 줄, 자
- 과학활동 자료: 거울, 자석, 돋보기, 프리즘, 측정도구, 확대경, 생물관련자료(꽃, 씨앗, 열매, 나뭇가지, 솔방울, 거북이, 금붕어, 달팽이), 촉감상자, 후각상자, 눈가리개, 그림책, 사전, 간단한 도구와 기계, 온도계, 습도계, 필기도구

수세기

신기한 자석놀이

지구본

④ 예술활동 자료

유아들이 소리를 탐색하며 악기나 음악소리에 맞추어 신체표현을 할 수 있고 그리기, 만들기 등 다양한 미술활동이 이루어질 수 있는 교재·교구가 있다.

- 음악 및 동작활동 자료: 리듬악기(리듬막대, 우드블록, 마라카스, 캐스터네츠, 탬버린, 트라이앵글, 소고, 작은북 등), 가락악기(실로폰, 멜로디언, 피아노, 키보드 등), 전통악기(소고, 장구, 북, 징, 꽹과리 등), 음악가 및 악기 사진, 노래가사, 그림악보, 음악포스터, 녹음기, 헤드폰, 다양한 음악 테이프 및 CD, 리본막대, 한삼, 스카프, 색보자기, 동물가면, 거울

음률 영역

알록달록 마이크

핸드벨

리본막대

- 미술활동 자료: 필기류(크레파스, 색연필, 연필, 볼펜, 사인펜), 물감류(수채화 물감, 한국화 물감, 먹물), 종이류(도화지, 두꺼운 도화지, 색도화지, 신문지, 한지, 화선지, 색종이, 골판지, 박스종이, 소포지, 포장지, 광고지, 이면지, 잡지류 등), 풀, 가위, 펀치, 고무줄, 클립, 테이프, 각종 폐품류(상자, 우유갑, 휴지 말이, 종이컵, 라면 그릇, 필름통, 요구르트통, 요플레통), 자연물(솔방울, 도토리, 돌멩이, 낙엽), 천조각, 리본, 나무젓가락, 스티로폼 등

미술영역

콜라주 재료

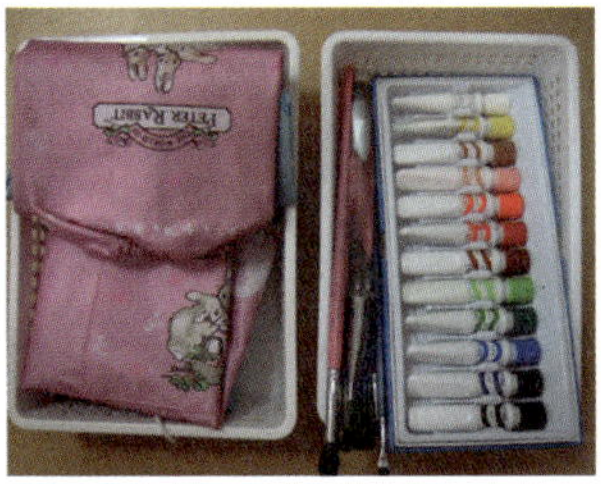
물감놀이

점토&모양찍기틀

⑤ 역할놀이 자료

유아들이 사회구성원으로서 일상생활과 다양한 직업 및 역할을 경험해 볼 수 있는 소품들이 있다.

- 가구(화장대, 식탁, 의자, 장, 싱크대), 소꿉놀이(아기인형, 가족인형, 동물인형, 유모차, 냄비, 프라이팬, 밥솥, 접시, 주전자, 뒤집개, 국자, 주걱, 숟가락, 포크, 나무나 플라스틱으로 된 도마와 칼, 모자, 장갑, 넥타이, 스카프, 다양한 옷, 신발, 선글라스, 액세서리, 모형 음식, 먼지떨이, 쓰레받기, 빗자루), 역할놀이(직업 관련 의상, 청진기, 체온기, 주사기, 붕대, 핀셋, 약솜, 종이돈, 금전등록기, 드라이기, 면도기, 빗, 거울, 소방모자, 우체통, 집배원 가방, 편지봉투, 우표, 각종 모형)

핸드폰

소꿉놀이

가방과 신발

⑥ 쌓기놀이 자료

다양한 종류의 블록과 쌓기놀이를 촉진하는 소품류가 있다.

- 블록(종이 벽돌 블록, 유닛 블록, 우레탄 블록, 공간 블록, 스펀지 블록, 우유갑 블록, 자석 블록, 와플 블록, 띠 블록, 꽃 블록, 눈송이 블록), 소품(동물모형, 사람인형, 로봇, 공룡, 자동차, 배, 동물가면, 교통표지판, 신호등, 간판, 운전대, 소방관모자, 모형건물)

여러 종류의 자동차

교통 표지판

우드블록

4 비품 및 교재·교구의 관리

교사와 영유아들이 비품 및 교재·교구를 잘 활용할 수 있도록 하기 위해서는 비품과 활동 자료를 적절하게 배치하는 것이 중요하며, 교구의 현황을 파악하여 목록을 작성하고 보육주제나 계절, 영유아의 연령이나 흥미를 고려하여 체계적으로 정리하여 보관하고 관리하는 것이 필요하다. 비품 및 교재·교구를 효율적으로 관리하기 위하여 고려해야 할 사항들은 다음과 같다(Decker & Decker, 1992).

(1) 비품과 교재·교구의 배치 시에는 사고율을 최소화하고 효율성을 극대화할 수 있도록 교재·교구는 흥미영역별로 구분하여 배치하고 교구와 자료의 무게 및 형태, 크기 및 활용방법 등을 고려하여 배치한다.

① 비품과 교재·교구는 작업공간 가까운 선반에 비치해야 한다. 영유아들의 발달을 고려하여 쉽게 접할 수 있는 위치에 배치한다.

② 교재·교구는 영유아가 활동하고 정리하기 쉽도록 항상 일정한 장소에 배치한다.

③ 파손되기 쉬운 비품과 교구는 영유아들의 통행이 빈번한 통로와 떨어진 곳에 비치해야 한다.

④ 깨지거나 엎질러지기 쉬운 교구는 영유아들이 쉽게 닿을 수 없는 곳에 두어야 한다. 만약 같은 교구에서 사고가 자주 일어나면 다른 장소로 옮겨 둔다.

⑤ 사고예방을 위해 개방된 공간을 충분히 두어야 한다.

(2) 영유아들에게 비품이나 교구의 관리법을 지도해야 한다.

① 교사들은 비품이나 교구를 사용하고 정돈하는 것을 정해진 하루 일과활동으로 설정하여 지도하고, 모든 물건은 제 위치가 있음을 인식시켜 정리하는 시간을 주어야 한다.

② 교사는 교재·교구의 정리정돈뿐만 아니라 그것을 청결하게 유지·보관하

는 방법을 익히도록 한다. 필요한 경우 교재·교구의 세척법도 지도해야 하며, 교사는 비품이나 교구를 관리하는 좋은 본보기를 제시한다.

③ 교사들은 영유아들의 활동장소에 있어야 한다. 교사는 충분한 지도감독이 이루어질 수 있는 적당한 위치에 있어야 한다.

④ 영유아들이 비품이나 교재·교구를 고의적으로 부수거나 손상시키지 않도록 지도한다.

(3) 비품이나 교구를 충분히 확보하고 있어야 한다. 영유아들은 교구 부족으로 활동에 참여하지 못하여 다툼이 일어나게 되고 이로 인해 교구가 파손된다. 그러므로 영유아들이 가지고 활동할 수 있는 교재·교구나 자료를 충분히 마련해야 한다.

(4) 비품과 교재·교구는 쉽게 찾아 사용할 수 있도록 자주 사용하는 것은 활동 영역과 가까운 곳에 보관하고 파손의 우려가 있어 특별한 보관이 필요한 것은 안전한 장소에 보관해 둔다. 활동 영역별, 용도별, 연령별로 구분하여 보관하고 자료의 명칭, 내용, 관련영역 등을 적어 놓아야 한다.

(5) 비품 및 교재·교구의 정확한 현황을 파악할 수 있도록 목록을 작성하여 체계적인 자료 정리를 한다(예: 비품대장, 교재교구대장, 소모품대장, 도서대장 등).

(6) 정기적으로 창고나 자료실을 정리하여 비품이나 교구의 현황을 파악하고 비품이나 교구를 정기적으로 청결하게 하고 도색하고 점검해야 한다. 훼손된 비품과 교구는 가능한 한 빨리 수선하며 보충, 폐기 등 유지관리대책을 수립한다.

(7) 비품과 교재·교구는 영유아의 활동공간과 구분되어 별도의 창고나 자료실에 보관하는 것이 바람직하다. 비품이나 교구를 보관하거나 관리할 때 열, 빛, 습도, 보관법 등을 고려하여 청결하게 유지·보관하여야 한다.

비품 및 교재 교구의 관리현황을 파악할 수 있는 비품대장, 교재교구대장, 도서대장, 소모품대장 양식의 예는 〈표 11-1〉 〈표 11-2〉 〈표 11-3〉 〈표 11-4〉와 같다.

〈표 11-1〉 비품대장

관리번호	물품명	모델명	구입 연월일	구입처	가격	구입 수량	현재			관리자
							사용처	망실파손 연월일	현재량	

〈표 11-2〉 교재교구대장

관리번호	교구명	구입 연월일	가격	구입 수량	대상 연령	구입/기증	현재			관리자
							사용처	망실파손 연월일	현재량	

〈표 11-3〉 도서대장

관리번호	도서명	편 · 저자	출판사	출판 연도	가격	구입/기증	대상 연령	관리자

〈표 11-4〉 소모품대장

번호	물품명	구입 연월일	구입처	구입 수량	가격	구입/기증	현재				관리자
							지급처	지급 수량	지급 일자	잔고 수량	

제12장

어린이집의 평가제와 평가기준

보건복지부에서는 어린이집의 질 관리를 위해 평가제도를 실시하고 있으며, 어린이집에서 갖추어야 할 기본적인 환경구성에 대한 기준을 제시하고 있다. 본 장에서는 어린이집의 보육환경과 관련된 평가제 지표와 평가기준의 우수한 수준을 중심으로 살펴보고자 한다.

1 실내 공간 구성 및 운영

어린이집의 실내공간은 영유아가 놀이나 활동에 집중할 수 있는 편안하고 쾌적한 공간이어야 하며, 영유아의 놀고자 하는 요구와 쉬고자 하는 요구를 모두 지원할 수 있는 공간이어야 한다. 영유아의 놀이 요구를 충족시키기 위해서는 영유아의 연령 및 발달수준등을 고려하여 보육실을 흥미영역 또는 놀이영역으로 구성하여야 한다. 보육실은 다수의 영유아가 함께 생활하며 같은 시간대에 여러 가지 놀이나 활동이 이루어지는 장소이므로 영유아가 놀이와 활동을 자율적으로 선택하고 능동적으로 참여 할 수 있도록 어린이집의 보육프로그램 특성에 맞는 흥미영역 또는 놀이영역으로 구성하고, 다양한 놀이 및 활동자료를 마련해 주어야 한다.

1) 보육실 내 흥미영역 또는 놀이영역은 영유아의 연령 및 발달 특성을 고려하여 영유아의 놀이와 연계하여 구성한다.

(1) 보육실은 영유아의 연령, 발달특성, 어린이집의 보육프로그램을 반영한 흥미영역 또는 놀이영역으로 구성되어 있음

① 보육실 공간이 흥미영역 또는 놀이영역으로 구성되어 있음

② 흥미영역 또는 놀이영역 구성 여부는 어린이집의 보육프로그램 특성에 따라 다름

③ 흥미영역 및 놀이영역의 수는 어린이집의 보육프로그램 특성, 영유아의 흥미와 요구에 따라 다를 수 있음

④ 보육실의 공간이나 여건이 충분하지 않은 경우, 유사한 성격의 놀이 및 활동이 이루어지는 영역을 통합하여 구성할 수 있음

⑤ 흥미영역이란, 영유아의 놀이나 활동 특성에 따라 보육실 공간을 나누고 각 놀이 특성 에 따라 자료들을 모아서 영역별로 배치하는 것을 말함

⑥ 흥미영역은 영유아의 연령 및 발달 특성을 고려하여 구성되어 있음

〈연령별 흥미영역 구성의 예〉

- 만 0세: 신체영역, 언어영역, 감각·탐색 영역
- 만 1세: 신체영역, 언어영역, 감각·탐색 영역, 역할 및 쌓기놀이 영역
- 만 2세: 신체영역, 언어영역, 감각·탐색 영역, 미술영역, 음률영역, 역할 및 쌓기놀이 영역
- 만 3~5세: 언어영역, 미술영역, 음률영역, 수·조작영역, 역할놀이영역, 쌓기놀이영역
- 소규모 어린이집(정원 20인 이하)의 경우, 어린이집 전체 공간에 흥미영역을 배치할 수 있으며, 배치된 흥미영역은 영유아들이 일과 중 자유롭게 이용할 수 있음

⑦ 놀이영역은 어린이집의 보육프로그램 특성, 영유아의 흥미와 요구에 맞게 구성된 놀이공간임

- 몬테소리, 레지오 에밀리아, 발도로프 프로그램, 프로젝트 접근법 등 해당 어린이집의 특성에 맞는 놀이영역으로 구성되어 있음
- 바깥놀이 위주의 프로그램을 하는 어린이집의 경우, 보육실은 하나의 놀이영역으로 이루어짐

(2) 흥미영역 또는 놀이영역은 영유아의 놀이가 방해받지 않을 정도의 크기로 구성되어 있음

① 흥미영역 또는 놀이영역은 해당 공간에서 놀이하는 영유아들 간에 다툼이 일어나지 않고 놀이가 안정적으로 이루어질 수 있을 정도의 크기로 구성되어 있음

〈흥미영역별 최소공간 크기의 예〉

- 만 0~1세: 1~2명
- 만 2세: 2~3명
- 만 3~5세: 3~4명

② 보육실에 활동자료장과 책상, 의자 등은 영유아의 수나 보육실 크기 등을 고려하여 필요한 만큼 구비되어 있음

- 보육실에 활동자료장과 책상, 의자 등을 지나치게 많이 비치하여 놀이에 방해가 되지 않도록 하고 있음

③ 활동자료장이나 책상 배치시 영유아의 이동 통로를 충분히 확보하고 있음

④ 특정한 영역에 영유아의 관심이 집중되는 경우 영유아가 편안하게 놀이하도록 교구장이나 책상, 의자 등을 재배치하여 융통성 있게 운영함

〈보육실내 흥미영역 배치시 고려사항〉

- 언어영역은 조용하고 밝은 곳에 배치하고 그림책이나 자료를 영유아들이 편안한 자세로 볼 수 있도록 공간을 구성함
- 미술영역은 다양한 재료를 이용하여 표현해 보고 완성된 작품을 감상하는 기회를 제공하기 위하여 조용하고 밝은 곳엘 배치하는 것일 바람직함. 영유아들이 손쉽게 자료를 거내고 정리할 수 있는 자료장을 구비하고 완성된 작품을 말리거나 전시할 수 있는 공간을 제공함
- 수·조작 고학(탐색) 영역은 조용한 곳에 책상과 함께 배치하며, 특히 과학영역에서 식물이나 동물을 키울 경우를 감안하여 볕이 잘 드는 곳에 배치함
- 역할 및 쌓기놀이 영역은 놀이 확장이 가능하도록 가까이 배치하고, 조용한 영역과 떨어진 곳에 배치함
- 신체, 역할, 쌓기영역 등은 영유아의 움직임을 방해하지 않는 크기로 구성함
- 동시에 여러 명이 참여하는 흥미영역(예: 역할 및 쌓기놀이 영역 등)의 공간

은 다른 흥미영역에 비해 상대적으로 크게 확보하여 충분한 공간을 마련함

- 영유아의 흥미, 발달특성 등을 고려하여 융통성 있게 조정함

2) 실내 시설 및 설비가 영유아의 발달 수준에 적합하다.

(1) 실내 시설 및 설비가 영유아의 연령 및 신체에 적합한 크기 및 높이로 영유아 스스로 사용하기에 용이함

① 영유아용 책상, 의자, 활동자료장 등은 영유아의 신체크기에 적합하고, 영유아 스스로 사용할 수 있음

② 실내외 공간에 마련되어 있는 설비 및 가구 등은 영유아의 신체 크기에 적합함

③ 세면대, 변기 등 일상생활을 위한 설비가 마련되어 있고, 영유아가 사용하기에 적절한 크기임

- 어린이집 화장실에는 수세식 유아용 변기를 설치하여야 함
- 소규모 어린이집(정원 20인 이하)의 경우, 성인용 변기 및 세면대에 반드시 안전발판, 보조변기 등을 활용하여 사용하도록 함

(2) 영아: 기저귀 갈이대, 수유공간 등 영아를 위한 공간이 마련되어 있으며, 해당 공간에 수유와 기저귀 갈이 시 필요한 물품을 비치하여 사용하고 있음

① 기저귀 갈이대, 수유공간 등 영아의 일상생활을 위한 공간이 마련되어 있음 해당 공간에 수유와 기저귀 갈이 시 필요한 물품을 비치하여 사용하고 있음 어린이집에 기저귀갈이, 수유를 하는 영아가 있는 경우에 한해 평정함

(3) 장애아전문: 실내외 시설 및 설비는 장애영유아의 특성에 적절하게 설치되어 있으며, 장애영유아를 위한 보조도구가 마련되어 있음

① 장애영유아의 특성에 적절한 실내외 시설 및 설비, 보조도구 등이 마련되어 있음

- 이동에 불편함을 겪는 장애영유아를 위하여 계단 외에 엘리베이터 또는 경사로가 설치되어 있음
- 시각장애 영유아를 위한 점자유도블록, 핸드레일과 같은 편의시설을 갖춘 물리적 환경이 갖추어져 있음
- 화장실에는 대·소변기의 높이가 다양한 것이 바람직하며, 휠체어 사용이 가능할 만큼의 공간이 확보되어 있음
- 피더시트, 기립보조 책상, 자세교정 의자, 앉아 있는 채로 이동이 용이한 의자 등 장애 유형에 맞는 기구들과 설비들이 마련되어 있음

3) 영유아의 요구를 충족하는 별도의 공간을 마련하고 있다.

(1) 영유아의 요구를 충족하는 별도의 공간(유희실, 도서공간, 양호공간, 식당 등)이 어린이 집 내에 두 군데 이상 마련되어 있음

① 보육실 외 영유아의 요구를 충족하는 별도의 공간이 어린이집 내에 두 군데 이상 있으며, 다음의 설비 및 비품들이 비치되어 있음

- 대근육 활동을 할 수 있는 유희실이 마련되어 있고, 대근육 활동을 위한 놀이기구, 놀잇감 등이 비치되어 있음
- 영유아가 그림책을 편안하게 볼 수 있도록 책꽂이와 의자(소파) 등이 배치된 도서공간이 별도로 마련되어 있음
- 아픈 영유아가 누워서 쉴 수 있는 양호 공간이 어린이집 내(원장실 등)에 마련되어 있고, 비상약품, 간이침대(매트) 등이 비치되어 있음
- 시청각실 등 기타 공간이 별도로 마련되어 있음
- 별도로 마련된 공간이 아니더라도 그 기능을 대신 할 수 있는 공간은 인정함(예: 원장실을 양호 공간으로 사용하거나, 소규모 어린이집(정원 20인 이

하)에서 거실을 유희 실로 사용하는 경우 등)

(2) 보육실내 영유아의 휴식공간이 있음

① 영유아들이 휴식을 취하거나 혼자서 활동하는 등 조용한 시간을 보내고 싶을 때 언제든지 이용할 수 있도록 휴식공간이 보육실마다 마련되어 있음

② 휴식공간은 놀이공간과 구별되는 별도의 공간으로 마련되어 있음

- 휴식공간을 별도로 마련하기 어려운 경우, 언어영역과 통합하여 구성할 수 있음

③ 휴식공간은 보육실의 조용한 곳에 배치되어 있음

- 소규모 어린이집(정원 20인 이하)의 경우, 어린이집 내에 휴식공간을 배치할 수 있으며, 휴식공간은 영유아들이 일과 중 자유롭게 이용할 수 있음
- 영유아의 접근이 어렵거나 필요할 때만 일시적으로 공간을 마련해주는 것은 휴식공간으로 인정하지 않음

(3) 영유아의 개별 물품을 보관할 수 있는 공간이 마련되어 있음

① 영유아 개인 소지품이나 영유아가 만든 작품을 보관 할 수 있는 개별 공간(사물함)이 영유아 수에 맞게 마련되어 있음

② 개별 사물함은 영유아가 자신의 물건을 스스로 꺼내거나 보관해둘 수 있도록 영유아의 키 높이에 맞아야 하며, 보육실 내 또는 보육실 인근에 마련되어 있음 개별 사물함에 잠금장치 등이 없어 영유아가 스스로 사용할 수 있음

4) 비품과 활동자료를 보관하는 별도의 공간이 있고 체계적으로 정리하고 있다.

(1) 비품과 활동자료를 보관하는 별도의 공간이 있고, 체계적인 분류기준에 따라 명칭, 내용, 관련 영역 등을 표시하여 보관하고 있음

① 각 보육실에서 사용하지 않는 비품과 활동자료는 영유아의 활동공간과 구분된 별도 의 장소(창고나 자료실, 베란다 등)에 보관하고 있음

- 어린이집에 창고나 자료실이 없거나 부족한 경우, 영유아가 활동하는 공간이 아닌곳(예: 교사실이나 원장실, 상담실 등)에 따로 장소를 마련하여 보관함

② 별도의 장소가 없어서 복도나 유희실 등을 불가피하게 이용할 경우에는 상단에 자료장을 만들어 보관하여 영유아의 이동이나 활동이 원활히 이루어지도록 하고 있움

- 소규모 어린이집(정원 20인 이하)은 별도의 장소가 없어도 실내에 자료장을 마련하여 비품과 활동자료를 보관하고 있으면 인정함

③ 비품과 활동자료를 연령, 주제 또는 영역 등 체계적인 분류기준에 따라 내용을 표시하여 보관하고 있음

〈신체(대근육)활동자료의 예〉

1) 영아

일상생활을 통해 다양한 대근육 활동을 할 수 있도록 놀이기구를 제공하며 영아가 좋아 하는 놀잇감은 색, 모양, 크기가 똑같은 것으로 2개 이상 준비함

- 영아(만 0~1세): 기어오를 수 있는 계단이나 경사로(부드러운 솜이나 스펀지를 넣은 것), 운동기구(손이나 발동작으로 이동, 비이동, 조작 운동을 할 수 있는 것), 잡고 걸을 수 있도록 벽을 따라 설치된 봉, 스펀지 블록, 큰 공(천이나 플라스틱), 밀고 당기는 놀잇감(단순하고 손에 쥘 수 잇는 크기) 등
- 영아(만 2세): 미끄럼틀, 점핑 바운서, 종합놀이대, 볼풀 놀이대 등 고정식 놀이기구와 이동식 목마, 자동차, 끌차, 공, 후프 등의 운동기구, 종이벽돌 블록, 스펀지 블록 등

② 유아

신체놀이를 통해 몸의 균형을 유지하고 몸을 조정하여 움직이는 경험을 하도록 하는 놀이기구를 제공함

- 유아(만 3~5세): 조합놀이대, 놀이 집, 그네, 미끄럼틀, 낮은 철봉, 시소 등 고정식 놀이기구, 차량 모형, 운전대, 타이어 오름대, 드럼통 터널, 안전 널빤지, 받침대, 사다리, 점핑 바운서, 평균대, 흔들 목마, 구르기용 매트, 자전거, 손수레, 끌차, 이동식 농구대, 커다란 블록류(큰 플라스틱 공간 블록, 대형 나무블록 등), 크기와 종류가 다양한 공류, 줄넘기, 훌라후프, 던지기용 고리 등

〈언어활동자료의 예〉

① 영아

만 0~1세는 옹알이나 다른 사람의 목소리에 귀를 기울이는 능력이 향상되고, 만 2세가 되면 발음을 하는 조음능력, 어휘력 등이 향상되는 시기이므로, 소리를 구분하여 듣고 말소리와 몸짓으로 의사표현을 촉진하는 자료를 제공함

① 듣기·말하기 활동 자료

- 영아(만 0~1세): 그림자료, 사진자료, 전화기, 짧은 이야기와 노래 테이프 등
- 영아(만 2세): 손인형, 사진자료, 친숙한 일상생활 용품의 사진과 이름이 있는 그림카 드, 전화기, 녹음된 목소리를 들어 볼 수 있는 카세트, 짧은 이야기와 노래테이프 등

② 읽기활동 자료

- 영아(만 0~1세): 입으로 물거나 던져도 좋을 만큼 안전하고 견고한 재질과 형태의 그림책(헝겊 책, 촉감책, 비닐책, 스펀지 책, 소리나는 책 등), 다양한 그림이나 사진 자료(영아에게 친숙한 인물, 동·식물) 등

- 영아(만 2세): 글자 수가 많지 않은 다양한 주제의 그림책을 포함하여 재질과 형태가 다양한 책(촉감책, 퍼즐책, 소리나는 책 등), 그림이나 사진자료(그림책의 주인공, 영아에게 친숙한 인물, 지역사회, 자연물)등

③ 쓰기활동 자료

- 영아(만 2~1세): 영아가 물거나 빨아도 안전한 종류로 짧고 굵은 크레용이나 부드럽게 써지는 색연필, 전지, 쓰기판 등
- 영아(만 2세): 굵은 크레용, 굵은 색연필이나 연필, 자석 쓰기판, 종이 등

2 유아

유아는 친숙한 글자나 주변의 인쇄물에 관심이 많아지고 쉬운 단어와 짧은 문장을 읽고 쓰기가 가능하므로 다양한 언어활동 기회를 제공하는 자료를 마련함

① 듣기·말하기 활동 자료

- 유아(만 3~5세): 조작이 간단한 카세트 플레이어, 다양한 주제의 이야기 테이프, 헤드폰, 교사나 부모 등 친근한 사람의 목소리가 녹음된 테이프, CD 플레이어와 이야기 CD, 유아가 스스로 이야기를 꾸미거나 자신이 아는 이야기를 반복하도록 촉진시키는 소품(막대 인형이나 테이블 인형, 융판이나 자석 인형, 손인형, 손가락 인형, OHP 그림, 인형극 틀 또는 언어 놀이를 할 수 있는 수수께끼 상자나 순서대로 사건을 연결하여 이야기해 보는 그림카드, 목소리를 녹음해 볼 수 있는 녹음기, 마이크 등)

② 읽기활동 자료

- 유아(만 3~5세): 다양한 주제의 각종 그림책(창작그림책, 전래동화, 글 없는 그림 책, 과학동화, 생활동화 등), 사진첩, 유아들이 만든 그림책, 주제에 따른 화보 모음책, 동요, 동시집, 어린용 잡지나 카탈로그, 사전, 간판, 메뉴판, 광고나 포스터 등 실생활에서 볼 수 있는 환경 인쇄물, 각종 글자 모양과 글자 퍼즐 등

③ 쓰기활동 자료

- 유아(만 3~5세): 크기와 모양이 다양한 종이, 굵은 색연필이나 연필, 사인펜 등의 다양한 필기도구, 소형 화이트보드와 마커펜, 글자 상자, 단어카드, 자모음카드, 독서카드, 글자 도장, 타자기, 컴퓨터와 프린터 등

〈미술, 음악 및 동작활동 자료의 예〉

1 영아

자신의 신체와 감각자극에 호기심을 보이며 주변 사물, 환경, 자연을 탐색하는 시기이므로 창의적 표현과 감각적 탐색의 기회를 제공하는 자료를 제공함

① 미술활동 자료

- 영아(만 0~1세): 벽이나 바닥, 책상위에 넓게 붙인 큰 도화지와 무독성 크레파스, 부드럽게 써지는 색연필, 밀가루 점토, 스티커, 여러 가지 모양 도장 등
- 영아(만 2세): 다양한 재질과 색깔의 종이류, 색연필, 크레용, 크레파스 등 그리기 도구, 우유팩, 잡지책, 안전가위, 풀, 밀가루 점토, 스티커, 모양 도장 등

② 음악 및 동작활동 자료

- 영아(만 0~1세): 소리나는 물건을 흔들거나 두드리는 것을 좋아하므로 딸랑이나 안전한 방울, 마라카스, 녹음기, 음악테이프, 소리가 나는 놀잇감, 주변에서 볼 수 있는 소리나는 물건
- 영아(만 2세): 북이나 흔들고 두드릴 수 있는 단순한 리듬 악기(리듬막대, 마라카스, 탬버린 등), 녹음기, 음악테이프, 동작표현을 돕는 소품(여러가지 색 보자기, 스카프, 리본 막대, 부드러운 수건 등)

2 유아

자연이나 생활, 예술작품에서 아름다움을 발견하고 음악, 움직임, 극놀이, 미술

활동에 적극적으로 참여하는 것을 즐기게 되므로 다양한 방법으로 자신의 생각과 느낌을 표현할 수 있도록 자료를 제공함

① 미술활동 자료

- 유아(만 3~5세): 필기구류(크레파스, 색연필, 연필, 볼펜, 사인펜 등), 물감류(수채화 물감, 한국화물감, 먹물 등), 종이류(도화지, 두꺼운 도화지, 색도화지, 신문지, 한지, 화선지, 색종이, 골판지, 박스종이, 소포지, 포장지, 광고지, 이면지, 잡지류 등), 만들기 도구류(풀, 가위, 펀치, 고무줄, 클립, 테이프 등), 만들기 재료류(수수깡, 모루, 솜, 나무젓가락 등), 점토류(찰흙, 지점토, 밀가루점토 등), 폐품류(우유곽, 요구르트 병, 상자, 천조각 등)

② 음악 및 동작활동 자료

- 유아(만 3~5세): 여러 가지 리듬악기(리듬막대, 우드블럭, 마라카스, 캐스터네츠, 탬버린, 트라이앵글, 소고, 작은 북 등), 가락악기(실로폰, 멜로디언, 피아노, 키보드, 기타 등), 전통악기(소고, 장구, 북, 징, 꽹과리, 등과 같은 우리나라 전통악기와 외국의 전통악기), 음악가 및 악기 사진이나 악기 연주 또는 노래 부르는 모습의 사진, 그림이 있는 노래 가사, 그림 악보, 음악 포스터 등, 이 밖에 다양한 음악을 감상하는 기회를 갖도록 녹음기, 헤드폰, 다양한 카세트/CD 플레이어, 음악 테이프 등, 동작활동 자료로는 여러 가지 색 보자기, 스카프, 리본 테이프, 리본 막대, 한삼, 부드러운 수건, 각종 동물 가면이나 탈춤소품, 거울 등

〈감각·탐색, 수·조작 과학활동 자료의 예〉

1 영아

영아는 오감을 이용하여 환경을 탐색하므로, 풍성한 감각적 경험을 할 수 있도록 다양한 재질과 형태의 자료를 제공함. 특히, 밝은 색상, 대비가 분명한 것, 단순한

디자인, 두드러지는 특징이 잇는 것, 사람 얼굴 모양 등을 선호하므로 이런 특징을 갖춘 놀잇감을 제공함. 감각활동 자료는 영아가 만져보고, 들어보고, 맛보고, 냄새 맡아 볼 수 있도록 위생적으로 관리되어야 함. 또한 영아가 삼킬 정도로 작은 크기(직경 3.5cm 이하)의 놀잇감은 비치하면 안되며 쉽게 깨지거나 부서지지 않는 안전한 재질로 준비하여야 함. 영아가 좋아하는 놀잇감은 색, 모양, 크기가 똑같은 것으로 2개 이상 준비함

① 감각·탐색 활동자료

- 영아(만 0~1세): 감각활동 자료(여러가지 재질과 질감의 촉각판, 다양한 소리가 나는 플라스틱 통 등), 탐색 및 조작활동 자료(누르면 튀어 오르는 놀잇감, 고무나 플라스틱으로된 고리 끼우기, 모양 찾아 맞추기 등)
- 영아(만 2세): 감각활동 자료(오감을 이용한 여러 가지 감각 놀잇감, 소리상자, 촉감판 등), 조작활동 자료(큰 조각 퍼즐, 모양 찾아 맞추기, 크기순으로 고리 끼우기, 색깔 맞추기 등)와 탐색활동 자료(돋보기, 동물, 주변에서 찾아낸 여러 모양의 돌이나 나무 껍질, 조개껍질 같은 여러 가지 자연물)

② 유아

주변의 사물과 자연현상에 지속적인 호기심을 가지고 탐구기술을 활용하여 탐구적 태도를 기르는 시기이므로, 수·공간과 도형·규칙성을 이해하고 다양한 도구와 기계를 활용할 수 있도록 함. 또한 과학영역의 활동자료는 계절, 생활주제, 유아의 흥미를 고려하여 다양한 자연물이나 실물을 제시함

① 수·조작 활동자료

- 유아(만 3~5세): 일대일 대응, 분류, 비교, 순서짓기, 부분과 전체, 측정, 공간과 도형, 규칙성 등의 개념 발달에 도움이 되는 생활주제와 연관된 수 관련 자료, 1~10까지 셀 수 있는 구체물(작은 동물 모형, 조개류, 솔방울 등), 크기가 점차 커지는 10개의 컵, 숫자카드, 수세기 자석판, 빨래집개 수 세기

판, 양팔저울, 큰 글자의 시계, 달력 등), 보육주제와 관련된 다양한 퍼즐(그림 맞추기, 숫자퍼즐, 색 퍼즐, 도형 퍼즐 등), 판 게임이나 게임자료(예: 주사위게임, 가위바위보 게임, 윷놀이, 칠교놀이) 등

② 과학활동 자료

- 유아(만 3~5세): 기본 자료(거울, 자석, 돋보기, 프리즘 등의 측정도구, 바퀴와 부속품 등), 생물 관련 자료(꽃, 야채, 나뭇잎, 씨앗, 나뭇가지, 꽃잎, 솔방울 등 자연에서 수집한 자연물과 식물 관련 자료, 거북이, 금붕어, 달팽이 등 기르는 동물과 먹이 등 동물관련 자료), 자연현상과 관련된 자료(자연현상 사진, 온도계, 습도계와 관찰용지, 필기도구 등), 도구와 기계류(간단한 도구와 기계, 기계와 도구를 만들 수 있는 주변의 여러 가지 물건-나무토막, 상자 등)

〈역할 및 쌓기놀이 자료의 예〉

1 영아

영아가 상상놀이를 통해 자기 주변의 생활을 모방하는 놀이를 하고, 블록을 이용하여 길게 잇기, 단순히 쌓고 무너뜨리기, 끼우고 비는 활동을 반복할 수 있도록 자료를 제공함. 영아가 좋아하는 놀잇감은 색, 모양, 크기가 똑같은 것으로 2개 이상 준비함

① 역할놀이(상상놀이)자료

- 영아(만 0~1세): 세탁이 용이한 재료로 만들어진 다양한 크기와 촉감의 인형(가족인형, 소리나는 인형, 동물인형), 자동차류
- 영아(만 2세): 일상생활에서 부모를 통해 경험한 단순한 역할놀이용 자료(여러가지 모양의 그릇 등의 소꿉놀잇감, 전화기, 인형)등

② 쌓기놀이 자료

- 영아(만 0~1세): 우레탄 블록이나 스펀지 블록, 종이벽돌 블록, 헝겊으로 감싸져 있는 블록 등
- 영아(만 2세): 나무블록, 종이벽돌 블록, 우레탄 블록, 스펀지 블록, 재질이 부드럽고 구멍이 큰 끼우기형 블록 등

2 유아

유아가 역할놀이를 통해 다양한 주제를 놀이로 표현해보고, 쌓기놀이를 통해 다양한 구성활동을 할 수 있도록 자료를 제공함

① 역할놀이 자료

- 기본 가구류: 유아 크기의 화장대, 식탁과 의자, 소품을 넣을 수 있는 장, 모형씽크대 등
- 소꿉놀이류: 질감이 다양한 인형류(아기인형과 가족인형, 동물인형들), 유모차, 우유병과 각종 소꿉놀이 그릇류(냄비, 프라이팬, 밥솥, 접시세트, 커피잔 세트, 주전자 등), 모형 주방 기구들-뒤집개, 국자, 주걱, 숟가락, 포크, 플라스틱 또는 나무로 된 작은 도마와 칼, 작은 밀대 등, 모형 음식 등)
- 각종 역할놀이 소품: 옷입기 놀이를 위한 의상류(아빠 와이셔츠, 앞치마, 드레스류, 의사 가운 등 직업 의상, 남녀 한복 등), 다양한 신발류, 장신구 및 소품(악세사리, 빗, 선글라스 , 모자, 구두, 가방, 스카프, 넥타이 등), 농장, 동물원, 음식점, 기차역, 인형집, 소방서 등 각종 모형

② 쌓기놀이 자료

- 종이벽돌 블록, 유니트(단위)블록, 우레탄 블록, 속이 빈 공간 블록, 스펀지 블록, 우유팩 블록 등 쌓기놀이형 블록과 자석블록, 와플 블록, 띠블록, 꽃블록, 눈송이 블록 등 끼우기형 블록 등
- 인형류(모형 동물, 사람인형, 로봇, 공룡 등), 탈것류(작은 자동차나 배 같은

운송수단 등), 기타 보육주제와 관련된 소품들(동물가면, 교통 표지판, 신호등, 간판 표시물, 운전대, 경찰이나 오토바이용 모자, 소방관 모자, 모형 건물이나 집 등)

2 실외 공간 구성 및 운영

실외 공간은 영유아들이 바깥놀이를 통해 신체적, 정서적으로 건강하게 성장할 수 있도록 도움을 주는 매우 중요한 환경이다. 어린이집에서는 안전하고 개방된 실외놀이 공간을 마련하여 영유아가 뛰고 움직이면서 내적 에너지를 마음껏 발산하고 다양한 대·소집단 활동에 참여할 기회를 제공함으로써 영유아의 건강한 성장을 지원할 수 있다. 또한 영유아가 자연의 변화 등을 느끼고 환경을 탐색할 기회를 가질 수 있는 자연친화적인 환경을 구성하고 영유아가 자발적으로 즐겁게 참여하는 놀이를 지원하는 실외환경이라면 영유아에게 더 의미 있는 환경이 될 수 있다.

1) 옥외 놀이터 등을 구비하고 있다

(1) 옥외 놀이터가 설치되어 있음

① 놀이터에는 고정식 대근육활동 놀이기구 1종 이상을 포함하여 최소 3종 이상의 놀이기구가 설치되어 있음

- 정원 50인 이상 어린이집은 옥외놀이터 설치가 원칙이나, 옥외놀이터 설치가 불가하여 대체놀이터로 인가받은 경우 대체놀이터 이용이 가능함

(2) 옥외놀이터가 구비되어 있지 않은 경우, 대체놀이터를 이용하고 있음

① 옥외놀이터가 구비되어 있지 않은 경우, 대체놀이터를 이용하고 있음

- 인근놀이터의 사용승낙서 구비 여부는 확인하지 않음

- 정원 50인 미만 어린이집으로 인근에 놀이터가 전혀 없거나 실제 이용이 불가능한 위치에 설치되어 있는 경우, 어린이집 인가공간 내 유희실(대근육 활동공간)이 마련되어 있으면 실내놀이터의 기능을 충족하는 것으로 평정함

〈대체놀이터의 종류〉

① 옥내놀이터: 어린이집 건물 내부의 실내외 공간에 설치한 놀이터
- 실내놀이터: 어린이집 건물 내부의 방(이에 준하는 공간)에 설치한 놀이터
- 옥내중간놀이터: 어린이집의 중간층의 실외 공간을 활용한 놀이터
- 옥상놀이터: 어린이집의 최상층 바닥면 공간에 설치하는 놀이터

② 인근놀이터: 어린이집과 인접하여 설치한 실외놀이터
- 초등학교 놀이터의 경우, 놀이기구가 영유아의 연령에 맞지 않으며, 수업시간 시설물 사용은 사실상 어려우므로 대체(인근)놀이터로 인정하지 않음

2) 영유아 발달을 지원하는 다양한 놀이 및 활동자료가 준비되어 있다.

(1) 영유아의 발달을 지원하는 다양한 놀이기구 또는 놀이 및 활동자료가 구비되어 있음

① 옥외놀이터 또는 대체놀이터에는 영유아의 발달 수준 및 연령에 적합한 놀이기구 또는 놀이 및 활동자료가 구비되어 있음
- 놀이기구: 미끄럼틀, 흔들말, 그네, 놀이집 등
- 놀이 및 활동자료: 모래놀이용 미니삽, 물뿌리개, 자전거, 물놀이 자료, 바람개비, 비눗방울, 훌라후프 등

② 놀이기구 또는 놀이 및 활동자료는 영유아들이 바깥놀이에 몰입하여 즐길 만큼 충분히 마련되어 있음

- 바깥놀이에서 놀이를 찾지 못해 배회하는 영유아가 없고, 하나의 놀잇감을 가지고 영유아 간 다툼이 일어나지 않음

(2) 놀이기구 또는 놀이, 활동자료는 영유아의 발달에 적합한 크기와 기능을 가지고 있음

① 옥외놀이터 또는 대체놀이터에 있는 놀이기구 또는 놀이 및 활동자료는 영유아가 사용하기에 적절한 크기와 기능을 가지고 있음

(3) 자연을 경험할 수 있는 바깥놀이 환경이 마련되어 있음

① 영유아가 햇빛, 바람, 나무, 꽃, 흙, 모래, 물 등과 같은 자연을 경험할 수 있는 실외환 경이 작은 면적이라도 마련되어 있음
모래놀이터, 물놀이 공간, 동물 관찰 영역, 자연체험 영역(텃밭, 화단) 등

3) 영유아의 발달에 적합한 다양한 바깥놀이 및 활동이 이루어진다.

(1) 바깥놀이 시 영유아의 발달에 적합한 다양한 놀이와 활동이 이루어짐

① 영유아는 자신의 요구와 흥미에 따라 바깥놀이를 주도하고 지속함
- 땅에 나뭇가지로 그림 그리기, 흙 위에 물로 그림 그리기 등과 같은 특별한 자료가 필요하지 않은 활동부터 미끄럼틀 타고 오르내리기, 그네 타기 등 놀이기구를 활용한 놀이까지 영유아 스스로 즐겁게 하는 놀이와 활동이 모두 포함됨

② 교사는 바깥놀이에서 할 수 있는 놀이나 활동을 제한하지 않음
③ 교사가 놀이나 활동을 제안할 수 있지만, 특정놀이나 활동을 강요하지 않음

(2) 바깥놀이 시 자연과 친숙해지는 경험이 이루어짐

① 영유아가 햇빛, 바람, 나무, 꽃, 모래, 물 등과 같은 자연을 직접 경험하는 활동을 함

- 바깥에서 바람 느껴보기, 꽃잎 관찰하기, 흙 밟아보기, 구름 관찰하기 등과 같은 일상 적인 활동도 포함됨

② 교사는 영유아가 자연물을 만지고, 냄새맡고 보고 듣는 경험을 마음껏 할 수 있도록 함

어린이집 운영관리

제13장

어린이집의 건강 · 영양 · 안전관리

영유아기는 신체 발달이 급격하게 이루어지는 시기인 동시에 감염성 질환에 대한 감수성이 높으며 자신의 건강 문제를 능동적으로 대처하는 능력이 결여되어 질병과 각종 사고의 위험에 노출되기 쉽다. 특히 영유아기는 영양 관련 생활태도와 습관이 형성되기 시작하는 시기이다. 이에 본 장에서는 어린이집에서의 건강 · 영양 · 안전관리에 대해 살펴보고자 한다.

1 건강관리

1) 건강관리 및 지도

건강관리는 영유아가 신체적·정신적으로 최적의 성장·발달을 이루도록 하는 데 목적이 있다. 이를 위하여 교사는 영유아 개개인의 신체적 건강 및 정서적 상태 등 전체적인 건강 상태를 세심하게 관찰하며, 정기적으로 건강 검진을 실시하여 그 결과를 기록·정리해 두어야 한다.

질병을 예방하고 건강을 유지하기 위해서는 건강 생활에 대한 올바른 태도와 습관을 지니는 것이 중요하다. 교사는 일상생활의 경험과 놀이를 통해 손 씻기, 이 닦기, 배변, 수면 등에 대한 기초 지식과 기술, 태도를 가르치고 이를 습관화하도록 반복적이고 일관성 있는 지도를 하여야 한다.

첫째, 신체적 건강은 청결과 직결되므로 영유아에게 손 씻는 방법과 손 씻기를 강조하고 영유아의 중요한 모델링이 되는 교사 또한 손을 자주 씻어야 한다.

둘째, 영유아기부터 적절한 치아 관리를 위해 교사는 영유아에게 이 닦기의 중요성, 칫솔질하는 방법, 칫솔 관리 요령 등을 알려주고 올바른 이 닦기를 습관화하도록 한다. 유아기에 손상된 치아를 그대로 방치하게 되면 음식물을 제대로 씹지 못해 편식을 하게 되는 원인이 될 수 있으며, 유치가 일찍 손상되면 다른 치아의 위치가 변화하게 되어 영구치의 자리가 막히게 되거나 이가 들쑥날쑥하게 나게 된다.

충치를 예방하기 위한 방법으로 첫째, 충치의 원인균은 당분을 좋아하므로 음식을 제공할 때는 당분이 적은 것으로 주고 이에 달라붙기 쉬운 젤리나 엿 등, 찌꺼기가 나오기 쉬운 것은 피하도록 하며, 둘째, 건강한 치아는 충치에 대한 저항력이 강하므로 칼슘과 단백질 등의 모든 영양소를 균형 있게 섭취하여 건강한 치아를 가꿀 수 있도록 하여야 한다. 셋째, 식품 외에 불소를 첨가하여 치아 자체의 저항력을 키우도록 해야 한다.

〈표 13-1〉 충치 위험을 감소시키기 위한 식품

식품군	저충치 유발성	고충치 유발성
유제품	우유, 치즈, 플레인 요구르트	아이스크림, 초콜릿 우유, 밀크세이 크, 과일 요구르트
육류	살코기, 달걀, 생선, 견과류, 무당 피 넛 버터	가당 육류, 당함유 견과류, 가당 피넛 버터
과일, 채소류	신선한 과일 채소, 무가당 과일, 채소 주스	말린 과일, 잼과 젤리, 과일잼, 과당 과일음료, 고구마 캔
곡류	팝콘, 프레젤, 무당 크래커	쿠키, 파이, 패스추리, 가당 아침식사용 시리얼
기타	무설탕 껌과 소다수, 무당 커피와 차	설탕 껌, 사탕, 꿀, 시럽, 가당 커피와 차

셋째, 배변 훈련을 진행하면서 교사는 영유아에게 배변 의사 표시하기, 배변 시 옷 입고 벗기, 화장실 노크하기, 변기와 휴지의 정확한 사용법, 배변 후 뒤처리하는 법, 배변 후 손 씻기 등 화장실 이용하기에 대해서 지도한다.

넷째, 신체활동이 활발한 영유아는 쉽게 피로해질 수 있으므로 적절하게 휴식을 취하여야 한다. 이를 위해 일과에 낮잠 시간을 반드시 포함시키고, 영유아가 쉴 수 있는 조용한 공간을 마련해 주는 것이 필요하다.

2) 건강 검진 및 양호실

교사는 매일 아침 영유아의 눈높이로 자세를 낮추고 영유아의 기분, 청결상태, 체중변화, 얼굴표정, 자세, 얼굴색 등을 시진함으로써 영유아의 건강 상태를 관찰해야 한다. 교사가 점검해야 할 신체부위별 항목은 〈표 13-2〉와 같다. 교사는 관찰한 영유아의 건강상태에 대한 기록을 정확하게 남겨야 하며, 기록은 철저히 비밀을 유지해야 한다. 이러한 관찰일지는 영유아의 질병을 조기에 발견하는 데 매우 유익하며, 의사가 정확한 진단을 하는 데도 도움을 줄 수 있다.

〈표 13-2〉 신체 부위별 교사가 점검해야 할 항목

신체 부위	점검해야 할 항목
일반적인 외모	체중의 변화, 피로감이나 이상한 흥분의 징후, 피부색 등
머리	가려워 긁은 표시, 이가 있는지, 종기, 탈모, 청결상태 등
얼굴	얼굴표정(두려움, 화, 즐거움, 근심 등), 얼굴색, 긁힌 자국, 멍, 뾰루지 등
눈	충혈상태, 눈이 부었는지, 빛에 대한 감수성, 자주 비비는지, 다래끼, 상처, 눈 움직임의 이상 여부
귀	물이 있는지, 홍조, 소리를 듣거나 말을 걸었을 때의 적절한 반응 여부 등
코	자주 비비는지, 충혈 상태, 재채기, 콧물 등
입	치아 안쪽 상태, 충치, 상처, 입으로 호흡하는지 등
목구멍	편도선이 붓거나 붉은지, 목구멍이나 편도선에 헤진 곳이 있는지, 숨쉴 때 이상한 냄새가 나는지 등
목	갑상선이 부어 있는지 등
가슴	씩씩거리며 호흡하는지, 가래가 끓는 소리가 나는지, 숨가쁨, 기침 등
피부	가슴과 등의 피부색 확인(창백한지 또는 붉은지), 뾰루지, 긁힌 자국, 타박상, 멍, 흉터, 심한 열, 땀 등

만약 질병의 징후가 발견되면 영유아의 상태에 따라 격리, 귀가 조치를 하거나 즉시 부모에게 알려야 한다.

격리가 요구되는 유아의 증상

- 입안에서 체온을 쟀을 때 37.8℃ 이상이거나, 겨드랑이에서 체온을 쟀을 때 37.2℃ 이상일 때
- 감기 증상을 보이거나 기침이 심할 때
- 설사 또는 구토할 때
- 이유 없이 식욕을 잃거나, 창백하거나, 과민한 반응을 보이거나, 두통이 있을 때
- 눈, 코, 귀 등과 같은 곳에서 이물질이 흘러 나올 때

출처: Marotz, Cross, & Rush(2001)

어린이집에서는 교직원의 건강관리에도 세심한 배려를 해야 한다. 특히 영유아의 건강과 직결되는 교사의 건강이 어린이집의 여러 환경적인 요인들로 인해 잠재적인 위협을 받을 수 있으므로 교사의 건강 검진이 정기적으로 이루어져야 한다.

또한 어린이집에서는 영유아의 건강관리와 응급처치를 위해 통풍과 채광이 잘 되는 1층에 양호실이 있어야 하며, 양호실에는 영유아용 침대, 각종침구, 보관장 등의 의료시설과 기본적인 의료기구 및 의약품 등을 갖추어야 한다.

〈표 13-3〉 어린이집에 필요한 의료도구 및 의약품

내용		
의료도구 및 재료		탈지면, 붕대(대, 중, 소), 탄력붕대, 거즈, 반창고, 1회용밴드, 구급낭, 찬 물주머니, 소독용 가위, 소독용 핀셋, 설압자, 면봉, 신장계, 체중계, 청진기, 혈압계, 온도계, 생리식염수 등
의약품	피부에 바르는 약	소독약(과산화수소수, 암모니아수, 알코올, 요오드 액 등), 소염진통제(안티프라민, 물파스 등), 글리세린 등
	먹는 약	소화제(훼스탈, 활명수, 백초 시럽 등), 진통제(아스피린, 소아용 타이레놀, 브루펜 시럽 등), 해열제(판피린, 아스피린, 브루펜 시럽 등), 진해거담제, 암브로콜 시럽, 코리투살 시럽 등), 항생제, 변비약등

3) 위생 관리

영유아의 건강과 안녕을 위해서는 어린이집을 청결하게 유지하여야 한다. 특히 영유아가 자주 접촉하게 되는 각종 표면들을 깨끗이 함으로써 세균 오염과 이로 인한 질병 감염의 위험을 예방해야 한다. 예를 들어, 첫째, 기저귀 갈이대의 표면은 부드럽고 독성이 없으며 방수가 되고 쉽게 깨끗해지는 것이어야 한다. 또한 기저귀를 간 후에는 표면을 반드시 살균해야 한다. 둘째, 배변 훈련용으로 사용되는 유아용 변기는 욕실에서만 사용하고 영유아의 손에 닿지 않게 해야 한다. 변기를 사용한 후에는 즉시 내용물을 비우고, 변기의 노출된 표면을 씻고 살균하여야 한다. 셋째, 영유아가 입에 넣은 장난감은 매일 세척하고 살균해야 한다. 넷째, 침대 및 침구에는 수백만 마리의 진드기와 각종 병원균이 건강을 위협하고 있으므로 영유아가 입을 대기 쉬운 유아 침대 난간 표면은 무독성 살균제로 최소한 하루에 한 번 살균해야 한다.

2 영양관리

1) 영유아 영양의 중요성 및 영양적 특징

적절한 영양공급은 영유아의 건강과 발육을 도울 뿐만 아니라 먹는 즐거움과 심리적 안정감을 얻게 함으로써 정상적인 신체적, 정신적 발달을 이루게 하며, 건강의 기초가 된다.

영아기는 일생 중 가장 빠른 성장과 발달의 과정을 겪게 된다. 이 시기는 부모나 교사에 의해 전반적으로 보호받으며, 필요한 영양소들을 제공받는다. 태어난 후 모유나 조제유를 먹다가 생후 4~6개월이 되면 이유식을 먹게 된다. 이 시기의 영양부족은 심각한 영양장애를 일으킬 수 있으며, 반대로 영양과잉은 세포 수의 증가를 동반한 비만을 유발할 수 있다.

유아기는 활동량이 급격히 증가하고, 신체조절능력이 점차 향상되며, 뇌 발달이 거의 완성되는 시기이므로 영양 섭취에 각별히 유의하여야 한다. 또한 이 시기에 형성된 식습관은 이후 식품에 대한 기호도나 영양 및 건강 상태에 직·간접적인 영향을 주기 때문에 올바른 식사 지도가 반드시 이루어져야 한다.

일률적으로 유아의 섭취량을 결정하지 말고 유아의 성장속도나 정서적인 상태 및 활동량을 고려하여 음식의 양을 정하고 음식을 너무 짜거나 맵지 않게 조리하고, 자극적인 조미료나 향신료는 피해야 한다. 또한 영양요구량이 큰 시기이므로 여러 차례 나누어서 음식을 제공해야 유아들이 부담 없이 먹을 수 있으며, 유아는 면역력이 성인보다 약하기 때문에 식생활 전반에 있어서 위생관리를 철저하게 해야 한다. 특히 식품에 대한 기호가 형성되고 음식의 좋고 싫음이 분명해져서 편식이나 식욕부진이 나타날 수 있으므로 씹기 힘든 음식은 잘게 썰어 부드럽게 조리하고, 맛이나 향이 강한 식품은 다른 식품에 조금씩 섞어 조리하며, 서빙 방법 및 환경을 바꿔보는 등 다양한 방법이 모색되어야 한다.

〈표 13-4〉 유아들의 기호 식품

유아들이 좋아하는 식품	유아들이 싫어하는 음식
씹기 쉽고 단맛이 나는 과자, 크래커, 빵, 국수 등의 탄수화물 식품, 우유, 치즈, 요구르트 등의 유제품과 닭고기, 소시지, 햄버거 등의 육제품 외에 과일이나 과일주스, 단 음식, 부드러운 음식, 입 안에 넣기 쉽고 씹기 쉬운 음식	씹기 힘든 고기라든가 질감이 딱딱한 음식, 미나리, 쑥갓, 당근, 양파, 파, 양배추, 간 등과 같이 냄새가 강한 음식, 매운 음식, 짠 음식, 고추나 겨자, 생강과 같은 향신료가 든 음식, 가시가 많거나 비린내가 많이 나는 생선

2) 영양평가

영양평가는 영양상태와 섭취의 적절성을 평가하고, 신체 발육 정도를 판정해 정상적인 성장과 발달을 위한 기초 자료를 제공하는 것을 목표로 한다. 영유아의 영양상태를 평가하는 방법은 신체계측, 임상적 검사 등이 있다(문혁준, 김혜경, 박복매, 2012).

(1) 신체계측에 의한 평가

영유아의 신체발육상태는 영양상태를 나타내는 중요한 지표가 된다. 영유아의 발육상태를 평가하는 방법은 대한소아과학회에서 발표한 신체발육표준치와 비교하는 방법과 신장, 체중, 가슴둘레 등의 계측치를 공식에 넣어서 체격지수에 의해 평가하는 방법이 있다.

① 체위 측정

신체 계측 항목은 연령에 따라 다르나 영유아의 신장, 체중, 머리둘레, 가슴둘레 등이 기본적으로 사용된다. 상완위둘레와 삼두근 피부두께 등은 자주 이용되는 지표는 아니나 체지방, 근육 같은 체조직의 조성을 추정하는 데 사용될 수 있다. 신체계측치가 연령별 표준치와 비교하여 크게 동떨어진 경우 어떤 문제가 있는지 살펴보아야 한다.

• 신장과 체중

신장과 체중은 발육상태를 평가하는 가장 기본적인 지표로 사용된다. 신장과 체중을 정확하게 측정하고 이를 표준치와 비교하거나 기간을 두고 반복 측정하여, 영유아의 영양상태나 발육상태의 변화추이를 간접적으로 알 수 있다. 키에 비해 체중이 적은 경우 영양불량 상태를 의미하며, 나이에 비해 키가 작은 경우는 만성적인 영양부족 상태를 의미한다.

• 머리둘레

머리둘레는 이마와 뒤통수의 가장 튀어나온 부분의 둘레를 줄자로 측정한 것이다. 2세까지는 키의 성장과 밀접한 관계가 있어 영양상태 평가 수단으로 쓰이나 그 이후에는 머리둘레의 성장이 느려지므로 적합하지 않다. 영유아에서 머리둘레가 표준보다 현저히 작다면 생후 2년 동안 심각하고 장기적인 영양부족이 있었음을 나타낸다.

• 가슴둘레

줄자로 겨드랑이 밑과 젖꼭지선을 지나 척추에 직각인 둘레를 측정한다. 영유아는 성인과 달리 가슴둘레가 체중증가와 밀접한 관련이 있고 질환이나 영양불량에 민감하게 감소하므로 영양평가 지표로 사용된다.

• 상완위둘레

상완위둘레는 체단백질량을 추정하는 간단한 방법이다. 줄자로 상완 중간의 둘레를 반복 측정한다.

• 삼두근 피부두께

체지방의 약 50%는 피하지방층으로 존재하므로 피부두께를 측정하여 체지방을 추정할 수 있다. 캘리퍼(caliper)를 사용하여 팔 뒤쪽 삼두근 주위의 피부두께를 반복 측정한다.

(2) 임상적 평가

영유아 영양상태의 임상적 평가는 머리카락, 피부, 혀, 눈, 손톱 등의 상태를 전문가가 보고 판단하여 영양결핍이나 영양불균형을 알아내는 방법이다.

〈표 13-5〉 영유아의 영양불량을 나타내는 신체적 증상

조직	신체적 증상	원인
얼굴	창백함 콧구멍 주위의 피부 벗겨짐	나이아신, 철 결핍 리보플라빈, 비타민 B6 결핍
눈	각막과 내부의 경화: 내부의 창백함 각막에 거품같은 반점	철 결핍 비타민 A 결핍
입술	충혈: 입과 입술의 부풀어 오름 입가의 갈라짐	리보플라빈 결핍
치아	썩거나 빠짐 반상치(치아에나멜질의 얼룩)	과량의 당분(치아위생 불량) 과량의 불소
혀	충혈, 쓰라림, 갈라짐, 부풀어 오름 짙은 분홍색 창백함	나이아신 결핍 리보플라빈 결핍 철 결핍
잇몸	충혈되고 부풀어 오름, 출혈	비타민 C 결핍
피부	건조함과 각질이 일어남 피부조직하의 점상출혈	비타민 A 결핍 비타민 C 결핍
손톱	손톱이 깨지기 쉬움, 융기	철 결핍

출처: Marotz(2009)

3) 영양 교육의 목적

유아기는 음식에 대한 감각과 식습관이 형성되는 시기이며, 이때 형성된 태도는 전 생애에 걸쳐 영향을 미치게 되므로 교사는 영양과 관련된 다양한 활동을 제공하

여 유아가 균형 잡힌 식습관과 영양에 관한 정확한 지식 및 중요한 영양 원칙들을 익히고 그 내용을 생활에서 활용할 수 있도록 도와 주어야 한다.

유아에게 영양학적으로 질 높고 다양한 식품을 접할 수 있는 기회와 환경, 식품 섭취 기회를 제공하게 되면, 유아는 식품을 선택할 수 있는 기회가 주어졌을 때 영양가 낮은 음식보다는 높은 식품을 더 자주 선택하게 된다. 예를 들어, 영양교육이 적절히 이루어진다면 유아는 사탕이나 탄산음료보다는 과일, 과일 주스, 우유, 야채를 선택하게 될 지식과 정보를 갖게 된다. 더 나아가 유아기 영양 교육의 기초로 유아가 음식을 준비하는 데 참여하게 된다면 바람직한 영양 교육과 식습관을 형성하는 데 도움이 된다.

바람직한 영양교육을 위한 교사의 역할

- 실제 상황에 적절한 영양 환경을 조성한다.
- 성장과 발달에 필요한 영양가 있는 음식과 저지방 음식을 제공한다.
- 영양가 없는 음식을 제한한다.
- '바람직한' 영양 교육의 예를 제시하면서 실시한다.
- 영양과 관련된 새로운 경험들을 제공하여 유아의 세계를 확대시켜야 한다.
- 영양 교육가와 건강 전문가는 생물학적, 물리적, 사회적 환경과 유아가 섭취하는 음식이 조화되도록 부모와 교사를 도와 영양가 있는 음식을 선택하여 개별적인 식습관을 형성할 수 있도록 해야 한다.
- 유아의 전체 에너지 섭취량과 음식에 대한 선호는 유아의 건강 상태로 반영되어 나타나므로 교사와 부모는 균형 있는 다양한 음식을 제공해야 한다.
- 유아가 제공되는 음식을 통해 새로운 음식, 새로운 질감, 새로운 맛을 수용하도록 격려하고, 다양한 영양식을 유아에게 제공하여 그 음식들 중 유아가 마음껏 고를 수 있도록 허용해야 한다.

출처: Sigman-Grant(1992)

아울러 어린이집에서 유아는 식사 준비의 모든 과정, 즉 계획하기, 야채 키우기, 장보기, 요리하기, 상차리기, 맛보기, 그리고 설거지하기에 참여할 수 있다. 이러한 경험은 과학 및 수학적 개념과 지식을 발달시키며 사회성 발달과 역사 문화적 유산을 이해하는 경험을 제공하고 미술 및 언어적 경험, 식품과 영양에 대한 학습의 기초를 제공한다.

4) 영양 교육의 기본 원칙

유아를 위한 영양 교육 시 고려해야 할 기본 원칙을 살펴보면 다음과 같다. 첫째, 영양 교육은 이유기부터 실시되어야 한다. 바람직한 이유가 이루어지지 못하면 나쁜 식습관이 형성되고, 그 습관을 교정하려면 많은 노력이 필요하기 때문이다. 둘째, 유아의 발달에는 발달적 순서가 있으므로 유아의 발달수준에 맞게 지도해야 한다. 셋째, 가정에서 유아가 경험한 식생활 환경과 어린이집의 영양 교육 과정에는 일관성이 있어야 한다. 이를 위해 가정과 어린이집이 긴밀하게 협조할 필요가 있다. 넷째, 유아는 경험을 통해 습관이 형성되어 가므로 교사는 유아가 그들의 행동이나 생각에 대해 옳고 그름을 판단할 수 있도록 도와야 한다. 다섯째, 어린이집에서 유아는 또래와 교사의 행동을 모방하면서 식습관을 학습하게 되므로 모범을 보여 주도록 노력해야 한다. 어린이집에서는 급식과 영양 교육을 통해 가정에서 배우지 못했거나 고치지 못한 식습관을 수정하도록 지도해야 할 책임이 있다.

바람직한 식습관 지도

- 식사 시간 전후에 손을 씻는다.
- 식탁에 앉을 때는 친구들과 함께 조용한 분위기를 유지한다.
- 다른 친구들이 먹을 준비가 될 때까지 기다린다.
- 조용하게 천천히 음식을 꼭꼭 씹어 먹는다.
- 음식을 입에 넣고 이야기하지 않는다.

- 편식하지 않는다.
- 간식, 식사가 끝나도 다른 유아들이 식사를 마칠 때까지 기다린다.
- 간식, 식사 후에는 반드시 식기나 수저 등을 스스로 정돈한다.
- 간식, 식사는 기쁘고 즐거운 일임을 안다.
- 음식을 감사하는 마음으로 먹는다.
- 식사와 간식을 예정된 시간에 공급하여 합리적으로 일정한 식사 스케쥴을 유지한다.
- 유아에게 억지로 먹도록 강요하지 말고 다양한 종류의 음식을 제공하여 먹고 싶은 것을 스스로 선택하게 한다.
- 싫어하는 음식을 먹는 대가를 다른 음식으로 보상하지 말고 음식을 기분 전환이나 유아를 달래기 위한 수단, 다른 행동에 대한 보상으로 제공해서는 안 된다.
- 유아에게 새로운 음식을 소개할 때에는 한 입은 최소한 먹도록 한다. 처음에 많은 양을 주지 말고 오히려 일상적으로 먹는 양보다 적게 주고, 유아가 더 요구하면 다시 더 주도록 한다.
- 유아가 채소 먹기를 싫어하면 좋아하는 음식과 섞거나 또는 향이 좋고 영양가가 있는 양념을 해서 제공한다.

5) 영유아를 위한 급·간식

영유아의 건강한 성장과 발달을 위해서는 균형 잡힌 영양관리가 매우 중요하다. 성인에 비해 단위체중당 소모되는 영양소의 필요량과 열량이 훨씬 높기 때문에 어린이집에서는 양질의 식품으로 골고루 준비된 식단에 의거한 식사 및 간식을 제공해 주어야 한다.

영유아를 대상으로 한 급식·간식 식단은 그들의 성장과 발달에 필요한 영양소와 식품의 균형을 고려해 양질의 다섯 가지 기초식품군이 함유된 식단에 의한 식사 및 간식을 제공하도록 구성한다. 다섯 가지 기초식품 중 단백질과 무기질은 신체를 구성하고 유지하는 영양소이고 단백질, 탄수화물, 지방은 에너지원이다. 무기질 및 비타민은 신체의 기능을 보정 및 조절하는 영양소로 영유아기에는 특히 양질의 단백질 섭취가 필요하다.

영유아기의 식습관은 이후의 식습관에 많은 영향을 미치기 때문에 적절한 식습관을 도울 수 있는 지도가 필요하다. 식사시간이 즐겁고 안정된 가운데 진행된다면 결과적으로 신체적·정서적 안정감을 제공한다.

(1) 영유아를 위한 급식

영양학적으로 균형 있는 식사는 영유아의 건강과 신체발달에 중요한 역할을 한다. 어린이집에서는 성장기 영유아의 발달 단계와 영양적 요구를 고려하여 체계적으로 수립된 계획에 따라 양질의 식사를 제공해야 한다. 영유아 100인 미만을 보육하는 어린이집의 경우 인근의 육아종합지원센터, 보건소 등에 영양사의 지도를 받아 식단을 작성하는 것이 바람직하다.

어린이집에서 바람직한 급식을 위한 식단 구성 시 고려할 사항

- 1회 조리되어 배식된 음식이 남을 경우, 당일 소모를 원칙으로 하며 재배식하지 않는다.
- 영아를 위해 이유식을 조리할 경우 다양한 종류의 식자재를 사용하여 영양학적 균형을 고려한 식단을 별도로 계획하고 사용해야 하며, 이유식은 영아에게 적절한 형태와 크기로 조리되는 것이 바람직하다.
- 1일 2회의 간식과 1회의 급식에서 나오는 음식의 종류와 조리방법이 중복되지 않도록 계획한다.
- 밥과 국 또는 찌개, 김치, 단백질류 반찬 1가지, 채소류 반찬 1–2가지 정도가 1회 식사로 구성, 제공되는 것이 좋다.
- 인스턴트식품을 배제하고 자연식품으로 조리된 것을 최대한 활용해 제공한다.
- 영유아의 연령별 특성을 고려하여 음식의 형태나 크기, 맛, 조리방법 등을 조절하여 제공한다.

(2) 영유아를 위한 간식

어린이집에서의 간식은 영유아의 성장에 필요한 열량의 보충과 영양의 균형차원에서 중요한 일과로 다루어져야 한다. 간식으로 제공되는 식품은 가능한 한 식사와 중복되지 않아야 하며, 영유아의 신체적 요구와 연령별 특성을 고려하여 오전과 오후로 나누어 제공되어야 한다. 비타민과 무기질이 풍부한 제철 과일이나 채소를 제공하는 것이 바람직하다.

어린이집에서 바람직한 간식을 위한 식단 구성 시 고려할 사항

- 간식은 소화가 잘 되어 식사에 방해되지 않는 것이어야 한다.
- 오전 간식은 조리시간이 짧고 간편하면서 포만감이 적은 것으로, 오후 간식의 경우는 포만감이 어느 정도 있는 것이 적합하다.
- 식품 첨가물(예: 유화제, 발색제, 보존제 등)이 함유된 인스턴트식품, 탄산음료, 냉동식품과 과자류는 가능한 한 간식으로 제공되는 것을 피하는 것이 바람직하다.
- 사전에 수립된 간식식단표에 따라 신선하고 다양한 과일(예: 딸기, 참외, 수박, 배, 감, 밤 등)이나 채소(예: 오이, 옥수수, 감자, 고구마 등) 등의 간식이 제공되어야 하며, 제공된 간식에 대한 기록을 구체적으로 유지하는 것이 바람직하다.

6) 위생관리

급식 및 배식에 대한 위생관리가 신중해야 한다. 음식은 사람에 의해 만들어지기 때문에 직접 음식을 취급하고 조리하는 조리인력에 대한 위생교육과 관리가 매우 중요하다.

매일 조리작업을 시작하기 전에 급식 관리자가 조리 종사자의 건강상태를 확인해야 한다. 손·얼굴에 피부질환이나 화농성 상처, 종기가 있는지 확인하고, 구토, 발열, 설사, 복통이 있는 경우 조리작업에 참여하게 해서는 안 되고 의사의 진단을 받아야 한다. 또한 본인이나 가족 중에 법정전염병(장티푸스, 콜레라, 이질) 보균자가 있거나 발병한 경우 완쾌될 때까지 작업에 참여하지 못하게 한다.

위생관리를 위해 조리원은 깨끗한 복장상태가 필수적이고 정기적으로 청결상태를 확인해야 한다. 조리실 내에서 일하는 조리종사자는 두발을 청결하게 하고 머리카락이 노출되지 않도록 위생모를 착용한다. 조리작업용과 배식용, 청소용으로 구별해서 착용하고, 위생복의 청결상태를 정기적으로 확인해야 한다. 또한 음식물을 준비하거나 배식할 때는 반드시 일회용 장갑을 착용한다. 조리종사원은 시계, 반지, 목걸이, 귀걸이, 팔찌 등을 착용해서는 안 된다. 매니큐어나 인조손톱을 붙여서는 안 되며 항상 짧고 청결하게 유지한다. 조리실 내에서는 전용 위생화를 착용하고, 위생화를 신고 외부로 나가거나 화장실 출입을 해서는 안 된다.

어린이집 급식의 안전성 확보를 위해서는 위생적이고 안전하게 조리·제공될 수 있는 급식시설과 설비가 갖추어져야 하고 정기적인 청소, 소독을 통해 시설과 급식

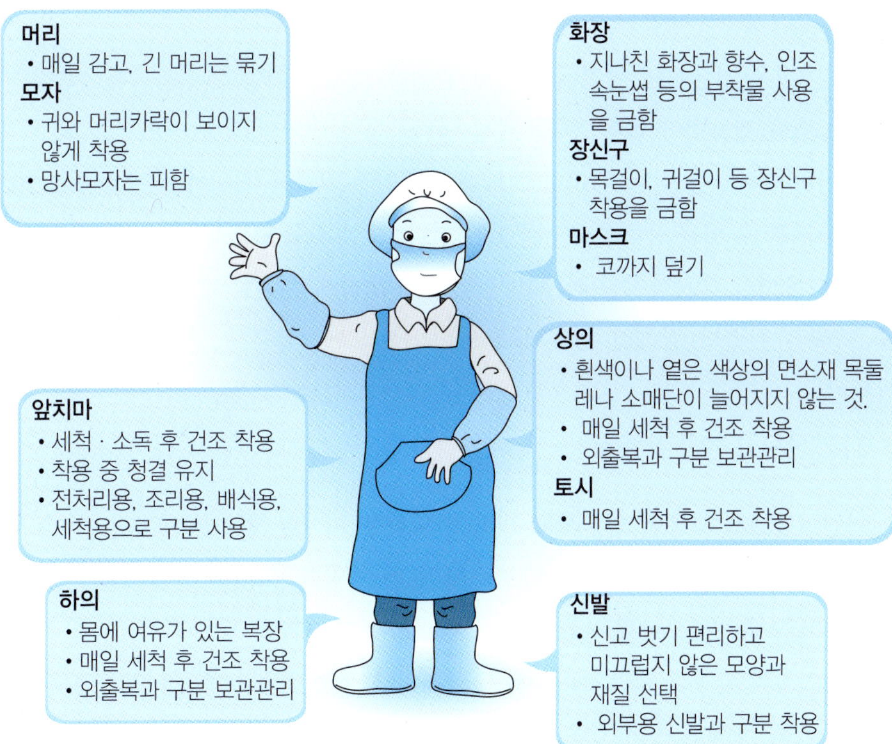

[그림 13-1] 복장 위생

출처: 식품의약품안전청(2010)

기기의 위생관리가 이루어져야 한다.

급식소는 조리작업으로 온도 및 습도가 높아 위생문제에 노출되기 쉽다. 주위환경이 깨끗하고 환기가 잘 되는 지상에 위치하는 것이 좋으나 부득이 지하나 반지하에 위치할 경우 설계단계부터 위생적인 고려를 해야 한다. 조리실은 청소와 세척이 쉬운 구조로 하며, 환기시설, 냉·난방, 배수, 조명 등이 원활해야 한다. 아울러 모든 건축자재는 식품의 안전과 위생에 나쁜 영향을 주지 않는 내화성, 내수성, 내구성이 있는 재료를 사용하며, 쓰레기 처리를 위한 구역과 기구를 잘 계획하여 음식물 오염과 해충 발생 위험을 줄인다.

3 안전관리

어린이집은 영유아의 안전에 각별한 관심을 가지고 각종 안전사고를 예방하기 위한 노력을 기울여야 한다. 이를 위해 어린이집 실내외의 각종 시설 설비와 비품 등의 안전성 여부를 점검·관리하고 체계적인 안전 교육을 실시하여 영유아 스스로 안전을 지킬 수 있는 능력을 길러주어야 한다. 또한 보육교직원들이 응급 상황에서의 행동 요령을 숙지하여 안전사고 발생 시 신속하게 대처할 수 있어야 한다(문혁준, 백혜리, 김정희, 김혜연, 김민희, 2012).

1) 안전사고 원인 및 관리

어린이집에서 영유아 안전사고 발생에 영향을 미치는 원인은 크게 어린이집의 환경적 요인과 영유아의 인적 요인으로 구분할 수 있다. 교사는 위험요인을 철저하게 숙지하고 준비함으로써 사고를 미리 예방할 수 있다.

어린이집의 환경적 요인으로는 각종 실내외 시설 설비와 비품, 놀잇감, 영유아용품, 칼·가위·세제류 등과 같은 물품으로 인한 위험을 들 수 있으므로 어린이집의 실내외 환경을 영유아의 입장에서 안전하게 구성해야 한다.

영유아의 인적 요인으로는 영유아의 발달 특성상의 신체적 미성숙, 스트레스, 피로, 질병, 시력 손상, 신체적 결함, 안전하지 못한 생활 태도와 습관, 안전 지식과 안전에 대한 인식 부족 등을 들 수 있다.

안전관리는 사람이나 사물에 잠재하는 위험 요인을 초기에 발견하고 이를 신속히 제거하여 사고나 재해를 미리 방지하고자 하는 것이다. 영유아의 주변 환경은 모두 사고 요인이 될 수 있으므로 어린이집 주변의 인적·물적 환경에 대해 안전관리가 이루어져야 한다. 첫째, 어린이집 실내외 시설 설비와 비품, 놀잇감, 영유아용품 등은 영유아의 발달 특성에 맞도록 안전한 것으로 구입·설치한다. 둘째, 문서화된 안전 점검 목록표, 일지 등을 사용하여 실내외 시설 설비와 비품, 놀잇감, 영유아용

어린이집에서 위험한 물건

- 칼, 성인용 가위, 송곳, 스테이플러, 칼날이 있는 테이프 커터기 등 작업 시 찌르거나 자르는 용도로 사용하는 도구
- 강력접착제, 목공용 본드, 글루건, 실험용 알코올, 살충제, 방향제, 구강세정제, 액상비료, 어항수질 개선제, 물고기 사료, 각종 스프레이, 성인용 화장품,놀잇감으로 제시된 내용물이 들어 있는 화장품(립스틱, 매니큐어 등), 침핀, 건전지, 유리조각 등
- 화장실 내 각종 세제, 세척제, 표백제, 나프탈렌, 대걸레, 고무장갑, 세척용 소독 스프레이, 변기압축기 등
- 빗자루, 삽 등 영유아가 다칠 위험이 있는 물건
- 비상약품함, 영유아가 투약을 위해 가져온 약 등
- 만지면 다칠 수 있는 가시가 있는 식물(예: 선인장, 장미, 밤송이 등)
- 영아(만 0~1세, 2세)가 삼킬 수 있는 놀잇감이나 활동 자료
  - 직경 3.5cm 이하 작은 크기의 물건(예: 블록이나 구슬, 솜공 등)
  - 직접 제공되거나, 쉽게 열 수 있는 통 안에 들어 있는 크기가 작은 자연물(예: 콩, 팥, 은행, 도토리 등)
  - 기타 활동 자료(예: 비누방울액, 색모래 등)

품 등이 안전한지 연간, 월간, 주간, 일일 단위로 점검·기록하고, 위험 요소가 발견되거나 파손된 곳이 있을 경우 즉시 수리·보완한다. 셋째, 영유아를 항상 주의 깊게 감독하고 일관성 있는 지도를 한다. 넷째, 안전사고 발생 시 적절하게 대처하여 피해를 최소화할 수 있도록 사고 처리 절차나 대비책을 마련한다.

2) 안전사고 시 응급처치와 심폐소생술

안전사고는 즉각적인 행동을 요구하므로 어떤 의료적 조치가 취해져야 할지를 알고 행동을 결정해야 한다. 따라서 교사를 비롯한 보육교직원들은 응급처치와 심폐소생술에 관심을 가지고 반복적이고 지속적으로 지식과 기술을 익혀서 위급한 상황에도 당황하지 않고 효과적으로 활용할 수 있어야 한다.

(1) 응급처치

안전사고에 의해 영유아의 부상이 발생하였을 경우 응급처치가 수행되어야 한다. 응급처치는 정확하고 빠르게 그리고 병원 치료를 받는 데 반드시 도움이 되도록 하여야 한다. 이를 위해 의사에게 인도할 때까지 의약품은 부득이한 경우를 제외하고는 되도록 사용하지 않은 채 최선의 방법을 취하여야 한다. 또한 경상이라고 생각될지라도 자신의 판단에 의존하지 말고 의사의 지시를 받도록 한다.

(2) 심폐소생술

심폐소생술(CPR: Cardio Pulmonary Resuscitation)의 주된 목적은 심장마비나 그 밖의 사유로 심장과 폐의 활동이 멈췄을 때 심장, 뇌, 그 밖의 장기에 산소를 공급하는 것이다. 심폐소생술은 영유아의 의식 상태를 파악하고, 필요한 경우로 판단되면 즉시 실시해야 한다. 심장과 폐가 멎고 나서 4분 이내에 심폐소생술이 시행되면 대부분 완전 소생의 기회가 높으나 4~6분 이상 혈액 순환이 안 되면 뇌에 손상이 올 가능성이 크다. 따라서 심폐소생술의 올바른 시행 방법과 자세를 익혀두는 것이 바람직하다[그림 13-2].

1. 기도열기 - 이물질 여부를 확인

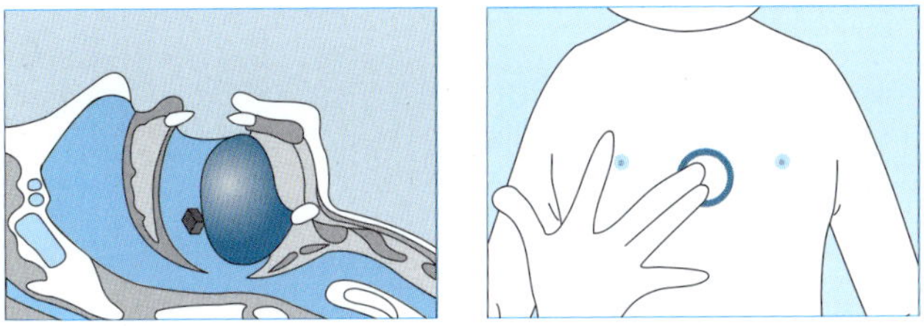

먼저 기도를 개방하여 입안의 이물질 여부를 확인합니다. 이물질이 보이는 경우 손가락으로 주의깊게 훑어내며, 깊은 곳에 자리한 경우 더 밀어넣을 수 있으므로 시도하지 않습니다. 흉골 중앙의 바로 아랫부분 혹은 양측 젖꼭지 중간에 손가락 두 개를 놓습니다.

2. 1~2.5cm 깊이로 (흉곽의 1/3 또는 1/2) 압력

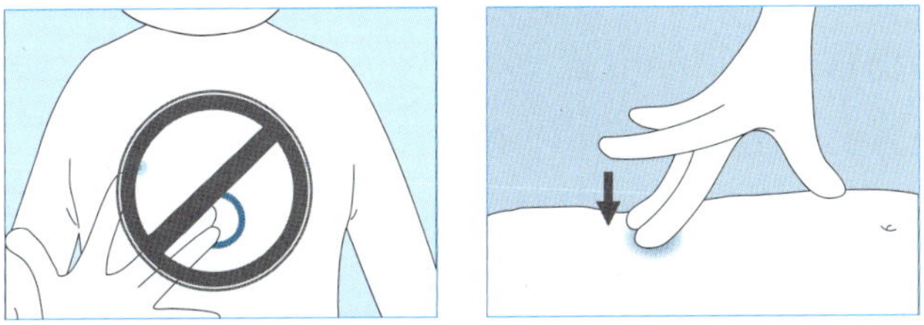

이 때 명치를 누르지 않도록 주의합니다. 연령에 따라서는 한 손으로 가슴압박을 할 수 있습니다. 이 후, 가슴을 1~2.5cm 깊이로 30회 압박합니다.

3. 머리는 중립 위치를 유지

그 다음 이마와 턱에 손을 놓고 목을 약간 젖히며 턱을 들어 올립니다.
영유아는 머리를 심하게 젖힐 경우 오히려 기도가 폐쇄될 위험이 있어 머리를 약간만 뒤로 젖히거나 턱만 살짝 들어올려 중립위치를 유지하도록 합니다.

4. 30회 압박 후 2회 인공호흡 반복

이후, 입으로 입과 코를 동시에 덮고 가슴이 오르내리도록 천천히 불어 넣습니다.
영유아는 성인에 비해 체구가 작기 때문에 호흡량을 체구에 맞게 조절하며 인공호흡을 실시합니다. 1분에 100회 이상의 속도로 압박해야 하며, 흉부 압박 시 과도한 힘으로 인해 사고가 나지 않도록 주의하여 시행하도록 합니다. 30회의 가슴압박과 2회의 인공호흡을 반복해서 시행하면 됩니다.

[그림 13-2] 심폐소생술

3) 안전교육

안전교육이란 안전을 위협하는 여러 요소로부터 건강한 생활을 유지하기 위한 적극적인 방법으로서 사고의 위험을 사전에 방지하여 사고율을 줄이고, 사고에 대한 대책을 마련하여 그 피해를 줄이기 위한 방법을 주된 내용으로 하는 교육을 의미한다.

영유아에게 일어나는 우발적인 사고를 예방하기 위한 방법은 크게 두 가지로 나누어 생각해 볼 수 있다. 하나는 사고가 일어날 수 있는 환경적 요인을 변화시키는 것이고, 다른 하나는 사고를 유발할 수 있는 영유아의 행동을 교육을 통해 변화시키는 것이다. 환경적 요인을 변화시키는 것은 각 사고별로 환경 내 위험요인을 찾아내어 안전시설과 설비를 완비하는 일이다.

사고를 미연에 방지하는 데에는 물리적 환경의 안전 측면도 강조되어야 하지만 모든 위험요소를 제거하거나 개선하는 것은 불가능하므로 안전교육을 통해 사고를 예방하는 것이 무엇보다 중요하다. 안전교육은 사고에 대한 예방교육을 실시함으로써 사고가 일어날 수 있는 상황을 판단하여 미연에 방지하는 것이다.

① 「영유아교육법」에 따른 어린이집의 원장은 교육대상 아동의 연령을 고려하여 대통령령으로 정하는 바에 따라 아동복지법에 근거 매년 성폭력 및 아동학대 예방, 실종·유괴의 예방과 방지, 약물의 오남영 예방, 재난대비 안전, 교통안전에 관한 교육계획을 수립하여 교육을 실시하여야 한다〈표 13-6, 표 13-7〉.

② 법 제31조제2항 및 제3항에 따라 「영유아보육법」에 따른 어린이집의 원장은 시장·군수·구청장에게 각각 교육계획 및 교육 실시 결과를 매년 3월 31일까지 보고하여야 한다[개정 2014. 09. 26]. 구체적인 안전기준은 「아동복지법」 제28조와 「별지 3」에 제시되어 있다.

안전교육을 지도하기 위한 어린이집의 역할

- 어린이집에서는 매년 안전교육계획을 보육과정 내에 수립하여 영유아에게 안전교육을 실시한다.
- 어린이집 보육교직원은 안전교육을 통해 안전에 대한 지식이나 행동요령, 안전교육지침 등을 숙지하여야 하며, 시·도 및 시·군·구 등에서 안전 관련교육을 시행할 때 적극 참여한다.
- 안전교육의 주요 내용으로는 교통안전교육, 약물오남용교육, 재난대비교육, 성폭력예방교육, 실종·유괴의 예방방지 교육 등이 있으며, 이외 안전한 보행법, 놀이안전, 물놀이 안전교육 등 영유아 안전과 관련된 다양한 내용이 포함될 수 있다.
- 영유아기를 대상으로 안전교육을 할 때는 영유아의 연령별 특성을 고려하여 놀이, 동화, 이야기 나누기 등의 방법으로 보육과정 내에서 자연스럽게 다룸으로써 영유아가 보다 쉽게 안전의식을 내면화 하도록 지도하는 것이 바람직하다.
- 원장은 영유아의 안전교육에 대해 보호자와 충분히 협의하고 이를 안내하며, 희망하는 보호자가 안전교육에 함께 참여할 수 있도록 한다.

〈표 13-6〉「아동복지법」의 안전교육 기준 (아동복지법 시행령 제28조 관련)

구 분	횟 수	시 간
교통안전교육	10회	60분
실종 · 유괴의 예방, 방지교육	10회	60분
약물의 오용 · 남용 · 예방교육	10회	60분
성폭력 및 아동학대예방교육	6회	90분
재난대비 안전교육	4회	90분
소방훈련	12회	60분

〈표 13-7〉「아동복지법」의 안전교육 내용

구 분	실시 횟수 및 시간	실시일자	교육내용	비고
교통안전교육 성폭력 및 아동학대예방교육 약물의 오용 · 남용 · 예방교육 소방훈련	1회 60분 1회 90분 1회 60분 1회 60분	3월 1주 3월 2주 3월 3주 3월 4주	부모님과 함께 타요. 내 몸은 소중해요. 엄마가 주는 약만 먹어요. 비상문의 위치를 알아요.	
교통안전교육 약물의 오용 · 남용 · 예방교육 실종 · 유괴의 예방, 방지교육 소방훈련	2회 60분 2회 60분 1회 60분 2회 60분	4월 1주 4월 2주 4월 3주 4월 4주	골목길에서의 안전 덜컹이의 배가 아파요. 어른과 손을 잡고 다녀요. 코와 입을 막아요.	
교통안전교육 약물의 오용 · 남용 · 예방교육 실종 · 유괴의 예방, 방지교육 재난대비 안전교육 소방훈련	3회 60분 3회 60분 2회 60분 1회 90분 3회 60분	5월 1주 5월 2주 5월 3주 5월 4주 5월 5주	카시트에 앉아요. 위험한 약물 도와주세요. 마스크를 써요. 주방에서 원인모를 화재	
교통안전교육 성폭력 및 아동학대예방교육 실종 · 유괴의 예방, 방지교육 소방훈련	4회 60분 2회 90분 3회 60분 4회 60분	6월 1주 6월 2주 6월 3주 6월 4주	안전한 횡단장소와 보행법 내 몸은 소중해요. 문을 열면 안돼요. 숨으면 안돼요.	
교통안전교육 약물의 오용 · 남용 · 예방교육 실종 · 유괴의 예방, 방지교육 소방훈련 성폭력 및 아동학대예방교육	5회 60분 4회 60분 4회 60분 5회 60분 3회 90분	7월 1주 7월 2주 7월 3주 7월 4주 7월 5주	안전한 길을 찾아 주세요. 아플 때 약을 먹어요. 내 이름을 알아요. 옷에 불이 붙었을 때 어떻게 할까요? 속옷을 입어요.	

구 분	실시 횟수 및 시간	실시일자	교육내용	비고
약물의 오용 · 남용 · 예방교육 실종 · 유괴의 예방, 방지교육 재난대비 안전교육 소방훈련	5회 60분 5회 60분 2회 90분 6회 60분	8월 1주 8월 2주 8월 3주 8월 4주	약을 함부로 먹지 않아요. 따라가면 안돼요. 비가 많이 내려요. 낮잠시간 사이렌 오작동->울림	
교통안전교육 실종 · 유괴의 예방, 방지교육 성폭력 및 아동학대예방교육 소방훈련	6회 60분 6회 60분 4회 90분 7회 60분	9월 1주 9월 2주 9월 3주 9월 4주	안전하게 타고 내려요. 실종 · 유괴예방 방지를 위한 구호 내 몸이 아파요. 119에 신고해요.	
교통안전교육 약물의 오용 · 남용 · 예방교육 실종 · 유괴의 예방, 방지교육 재난대비 안전교육 소방훈련	7회 60분 6회 60분 7회 60분 3회 90분 8회 60분	10월 1주 10월 2주 10월 3주 10월 4주 10월 5주	주차장에서의 안전사고 정해진 양만 먹어요. 안전하게 다녀요.(다녀오겠습니다.) 땅이 흔들흔들 소화기 종류와 사용법	
성폭력 및 아동학대예방교육 약물의 오용 · 남용 · 예방교육 실종 · 유괴의 예방, 방지교육 소방훈련	5회 90분 7회 60분 8회 60분 9회 60분	11월 1주 11월 2주 11월 3주 불시	좋은 느낌, 나쁜 느낌 약의 보관법과 유통기한 길을 잃었을 때 제자리에서 기다려요. 주방가스 누설로 경보기가 울려요.	
교통안전교육 성폭력 및 아동학대예방교육 약물의 오용 · 남용 · 예방교육 소방훈련	8회 60분 6회 90분 8회 60분 10회 60분	12월 1주 12월 2주 12월 3주 12월 4주	횡단보도로 건너요. 만지지 마세요. 약상자를 만지지 않아요. 뜨거운 것을 조심해요.	
교통안전교육 약물의 오용 · 남용 · 예방교육 실종 · 유괴의 예방, 방지교육 재난대비 안전교육 소방훈련	9회 60분 9회 60분 9회 60분 4회 90분 11회 60분	1월 1주 1월 2주 1월 3주 1월 4주 1월 5주	주변을 살펴요. 우리 약은 달라요. 낯선 사람이 다가와요. 눈이 많이 내렸어요. 소방서에서 하는 일	
교통안전교육 약물의 오용 · 남용 · 예방교육 실종 · 유괴의 예방, 방지교육 소방훈련	10회 60분 10회 60분 10회 60분 12회 60분	2월 1주 2월 2주 2월 3주 불시	고마운 경찰관 함부로 먹지 않아요. 따라가지 않아요. 컴퓨터 누전으로 화재	

출처: 시립대 부설 어린이집

** 안전교육의 실제

2014년도 영유아 안전 교육 연간 계획안

결재	담당	주임	원장

월		안전영역 및 실행시간		활동주제		주요활동 자료 및 비교
				유아	영아	
3월	3주	재난대비 안전	1	교실에서 지켜야 할 약속이 있어요	〈교통안전〉 손잡고 안전하게 걸어요 ❶	* 키즈키즈 안전교육 교수 자료
	4주	교통안전	1	어디로 건너지?	〈재난대비훈련〉 그대로 멈춰라 (친구)	* 우당탕탕 아이쿠 〈어디로 건너지?〉 * 키드키즈 안전교육 교수 자료
4월	1주	약물 오·남용 예방	1	만지면 안돼요 먹으면 안돼요	선생님이 주는 약만 먹어요 ❶	* 키드키즈 안전교육 교수 자료
	2주	재난대비 안전	2	비비 응급소생술 (전기 콘센트 안전)	신나는 놀이터 안전하게 놀아요 ❶	* 우당탕탕 아이쿠 〈비비 응급소생술 · 전기콘센트 안전〉 * 키드키즈 안전교육 교수자료
	3주	성폭력 및 아동확대 예방	1	우리는 소중해요	내몸을 알아요	* 아동안전 사이버 교육센터 교수자료 * 키드키즈 안전교육 자료
	4주	교통안전	2	안전하게 길을 건너요	인형의 안전벨트를 매어주어요	* 우당탕탕 아이쿠 〈비비 응급소생술 · 전기콘센트 안전〉 * 키드키즈 안전교육 자료
	5주	약물 오·남용 예방	2	장난감 속의 나쁜 비밀	손을 깨끗이 씻어요 ❶	* 키드키즈 안전교육 자료 * 우당탕탕 아이쿠 〈석양의 아이쿠〉
5월	2주	재난대비 안전	3	땅이 흔들려요	안전한 곳으로 피해요 ❶	* 키드키즈 안전교육 자료
	3주	실종 · 유괴의 예방 · 방지	1	멈추기 생각하기 도와주세요	어른의 손을 꼭 잡고 다녀요 (손 잡고 안전하게 걸어요 ❷)	* 키드키즈 안전교육 자료 * 미아예방노래 〈꼭꼭이 송〉
	4주	교통안전	3	차 안에서 지켜야 할 약속		* 키드키즈 안전교육 자료

<table>
<tr><th rowspan="2">월</th><th colspan="3" rowspan="2">안전영역 및 실행시간</th><th colspan="2">활동주제</th><th rowspan="2">주요활동 자료 및 비교</th></tr>
<tr><th>유아</th><th>영아</th></tr>
<tr><td rowspan="4">6월</td><td>1주</td><td>약물 오 · 남용 예방</td><td>3</td><td>약은 간식이 아니야</td><td>아무거나 먹지 않기</td><td>* 아동안전 사이버 교육센터 교수자료
* 키드키즈 안전교육 자료</td></tr>
<tr><td>2주</td><td>성폭력 및 아동학대 예방</td><td>2</td><td>좋은 느낌과 나쁜느낌</td><td>소중한 곳 만지지 않아요</td><td>* 키드키즈 안전교육 자료</td></tr>
<tr><td>3주</td><td>실종 · 유괴의 예방 · 방지</td><td>2</td><td colspan="2">길을 잃었어요</td><td>* 키드키즈 안전교육 자료
* 우당탕탕 아이쿠 〈여기가 어디야?〉</td></tr>
<tr><td>4주</td><td>교통안전</td><td>4</td><td>교통 표지판을 알 아요</td><td>멈춘다! 살핀다! 건넌다!</td><td>* 키드키즈 안전교육 자료
* 우당탕탕 아이쿠 〈자동차 신호 안전〉
* 어린이집안전공제회 영아 안전교육</td></tr>
<tr><td rowspan="4">7월</td><td>1주</td><td>약물 오 · 남용 예방</td><td>4</td><td>달콤한 초콜릿의 유혹(카페인 과다 섭취)</td><td>친구 약을 먹으면 안돼요</td><td>* 키드키즈 안전교육 자료
* 어린이집안전공제회 영아 안전교육</td></tr>
<tr><td>2주</td><td>재난대비 안전</td><td>4</td><td>불괴물이 나타나면?</td><td>인형이 물에 떠내려가요</td><td>* 아동안전 사이버 교육센터 교수자료
* 어린이집안전공제회 영아 안전교육</td></tr>
<tr><td>3주</td><td>성폭력 및 아동학대 예방</td><td>3</td><td>몸을 깨끗이</td><td>'싫어요'라고 말해요</td><td>* 키드키즈 안전교육 자료
* 어린이집안전공제회 영아 안전교육</td></tr>
<tr><td>4주</td><td>실종 · 유괴의 예방 · 방지</td><td>3</td><td>문을 열면 안돼요</td><td>아무 차나 타지 않아요</td><td>* 키드키즈 안전교육 자료</td></tr>
<tr><td rowspan="4">8월</td><td>1주</td><td>교통안전</td><td>5</td><td colspan="2">비오는 날 안전</td><td>* 키드키즈 안전교육 자료</td></tr>
<tr><td>2주</td><td>재난대비 안전</td><td>5</td><td>태풍은 무서워요</td><td>무서운 바람</td><td>* 키드키즈 안전교육 자료
* 어린이집안전공제회 영아 안전교육</td></tr>
<tr><td>3주</td><td>성폭력 및 아동학대 예방</td><td>4</td><td>남자와 여자</td><td>느낌이 달라요</td><td>* 키드키즈 안전교육 자료
* 어린이집안전공제회 영아 안전교육</td></tr>
<tr><td>4주</td><td>실종 · 유괴의 예방 · 방지</td><td>4</td><td>싫어요, 안돼요, 도와주세요 ❶</td><td>큰 소리로 도움을 청해요</td><td>* 키드키즈 안전교육 자료
* 어린이집안전공제회 영아 안전교육</td></tr>
</table>

월	안전영역 및 실행시간			활동주제 유아	활동주제 영아	주요활동 자료 및 비교
9월	1주	재난대비 안전	6	아빠와 함께 마트에 가요	자리에 내릴때 차례차례	*아동안전 사이버 교육센터 교수자료 *어린이집안전공제회 영아 안전교육
	3주	약물 오·남용 예방	5	잘쓰면 약 못쓰면 약	옛날에 먹던 약을 먹으면 안돼요	*키드키즈 안전교육 자료 *어린이집안전공제회 영아 안전교육
	4주	실종·유괴의 예방·방지	5	길을 잃었어요	모르는 사람이 데려가요 ❶	*키드키즈 안전교육 자료 *어린이집안전공제회 영아 안전교육
	5주	재난대비 안전	6	신나게 놀이터! 안전하게 놀이해요		*키드키즈 안전교육 자료
10월	1주	교통안전	7	나를 지켜주는 보호장구	따르릉 따르릉 비켜나세요 ❶	*키드키즈 안전교육 자료 *어린이집안전공제회 영아 안전교육
	2주	약물 오·남용 예방	6	비타민약! 잘 알고 먹어요!	맛있는 냄새가 나도 먹으면 안돼요	*키드키즈 안전교육 자료 *어린이집안전공제회 영아 안전교육
	3주	재난대비 안전	7	번개가 쳐요	안전한 곳으로 피해요 ❷	*키드키즈 안전교육 자료 *어린이집안전공제회 영아 안전교육
	4주	실종·유괴의 예방·방지	6	따라가지 않을게요	낯선 사람을 따라가지 않아요	*키드키즈 안전교육 자료 *우당탕탕 아이쿠 〈네얼굴 의 – 유괴예방〉
11월	1주	성폭력 및 아동확대 예방	5	함부로 만지지 마세요	느낌이 달라요	*아동안전 사이버 교육센터 교수자료 *어린이집안전공제회 영아 안전교육
	2주	약물 오·남용 예방	7	에구구 배가 아파요	약은 사탕이 아니에요	*키드키즈 안전교육 자료 *어린이집안전공제회 영아 안전교육
	3주	성폭력 및 아동확대 예방	6	소중한 나의 몸	팬티를 입어요	*키드키즈 안전교육 자료 *어린이집안전공제회 영아 안전교육
	4주	실종·유괴의 예방·방지	7	싫어요, 안돼요, 도와주세요 ❷	아무 차나 타지 않아요	*앗 길을 잃어버렸어요 (보 건복지부 시청각 자료) *어린이집안전공제회 영아 안전교육

월		안전영역 및 실행시간		활동주제		주요활동 자료 및 비고
				유아	영아	
12월	1주	교통안전	8	날씨에 대한 보행안전	밝은 색 옷을 입으면 잘 보여요	*키드키즈 안전교육 자료 *어린이집안전공제회 영아 안전교육
	2주	약물 오 · 남용 예방	8	어디 숨어 있을까요?	콜록콜록! 담배는 싫어요	*아동안전 사이버 교육센터 교수자료 *키드키즈 안전교육 자료
	3주	재난대비 안전	8	눈이 올 때 조심조심	땅이 미끄러워요	*키드키즈 안전교육 자료 *우당탕탕 아이쿠 〈얼면 안 돼 아이쿠!〉
	4주	성폭력 및 아동확대 예방	7	함께해요 행복해요	느낌이 달라요	*키드키즈 안전교육 자료 *어린이집안전공제회 영아 안전교육
	5주	실종 · 유괴의 예방 · 방지	8	혼자 집에 가는 길	선생님과 함께 다녀요	*키드키즈 안전교육 자료 *어린이집안전공제회 영아 안전교육
1월	1주	교통안전	9	위험해요 위험해	자동차가 지나가요	*키드키즈 안전교육 자료
	2주	약물 오 · 남용 예방	9	감기를 조심해요		*키드키즈 안전교육 자료
	3주	성폭력 및 아동확대 예방	8	빨간모자야 노래를 부르렴	나쁜 느낌이 들었을때 선생님과 부모님께 꼭 말해요	*여성가족부 성폭력 예방 교육용 어린이 무지컬〈빨간 모자야 노래를 부르렴〉 *키드키즈 안전교육 자료
	4주	실종 · 유괴의 예방 · 방지	9	낯선사람은 따라가지 않아요	모르는 사람이 데려가요 ❷	*뽕뽕이 안전교육 〈낯선 사 람은 따라가지 않아요〉 *어린이집안전공제회 영아 안전교육
2월	1주	교통안전	10	바람이 쌩쌩 불어요	안전벨트를 꼭 해요	*키드키즈 안전교육 자료
	2주	약물 오 · 남용 예방	10	보물찾기 대소동 (영양제를 먹을 때 주의해야 할 점)	손을 깨끗이 씻어요	*키드키즈 안전교육 자료
	3주	실종 · 유괴의 예방 · 방지	10	실종 예방 퀴즈	어떻게 해야 할까요	*키드키즈 안전교육 자료 *우당탕탕 아이쿠 〈보물찾기 대소동〉

안전교육 일지 1(교직원 소방안전교육)

일 시	2014년 6월 23일	참가대상	전체 교직원
주 제	소방안전	활 동 명	올바른 소화기 사용법
목 표	-화재의 종류를 알고 그에 따른 불을 끄는 방법을 알 수 있다. -올바른 소화기 사용법을 통해 비상 시 대처법을 알 수 있다.		

지도방법

종 류	표 시	비 고
A급(일반화재)	백색	목재, 섬유, 종이류, 고무, 플라스틱류 등
B급(유류화재)	황색	가연성 액체(유류, 타르 등), 가연성 가스
C급(전기화재)	청색	전기가 흐르는 상태하의 전기기구 화재 (전류차단 시는 A급 또는 B급 화재)
D급(금속성화재)	(색없음)	가연성 금속(마그네슘, 티타늄, 리튬 등)

1. 화재의 종류를 알아보기
2. 올바른 소화기 사용법의 방법 알아보기

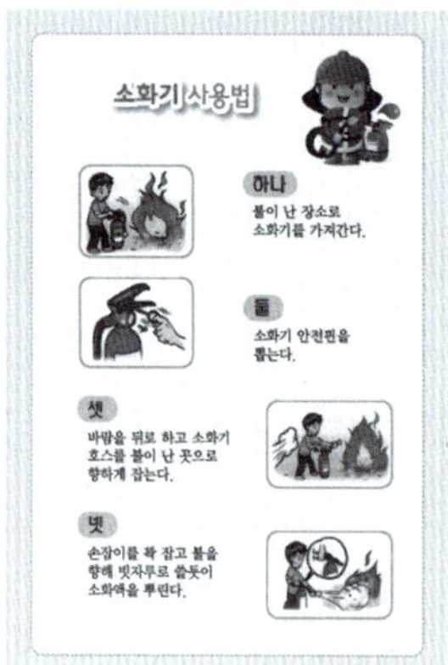

투척용소화기 사용법

커버를 벗긴다 → 약재를 꺼낸다 → 불을 향해 던진다

〈소화기 사용법 동영상〉

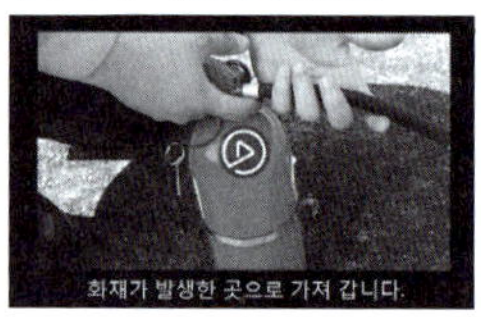

영상 출처: http://www.mgoon.com

평 가

출처: 시립대 부설 어린이집

안전교육 일지 2(영아 교통안전교육)

<table>
<tr><td>일 시</td><td>2014년 3월 20일</td><td>참가대상</td><td>만 0 ~ 2세</td></tr>
<tr><td>주 제</td><td>교통안전</td><td>활 동 명</td><td>손 잡고 안전하게 걸어요 ①</td></tr>
<tr><td>목 표</td><td colspan="3">길에서는 어른의 손을 잡고 걷는 것이 안전하다는 것을 안다.</td></tr>
<tr><td>준 비 물</td><td colspan="3">횡단보도, 신호등 그림자료</td></tr>
<tr><td>지도방법</td><td colspan="3">1. 길을 걸을 때에 어른의 손을 잡고 걸어야 안전하다는 것에 대해 이야기 한다.
– 밖으로 나갈 때 누구와 함께 나가야 할까?
– 위험한 차가 다니는 곳에는 누구와 걸어가야 할까?
– 길을 걸어 갈때는 어른의 손을 꼭 잡고 걸어야 안전하게 걸어 갈 수 있어요.

2. 인형의 손을 잡고 길을 걸어가는 흉내를 내어 보며 어른의 손을 잡고 안전하게 걸어 본다.
– 우리가 인형을 손을 잡고 걸어 볼까요?
– 횡단보도에서는 어른의 손을 잡고 건너야 되요. 그래야 안전하데요.
  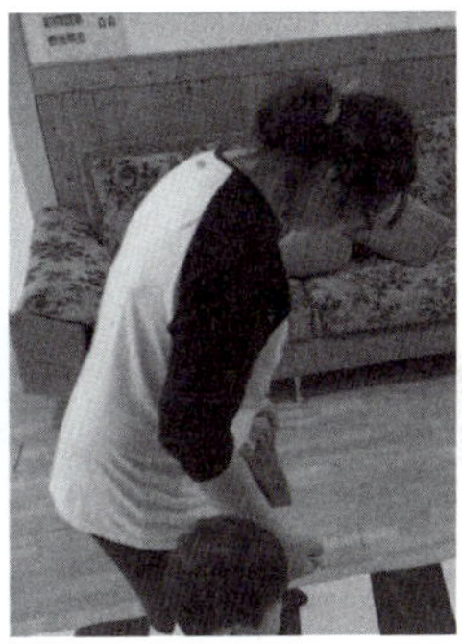
– 우리 길을 갈 때는 어떻게 가야 하는지 선생님과 함께 길을 걸어 보아요.</td></tr>
<tr><td>평 가</td><td colspan="3"></td></tr>
</table>

출처: 시립대 부설 어린이집

안전교육 일지 3(유아 성폭력 및 아동학대 안전교육)

일 시	2014년 4월 14일	참가대상	만 3 ~ 5세
주 제	성폭력 및 아동학대 예방	활 동 명	소중한 우리 몸
목 표	우리 몸의 중요성을 알고, 특히 성기의 소중함과 보호하는 방법에 대해 알고, 이 를 실천한다.		
준비물	안전교육 교수자료, 영유아 성폭력 애니메이션 〈우리는 소중해요.〉		
지도방법	1. '몸'하면 떠오르는 생각들을 자유롭게 말해보기 '– 몸'을 생각하면 어떤 생각이 떠오르니? 2. 교수자료를 보면서 소중한 우리 몸에 대해 알아보기 – 이 곳의 명칭은 무엇일까? 3. 우리 몸에 있는 소중한 곳(성기)의 중요성과 보호하는 방법에 대해 알아보면서 이야기 나누기 1) 더러운 손으로 만지지 않아요. 2) 친구의 것도 소중히 생각해요. 3) 다른 사람에게 함부로 보여주지 않아요. 4) 다른 사람이 만지면 안돼요. 5) 속옷으로 보호해 주어요. 4. 소중한 곳을 중요하게 생각하는 이유와 보호하는 방법에 대해 회상해보고, 성교육 활동을 통해 느낀 점에 대해 이야기 나누기 5. 영유아 성폭력 애니메이션 〈우리는 소중해요.〉 보며 다시 한 번 알아보기 6. 사후활동 [언어] 소중한 우리 몸 (준비물: 헝겊인형, 인형 겉옷 속옷) – 헝겊인형을 이용하여 내 몸의 명칭 이야기 해 보기 – 내 몸을 소중히 해야 하는 이유를 알고 이야기 해 보기 		
평 가			

출처: 시립대 부설 어린이집

안전교육 일지 4(유아 재난 대비 안전교육)

일 시	2014년 7월 7일	참가대상	만 3 ~ 5세
주 제	재난대비 교육	활 동 명	불 괴물이 나타나면
목 표	화재가 난 위치에 따른 대피경로를 알고, 연기가 날 때 신속하게 연기 아래로 기어가야 함을 안다. 열과 연기의 움직임을 알고 화재 시 적절히 대처한다.		
준비물	아동안전 사이버 교육센터 교수자료 – 애니메이션「불 괴물이 나타나면?」, PPT, 유도등 및 비상구 표시등 사진		
지도방법	1. 애니메이션을 보고 난 후 이야기 나눈다. – 화재가 나니까 어떻게 대피했니? 왜 그렇게 했을까? 2. 연기의 위험성에 대해 이야기 나눈다. – 화재가 나면 뜨거운 열만큼 위험한 것이 연기란다. 연기가 왜 위험할까? – 화재가 발생했을 때 연기는 어떻게 움직일까? (연기는 위에서 내려온다.) – 연기를 많이 마시게 되면 우리 몸은 어떻게 될까? 3. 유도등, 비상구 표시등을 따라가야 함을 알려준다. – (유도등, 비상구 표시등 그림을 보며) 이런 표시가 있는 것을 본 적 있니? – 이것은 무엇을 알려주는 표시일까? (화재 시 전기가 끊어져서 어두워지면 유도등, 비상구 표시등을 따라 대피할 수 있다) 4. 화재 시 방안에 있는 경우 불이 가까이 왔는지 확인하는 방법에 대해 이야기 나눈다. – 방 안에 있다가 밖에 화재가 난 경우 무조건 문을 열고 나가려고 하면 어떻게 될까? – 불이 가까운 곳에 있는데 그걸 모르고 손잡이를 만지면 어떻게 될까? – 문의 손잡이가 뜨거울 경우 문을 열면 어떻게 될까? – 문의 손잡이가 뜨겁지 않을 경우는 어떻게 하면 좋을까? 5. 화재 시 방에서 나올 수 없을 때의 안전한 대처방법을 알아본다. – 문의 손잡이가 뜨거워서 문을 열 수 없을 때 어떻게 해야 할까? – (수건이나 옷으로 문틈을 막는 유아의 그림을 보며) 왜 옷이나 수건 등으로 문틈을 막아야 할까? – (구조를 요청하는 유아의 그림을 보며) 그림 속 친구는 지금 어떻게 하고 있니? (화재 시 방에서 나올 수 없는 경우 옷이나 수건 등으로 문틈을 가린 후 창문을 열고"도와주세요!"라고 큰소리로 외친다. 이때 옷가지나 수건을 흔들 어 나의 위치가 잘 보이게 표시한다.) 6. PPT의 책상 아래에서 울고 있는 유아 그림을 보며 화재 시 방안에 숨거나 우는 행동의 위험에 대해 이야기 나눈다. – 이 친구는 어떻게 하고 있니? – 불이 났을 때 이 친구처럼 무섭다고 숨어서 울고 있으면 어떻게 될까?		

<table>
<tr><td>지도방법</td><td>7. 화재대처와 관련한 파이프 연결 게임 해 보기
– 코끼리가 불을 끄기 위해 파이프를 연결 해 보기
8. 사후활동 – [수.조작] 안전하게 대피해요 (준비물: 안전하게 대피해요 활동지, 쓰기 도구)

– 비상구를 따라 안전하게 대피로 찾아 가 보기(미로찾기)
</td></tr>
<tr><td>평 가</td><td></td></tr>
</table>

출처: 시립대 부설 어린이집

4) 안전교육 관련 서식

(1) 투약의뢰서

- 투약의뢰서는 보육실 입구에 비치하여 의뢰자가 정확한 용량을 기록하고 서명한다.
- 투약의뢰서에 실온보관과 냉장보관의 표기를 정확히 기재 후 냉장보관은 냉장고에 넣는다.
- 투약의뢰서 작성 요령

① 증상: 정확히 적어 아동관찰이나 간호에 도움이 될 수 있도록 한다.

② 투약 종류 및 용량: 물약의 용량을 반드시 기입해 주시고 1회분 용량씩 보낸다.

③ 투약시간: 아침 후, 점심 후, 오후 간식 후 해당 시간에 표기한다.

④ 의뢰자 전달사항: 밤에 열, 구토, 설사 등 영유아의 경과 상태와 전달사항을 적는다.

⑤ 의뢰자: 투약의뢰 부모님의 서명을 기록한다.

⑥ 투약자: 담임교사(양호교사)가 투약 후 서명을 한다.

(2) 응급처치 동의서

사고 아동에 대한 응급처치는 응급처치 동의서의 내용을 기초로 진행하면서 처치할 수 없는 경우에는 119 구급상황센터에 연락하여 도움을 요청한다.

(3) 사고 보고서

어린이집에서는 발생된 모든 사고는 사고발생 24시간 이내에 사고보고서를 작성해야 한다. 사고보고서는 3부를 작성하여 사고 당일 1부는 부모에게 주고, 1부는 개인 파일에 보관하고, 1부는 어린이집의 사고일지에 첨부한다.

투 약 의 뢰 서

금일 자녀의 투약을 담임(양호)선생님께 의뢰합니다.

- 반 명:
- 아 동 명:
- 증 상:
- 약의 종류: (보관장소: 실온 · 냉장)
- 투약 용량:
- 투약 시간:

년 월 일 요일
의뢰자 (인)

※ 투약으로 인한 책임은 의뢰자가 집니다.

투 약 보 고 서

금일 본 어린이집의 ○○○아동에 대해 의뢰하신 내용대로 투약하였음을 보고합니다.

년 월 일 요일
의뢰자 (인)

- 특이사항:

○○어린이집

출처: 중앙육아종합지원센터

응급처치동의서

반이름		생년월일	
성 별	남 여	성 명	

○○○에게 응급상황 발생시 다음의 절차에 따라
응급처치를 하는 것에 동의합니다.

20 . .

부 모 : (서명 또는 인)

〈 응급처치 절차 〉

1. 사고 발생시 가장 먼저 부모님께 연락합니다.
   (시간 / 기간) (전 화 번 호)
   어머니와는 ______________ 동안에 ____________________ 로 연락됩니다.
   ______________ 동안에 ____________________ 로 연락됩니다.
   아버지와는 ______________ 동안에 ____________________ 로 연락됩니다.
   ______________ 동안에 ____________________ 로 연락됩니다.

2. 부모님과 신속하게 연락되지 않을 경우, 부모님이 정해주신
   다음의 연락처로 연락드립니다.
   이름( ) 전화번호( )
   ① ______________는 ________________________로 연락할 수 있습니다.
   아동과의 관계 ______________
   ② ______________는 ________________________로 연락할 수 있습니다.
   아동과의 관계 ______________

3. 필요한 경우 119 구조대에 연락할 것이며(어린이집에서 지정하는 의료기관이나, 부모님이 정하신 ______________의료기관)으로 응급수송 할 것입니다.

4. 의료기관 수송 후에는 다음의 건강보험 관련 정보를 주어 신속하게 치료받을 수 있도록 합니다.

   건강보험 종류 ______________________
   번호 ______________________
   기관 ______________________

사고보고서

<table>
<tr><td>어린이집명
(유형)</td><td colspan="3">(　　　　　　　　)
*전담지정종류 포함</td><td>인가일</td><td colspan="2">최초 :　　년　　월　　일
변경 :　　년　　월　　일</td></tr>
<tr><td>주소</td><td colspan="3"></td><td>연락처</td><td colspan="2"></td></tr>
<tr><td>어린이집현황</td><td colspan="6">정원(　　)명, 현원(　　)명, 보육교직원(　　)명</td></tr>
<tr><td>반별 현황</td><td colspan="6">0세반(　)명, 1세반(　)명, 2세반(　)명, 3세반(　)명, 4세반(　)명,
5세반(　)명, 시간제(　)명, 방과 후(　)명, 시간연장(　)명, 24시간(　)명</td></tr>
<tr><td>사고아동명</td><td></td><td>성별</td><td>남 여</td><td>생년월일</td><td colspan="2">년　월　일</td></tr>
<tr><td>사고일자</td><td>년　월　일</td><td>목격 자명</td><td></td><td>사고시간</td><td colspan="2">오전/오후</td></tr>
<tr><td>사고 당시 원장 및
담임교사 근무상황</td><td colspan="6"></td></tr>
<tr><td>부모연락사항</td><td colspan="6"></td></tr>
<tr><td>연락시간</td><td>오전/오후</td><td>119신고여부</td><td colspan="4">☐ 안함　☐ 신고함(오전/오후　　시)</td></tr>
<tr><td>사고발생 장소</td><td colspan="6">☐ 수송중　☐ 견학중　☐ 실외놀이장　☐ 실내놀이실
☐ 화장실　☐ 복도　☐ 주방　☐ 대근육활동실(유희실)
☐ 교사실　☐ 식당　☐ 계단　☐ 기타(　　　)</td></tr>
<tr><td>사고당시
활동내용</td><td colspan="6">☐ 목욕 및 배변시간　☐ 교실활동　☐ 계단오르내리기
☐ 실내자유놀이　☐ 점심/간식/수유시간　☐ 실외자유놀이
☐ 계획된 실외놀이　☐ 놀이시설 설비　☐ 물놀이
☐ 견학　☐ 낮잠　☐ 기타(　　　)</td></tr>
<tr><td>상해를 입은
시설 설비</td><td colspan="6">☐ 오르기시설　☐ 평균대　☐ 크롤(기어나가는 시설)
☐ 장애설비　☐ 현관문/교실문　☐ 실외고정물
☐ 회전대　☐ 놀이집　☐ 시소
☐ 미끄럼틀　☐ 그네　☐ 바퀴달린 탈 것
☐ 바퀴달린 장난감　☐ 잘 모르겠음　☐ 기타(　　　)</td></tr>
<tr><td>상해의 유형</td><td colspan="6">☐ 화상　☐ 쇼크/질　☐ 추락/강타　☐ 물체에 끼임　☐ 찢어짐
☐ 뼈가 부러지거나 탈구　☐ 압박, 눌림　☐ 베임
☐ 찰과상(벗겨짐)　☐ 삠　☐ 물림　☐ 찔림
☐ 식중독　☐ 기타 중독　☐ 호흡곤란　☐ 기타(　　　)</td></tr>
</table>

출처: 중앙육아종합지원센터

<table>
<tr><td colspan="3">상해를 입은 다른 아동이 있는가? □</td><td>□ 예 □ 아니오</td></tr>
<tr><td>사고원인</td><td colspan="3">□ 바닥으로 떨어짐 : 떨어진 높이 약 m
바 닥 의 형 태 :
□ 뛰거나 발을 헛디뎌 넘어짐 □ 다른 유아에게 물림
□ 다른 유아에게 맞거나 밀림 □ 바퀴달린 탈것(인라인 스케이트 등)
□ 물체에의해 다침 □ 음식물에 의한 질식
□ 곤충에 물리거나 쏘임 □ 동물에게 물림
□ 열, 추위에 노출 □ 기타( )</td></tr>
<tr><td>다친 부위
(좌, 우 표시)</td><td colspan="3">□ 머리 □ 눈(좌, 우) □ 귀(좌, 우) □ 코 □ 입
□ 목 □ 가슴 □ 등 □ 엉덩이(좌, 우)
□ 생식기 □ 팔(좌, 우) □ 손(좌, 우) □ 다리(좌, 우)
□ 발(좌, 우)</td></tr>
<tr><td>사고 관련
특이사항</td><td colspan="3"></td></tr>
<tr><td colspan="4">어린이집에서 행해진 응급처치(상술 예 : 압박붕대, 세척, 붕대, 위로 등)</td></tr>
<tr><td colspan="4"></td></tr>
<tr><td colspan="4">상해 · 배상보험 가입 현황</td></tr>
<tr><td colspan="4">□ 상해 □ 배상 □ 기타( ) 보험금 최고한도 인당( )만원 건당( )만원</td></tr>
<tr><td>응급처치자</td><td></td><td>의료기관 진료여부</td><td>□ 안함 □ 함</td></tr>
<tr><td>의료기관
진료를 한 경우</td><td colspan="3">□ 외래 진료를 받음(예 : 진료실, 응급실)
□ 입원(시간/일)</td></tr>
<tr><td>기타 사후처리 상황
(경찰조사, 피해합의 등)</td><td colspan="3"></td></tr>
<tr><td>사고아동 보호(치료)를
위한 추후 계획</td><td colspan="3"></td></tr>
<tr><td>재발방지를 위한 조치사항</td><td colspan="3"></td></tr>
<tr><td>직원 서명</td><td colspan="3">(인) 날짜 : . . 오전/오후</td></tr>
<tr><td>부모 서명</td><td colspan="3">(인) 날짜 : . . 오전/오후</td></tr>
</table>

출처: 중앙육아종합지원센터

** 안전교육 관련 사이트

사이트명	주 소	내 용	비고
국가재난정보센터	www.safekorea.go.kr	• 국민행동요령	
한국환경공단	www.airkorea.or.kr	• 국민행동요령	
소방방재청	www.nema.go.kr	• 국민행동요령	
한국소방안전협회	www.kfsa.or.kr	• 응급상황 행동요령	
어린이 안전넷	www.isafe.go.kr	• 어린이안전사고 예방 • 가스 안전생활화 • 안전관련 뉴스 및 학부모 뉴스 등	
어린이 안전학교	www.go119.org	• 교통 · 화재 · 학교 · 가정 · 가스 · 전기 · 식품 · 놀이 안전 • 응급처치, 자연재해	
한국어린이 안전재단	www.childsafe.or.kr	• 안전사고 사례 • 안전수칙 • 어린이 안전교육 버스	
한국교통안전 교육센터	www.ktec.or.kr	• 어린이교통안전교육 소개 • 아동교통안전지도사 소개	
세이프키즈 코리아	www.safekids.or.kr	• 영/유아 안전, 교통 · 물놀이 · 놀이 및 스포츠 · 낙상 · 화상 · 놀이터 · 가정 내 안전	
어린이 교통안전협회	www.ksafekids.or.kr	• 안전교실(문답형 운영) • 교통캠페인 내용 수록	
어린이 안전교육관	www.isafeschool.com	• 영/유아 안전, 교통 · 물놀이 · 스포츠 · 낙상 · 화상 · 놀이터 · 가정 내 안전 · 안전사고 사례사진전	
안전생활실천 시민연합	www.safelife.or.kr	• 생활안전소식지 개재, 시민안전 신고센터 운영 • 각종 안전관련 자료실 운영	
기상청	www.kma.go.kr	• 기상 안내	

참고문헌

강문희, 류진희, 이경희, 윤애희, 정정옥(2003). **유아교육기관운영관리**. 서울: 학지사.

강문희, 류진희, 이경희, 윤애희, 정정옥(2008). **유치원, 보육시설운영관리**. 서울: 학지사.

강문희, 윤애희, 이경희, 정정옥(2007). **유치원·보육시설 운영관리**. 서울: 학지사.

강창현(2003). 사회복지서비스 지역전달네트워크의 실험적 설계. **한국행정논집, 15(2)**, 337-358.

경규혜(1995). 보육교사의 근무실태와 직무만족에 관한 연구. 청주대학교 행정대학원 석사학위논문.

곽영우, 김준기, 신재철, 신철순, 안규철, 이군현(1995). **교육행정 및 교육경영**. 서울: 삼광출판사.

곽온(2004), 우리나라 영유아 보육사업의 개선방안. 단국대학교 대학원 석사학위논문.

교육과학기술부, 보건복지부(2012). **3~5세 연령별 누리과정 고시문**.

교육인적자원부(2001). **유치원 교사 교육프로그램**. 교육인적자원부.

권기옥(2006). **유아교육·보육기관 시설설비**. 서울: 보현사

권웅(2002). 보육시설 보육교사의 직무만족에 관한 연구. 청주대학교 대학원 석사학위논문

김경회, 김선영, 김신영, 김지은, 김혜금, 문혁준, 서소정, 안선희, 안효진, 이희경, 정선아,

황혜원(2014). **보육학개론(제3판 증보)**. 서울: 창지사.

김기태, 조평호(2006). **미래지향적 교사론**. 서울: 교육과학사.

김남희(1992). 유치원의 조직풍토와 교사의 직무스트레스와의 관계. 한국교원대학교 대학원 석사학위논문.

김동춘(1997). 교사가 지각한 유아교육기관의 조직문화와 조직 효과성과의 관계 연구. 서울여자대학교 대학원 박사학위논문.

______(2006). **기독교 유아 교육기관의 경영관리**. 서울: 창지사.

김문희(2011). 보육시설의 조직문화와 교사의 직무만족에 관한 연구. 중앙대학교 대학원석사학위논문.

김미예(2010). 보육교사와 조직문화 인식이 조직몰입에 미치는 영향 연구. 한양대학교 행정자치대학원 석사학위논문.

김수향, 이용주, 이은진(2008). **유아교육기관 운영관리**. 서울: 동문사.

김애실(2019). 원장과 보육교사가 지각한 원장의 리더십이 교사의 직무만족도와 교사효능감에 미치는 영향. 총신대학교 교육대학원 석사학위논문.

김애영(2011).유아교육기관의 조직풍토와 교사의 직무만족도, 직무스트레스에 관한 연구.성신여자대학교 대학원 석사학위논문.

김연진, 이상희(2007). **유아교육기관 운영관리**. 서울: 태영출판사.

김연진, 한성심, 윤혜경, 최진원, 현미숙(2004). **보육학개론**. 서울: 동문사.

김옥희(2006). 어린이집 교사의 근무실태, 교사복지 및 재정 운영에 관한 시설장과 교사의 인식. 창원대학교 대학원 석사학위논문.

김익균(2005). **보육정책론**. 경기: 교문사.

김익균, 정용민, 이춘녀, 강국진(2004). **보육시설운영관리**. 경기: 교문사

김정희(2007). 원장의 리더십과 유아교사의 임파워먼트, 조직효과성에 관한 연구: 개인 및 조직 특성 중재효과와 임파워먼트 매개효과를 중심으로. 가톨릭대학교 대학원 박사학위논문.

김주희(2010). 유아교육기관 조직풍토와 교사효능감의 관계. 경원대학교 교육대학원 석사학위 논문.

김진선, 부정민, 이은정, 김신덕, 노수명, 손윤경(2008). **영유아보육학개론**. 경기: 교문사.

김진아(2008). 보육종사자가 지각한 보육시설의 조직문화와 조직효과성. 동덕여자대학교 대학원 박사학위논문.

김혜경(2011). **영유아교육기관운영관리**. 서울: 창지사.

명제창(1998). 학교 조직에서의 도덕성, 지도성 측정에 관한 연구. 충남대학교 대학원 박사학위논문.

문미옥(2008). **교육과 보육을 위한 영유아교육과정**. 서울: 창지사.

문혁준, 김혜경, 박복매(2012). **아동영양**. 서울: 창지사.

문혁준, 백혜리, 김정희, 김혜연, 김민희(2012). **보육실습**. 서울: 창지사.

민성혜, 신혜원, 김의향(2008). **보육교사론**. 서울: 양서원.

박수연(2000). 유아교사 자질과 양성체제에 대한 유아교사의 인식분석. 순천향대학교 교육대학원 석사학위논문.

박연호(1998). **현대인간관계론**. 서울: 박영사.

배혜자(2008). 영유아 보육시설 보육교사의 직무만족도에 관한 연구. 한양대학교 행정자치

대학원 박사학위논문.

백미열, 이성희, 이경자, 송유진(2000). **유아교육기관의 운영과 관리**. 서울: 도서출판 양지.

백은영(2004). 유치원교사의 성격특성과 갈등관리특성과의 관계. 한국교원대학교 대학원 석사학위논문.

백혜리(2008). **보육교사론**. 서울: 동문사.

법제처 종합법령정보센터(2012). 영유아보육법 시행규칙. http://klaw.go.kr

보건복지가족부(2010). **2010년도 보육사업안내**. 보건복지가족부.

보건복지부(2019). **2019 개정 누리과정 해설서**. 보건복지부.

보건복지부(2019). **2019 개정 누리과정 놀이실행자료**. 보건복지부.

보건복지부(2021). **2021 보육사업안내**. 보건복지부.

보건복지부, 한국보육진흥원(2020). 2021어린이집 평가 매뉴얼. 서울: ㈜케이에스센세이션.

서경혜(2007). 영유아 보육정책의 개선방안에 관한 연구. 한성대학교 대학원 석사학위논문.

서문희, 백선희(2004). 보육제도 개선을 위한 정책과제 대안 연구. **정책보고서 02004-21**, 한국보건사회연구원.

서주희(2013). 보육교사의 직무만족도, 교사효능감 및 유아의 사회적응 능력. 전남대학교 대학원 석사학위논문.

선필호(2010). 다문화가정 청소년 복지서비스 전달체계의 원칙과 효과성에 대한 인식 연구. 명지대학교 대학원 박사학위논문.

송세진(2011). **비즈니스 글쓰기 상식사전**. 서울: 길벗.

송유진(1993). 유아교육기관 조직풍토와 교사의 직무만족에 관한 연구. 이화여자대학교대학원 석사학위논문.

식품의약품안전청(2010). **집단급식소 위생관리 매뉴얼**. 서울: 식품의약품안전청.

신구범(2005). **조직행위론**. 서울: 형설출판사.

신나라(2009). 보육 서비스 지원을 위한 기업과 지역사회의 역할. **한국가정관리학회 추계학술대회 자료집**. 153-159.

신화식, 김명희(2010). **유아교육기관 운영관리**. 서울: 양서원.

______(2012). **유아교육기관 운영관리**. 서울: 양서원.

심영미, 최경구(2010). 사회복지서비스 전달체계 구성원칙의 인식정도가 업무만족도에 미치는 영향. **사회복지정책**, 37(3), 241-267.

양승렬(1988). 리더십 유형과 부하 충족도에 관한 실증적 연구. 조선대학교 대학원 석사학위논문.

양영임, 우남희(2005). 아동권리보호를 위한 외국의 아동정책 연구. **아동권리연구**, 9(4), 661-690.

양옥승(1999). **영유아보육개론**. 서울: 양서원 .

염미애(2004). 가톨릭유아교육기관의 운영실태 및 원장과 교사의 직무만족도에 관한 연구. 가톨릭대학교 교육대학원 석사학위논문.

위영희, 조진형, 이정희, 왕영희, 신유림, 백은주, 이혜란, 이정림, 신나리, 한성희, 민현숙

_____(2011). **유아교육개론**. 서울: 오래.

유구종, 조희정(2010). **영유아보육학개론**. 경기: 공동체.

유기현(1989). **인간관계론**. 서울: 무역경영사.

유정혜(1997). 어린이집 보육교사의 직무만족과의 관계 연구. 공주교육대학교 대학원 석사학위논문.

유지영(2004). 유아교육기관에서의 교사 리더십유형과 조직효과성 연구. 숙명여자대학교 교육대학원 석사학위논문.

육아정책연구소(2006). **0~5세 표준보육과정에 기초한 보육프로그램**. 여성가족부.

윤건호(2003). 유아교육교사와 보육교사의 직무만족 비교연구. **교육행정학연구지**, 21(3), 123-146.

이경화, 김정원(2011). **영유아교육기관 운영관리**. 경기: 공동체.

____________(2012). **영유아교육기관 운영관리**. 경기: 공동체.

이경희·정정옥(2014). **유아교육기관 운영관리**. 서울: 학지사.

이고미(2003). 유치원 교사들 간의 인간관계에 관한 연구. 이화여자대학교 교육대학원 석사학위논문.

이기숙, 장영희, 정미라, 엄정애(2002). **유아교육개론**. 서울: 양서원.

이분려(1998). 유치원 조직풍토와 직무만족 및 교사 효능감의 관계. 이화여자대학교 교육대학원 석사학위논문.

이선경(1991). 유치원 조직풍토와 교사의 헌신도에 관한 연구. 이화여자대학교 대학원 석사학위논문.

이세희(2009). 보육정책의 개선방안에 관한 연구: 출산장려 정책을 중심으로. 동국대학교 대학원 석사학위논문.

이영자, 신동주(2011). **유아교육기관 운영관리**. 서울: 창지사.

이옥, 노성향(1996). **방과 후 아동보육론**. 서울: 창지사.

이은화, 배소연, 조부경(1995). **유아교사론**. 서울: 양서원.

이인원, 김호년, 전정희, 김의석, 김영애(2010). **유아교육기관 운영관리**. 서울: 양서원.

이재만(2012). 영유아보육서비스 전달체계의 평가에 관한 연구. 한양대학교 대학원 박사학위논문.

이정환, 김희진(2011). **영유아교육의 교수학습방법**. 서울: 파란마음.

이진(2009). 한국 사회복지전달체계 개선방안에 관한 연구. 국민대학교 대학원 박사학위논문.

이현숙(2011). 경기도 보육서비스 전달체계의 실태와 개선방안에 관한 연구. 서울시립대학교 대학원 석사학위논문.

임재택(1992). **유치원 운영관리**. 서울: 창지사.

______(1999). **유아교육기관 운영관리**. 서울: 양서원.

______(2001). **유아교육기관 운영관리**. 서울: 양서원

장이권(2002). 초등학교 교장의 도덕적 리더십에 관한 연구. **초등교육논총**, **18(2)**, 261-290.

전천운(2005). 보육서비스의 전달체계 유형에 관한 연구. **한국자치행정학보**, **19(4)**, 125-144.

정수경, 김경철 공역(2007). **유아교사의 리더십**. 경기: 정민사.

조성신(2004). 사회복지 전달체계의 공공·민간부분 상호연계를 위한 실증적 연구. 상명대학교 대학원 박사학위논문.

조성연(2003). 보육교사의 직무만족도와 직무 스트레스. **한국유아교육학회 연차 학술대회 자료집**. 213-225.

조성일, 장선철(2005). **유아교육기관의 운영관리**. 서울: 동문사.

조인숙(2005). 보육서비스 질과 보육시설 조직문화의 관계분석. 덕성여자대학교 대학원 박사학위논문.

최보영(2002). 교사가 지각하는 유치원 조직풍토와 직무만족도의 관계. 계명대학교 교육대학원 석사학위논문.

한국보육진흥원(2011). 보육교사 승급교육 교재.

한국여성개발원(2002). **외국의 보육정책 동향**. 한국여성개발원 연구보고서.

황윤세, 임미혜, 이혜원(2011). **유아교육기관 및 보육시설 운영관리**. 경기: 공동체.

황휘선(2008). 영유아보육정책의 인식에 관한 실태분석. 한양대학교 대학원 석사학위논문.

Bryman, A. (1992), *Charisma and leadership in organizations*. London: SAGE.

Decker, C. A., & Decker, J. R. (1992). *Planning and administering early childhood programs*(5th ed.). N.Y.: MacMillan Publishing Co.

Decker, C. A., & Decker, J. R. (2001). *Planning and administering early childhood programs*(6th ed.). Upper Saddle River, NJ: Prentice Hall.

Deutsch, M. (1973). *The resolution of conflict*. New Haven, Conn: Yale University Press.

Halpin. A. W. (1967). *Theory and research in administration*. New York: MacMillan.

Hersey, P., & Blanchard, K. H. (1987). *Management of organizational behavior: Utilizing human resources*. Prentice-Hall.

Herzberg, F. (1966). *Work and the nature of man*. New York: World Publishing Co.

Jorde-Bloom, P. (1988a). Teacher need TLC too. *Young Children, 43(6)*, 4-8.

Jorde-Bloom, P. (1988b). Factor influencing overrall job satisfaction and organizational commitment in early childhood work environment. *Journal of Research in Childhood Education, 3(2)*, 107-122.

Locke, E. A.(1973). Satisfiers and dissatisfiers among white collar and blue collar employees, *Journal of Applied Psychology*, 58,67-76.

__________(1976). The nature and causes of job satisfaction. In M D. Dunnette(Ed.), *Handbook of industrial and organizational psychology*. Chicago: Rand McNally.

Marotz, L. R. (2009). *Health, safety, and nutrition for the young child*. Delmar Cengage Learning.

Marotz, L. R., Cross, M. Z., & Rush, J. M. (2001). *Health, safety, and nutrition for the young child*(5th ed.). Albany, NY: Thomson Delmar Learning.

Maslow, A. (1954). *Motivation and personality*. New York: Harper and Row.

McGregor, D. M. (1960). *The human side of enterprise*. New York: McGraw-Hill Book Co.

Pratt. J. R. (1998). Organizational culture and you. *Home Health Care Management Practice, 10, 55-57*.

Rahim, M. A. (1985). A strategy for managing conflict in complex organization. *Human Relations*, *38*(1), 81–89.

Rodd, J. (1994). *Leadership in early childhood: The pathway to professionalism*. New York: Teachers College Press.

Sigman–Grant, M. (1992). Feeding preschoolers: Balancing nutritional and developmental needs. *Nutrition Today*, *27*, 13–17.

Thomas, K. W. (1977). Conflict and conflict management. In M. Dunnette(Ed.), *Handbook of industrial and organizational psychology*. Chicago: Rand–McNally.

대구시 보육정보센터 http://daegu.childcare.go.kr

사진자료: 미추어린이집(인천), 소사어린이집(부천)

어린이집 통합보육시스템 http://cpms..childcare.go.kr.

저자소개

문혁준

가톨릭대학교 아동학과 교수

김정희

총신대학교 유아교육과 교수

김혜연

제주관광대학교 유아교육과 교수

서기남

국공립 미추어린이집 원장

이성복

칼빈대학교 아동보육학과 교수

최윤희

가톨릭대학교 아동학과 강사

4판

어린이집 운영관리

초 판 1쇄 발행 2013년 1월 9일
개 정 3쇄 발행 2017년 1월 18일
제3판 1쇄 발행 2020년 2월 27일
제4판 1쇄 발행 2022년 1월 4일

지 은 이 | 문혁준 · 김정희 · 김혜연 · 서기남 · 이성복 · 최윤희
펴 낸 이 | 김기섭
책임편집 | 이현남 · 이윤희
펴 낸 곳 | www.changjisa.com
08589 서울시 금천구 가산디지털 1로 83 파트너스타워1차 9층
전화 (02) 719-2211~3
팩스 (02) 701-9386
등 록 | 1977년 4월 28일 · 제1-421호

ISBN 978-89-426-1484-4 (93370)

값 23,000원